投资信托启示录

武跃强 著

新 华 出 版 社

图书在版编目（CIP）数据

投资信托启示录 / 武跃强著. -- 北京 : 新华出版社, 2020.11

ISBN 978-7-5166-5310-4

Ⅰ. ①投… Ⅱ. ①武… Ⅲ. ①信托投资－通俗读物Ⅳ. ①F830.59-49

中国版本图书馆CIP数据核字(2020)第159038号

投资信托启示录

作　　者：武跃强

责任编辑：刘宏森　唐波勇　　**封面设计**：北京万书缘文化

出版发行：新华出版社

地　　址：北京石景山区京原路8号　　**邮　　编**：100040

网　　址：http://www.xinhuapub.com

经　　销：新华书店、新华出版社天猫旗舰店、京东旗舰店及各大网店

购书热线：010-63077122　　**中国新闻书店购书热线**：010-63072012

照　　排：北京万书缘文化发展有限公司

印　　刷：天津文林印务有限公司

成品尺寸：170mm×240mm　　**字　　数**：290千字

印　　张：18.5

版　　次：2020年11月第一版　　**印　　次**：2020年11月第一次印刷

书　　号：ISBN 978-7-5166-5310-4

定　　价：39.80元

前　言

对于大部分人而言，一生之中无法逃脱两件事：一方面是努力工作，保障家人的体面生活，另一方面是理财投资，保卫辛苦积累的财富。俗话说：会赚不会花，再多也白搭。随着年龄的增长，理财水平的高低很大程度上决定了生命的后半段，是“采菊东篱下”的悠然自得，还是“满面尘灰烟火色”的劳苦奔波。

近些年，财富公司跑路、P2P崩盘、理财产品违约等屡见不鲜，闭着眼睛买理财的时代一去不返，看标签来判定优劣的做法也已落伍，投资人需要静下心来，花时间厘清投资框架，梳理筛选标准，明确投资思路。本书的经验案例均来自于实践，方便参照复盘。理财产品种类繁多，容易眼花缭乱，信托投资则是其中的一股清流，毕竟大部分信托理财产品都会披露明确的投资方向、详细的融资信息、具体的风控措施等内容，更容易让投资人看到理财产品的本来面目和运作模式。有了信托理财的学习基础，举一反三，触类旁通，投资人看待整个金融市场的变化会更加透彻。令人惋惜的是，由于监管部门要求和认购起点较高，信托理财并未被多数投资者所熟悉，恰如被束之高阁的武林秘籍。

结合多年来的信托从业经历，本书将以信托理财切入，为您展现信托行业的不同板块和发展概况，包括国内信托理财常见问题、家族信托的兴起和发展，结合案例讲解，总结心得体会，再辅以理财话题和热点名词，增强时代感和趣味性，最后根据不同人群的特点和需求，提供参考建议。

回顾过往，深感国内金融知识科普不足，与现实也有严重脱节。在学校教育阶段，很多投资人就没有接触过理财，如今工作繁忙更无暇兼顾，如此多的“小白”投资人经验不足，为循环上演的金融诈骗提供了丰沃土壤。在本书定调时，曾一度纠结于行文难度，是讲得深奥一些好，还是浅显易懂更可取，最终，倾向于更通俗的语言。毕竟，著书的价值不在于业内分享，更不是学术研究，而是面向普通投资人，甚至从未接触过信托理财的朋友们，让他们有更实用的理财方法可供借鉴，有更贴近实际的案例可以印证，最终实现家庭财富的稳健增长。

每当有朋友告知理财失败，或是血本无归，或是损失惨重，我都深感不安，不少失误的原因都很接近，也不复杂，如果能够将这些经验教训总结成书，让更多朋友看到，会不会避免一些投资失败呢？这是撰写第一本书《信托理财轻松学》的成因，也是本书出版问世的缘由。

在略显混乱的金融市场，有广告轰炸式的营销，有连蒙带骗的推介，有不择手段的争抢，令人目不暇接，我们距离理财本源越来越远，却离各种套路越来越近。相信物极必反，在金融乱象逐渐平息之后，投资人终会发现，看清理财本身才是最重要的事情，专业才是更值得关注的内容。

一个人的力量很微弱，然而，只要坚持去做，总会发出一点点光芒，希望本书对读者有所收获和启发，能够更加理性地看待信托投资和金融市场。

最后，再次感谢一直以来支持我的家人、老师、同事和朋友们，感恩相识，期待未来！

目　录

第一章　信托投资实务

信托合同宛若“天书”，如何看得懂？

关键词：合同编码　产品要素　投资方向

在不少朋友眼中，理财产品的合同犹如天书一般，看上去每个字都认识，但是连在一起就糊涂了，不知所云。其实，这有两点原因：一方面，是专业术语不熟悉，需要“翻译”成老百姓口中的大白话；另一方面，这类合同大多有几十页，如果不分重点一口气看到底，头昏眼花是难免的。

接下来，我们将以信托理财合同为例，梳理常见术语和关键内容，总结投资者最关心的话题，让您在阅读产品合同时不再晕头转向。

如何辨识“山寨”合同？

签署合同的第一步，并非看懂词条大意，而是先确认：这份合同是真的么？看起来简单的问题，依然有不少投资人上当受骗，签了虚假合同，结果资金被挪用，此类新闻屡见不鲜。实际操作中，投资人购买信托产品的途径主要有三条：从银行柜面购买代理销售的信托产品、从三方财富公司购买代销的信托产品、直接到信托公司认购信托产品。

无论哪一类，第一步是分清真伪，可以从三个角度判断：

1. 合同编码：在信托合同的封面，通常印有两组编码，一组编码是信托公司自己编制的，方便公司内部对合同文本的管理，一般称为“合同编号”，后面跟着一串数字，比如2019年发行的信托产品，开头就是2019；另一组编码是“信托登记系统产品编码”，由“中国信托登记有限责任公司”编制，这家公司是中国银保监会实施监督管理、提供信托业基础服务的非银行金融机构，可以理解为官方行业组织，登录其网站之后，再输入编码，信托公司在2017年之后备案发行的信托产品基本可以查证，网址是：http://www.chinatrc.com.cn/ 。

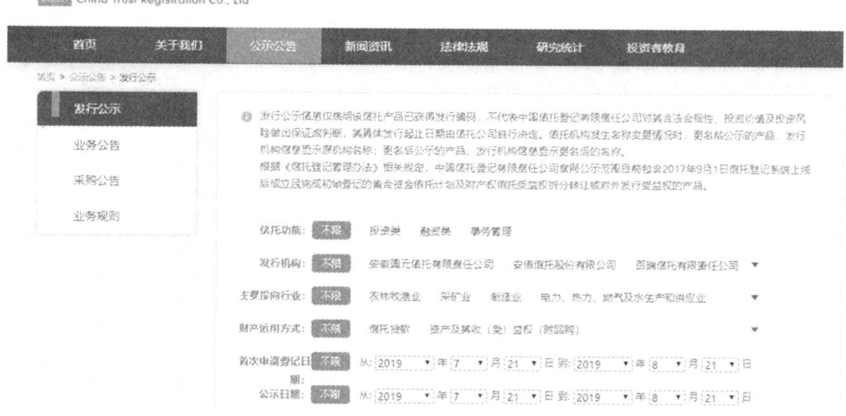

图1.1　中国信托登记有限责任公司网页示例

2. 合同落款：在信托合同的文本表述中，投资人被称为“委托人”

，信托公司被称为“受托人”，在投资人签名处下方，会显示“受托人”的名字，还有加盖的公章和法人章，公章自然是信托公司的，法人章是信托公司法人代表的签名印章。理财经理在推介信托产品时，会提到是哪家信托公司的产品，您需要核对信息是否一致。有时，信托公司会通过旗下子公司发行产品，这就要通过“天眼查”“启信宝”等查询软件，确认合同落款的公司与这家信托公司之间有无股权关系。在过往金融诈骗案件中，投资者之所以上当，就是看到合同落款显示的名字和某家信托公司名字相近，便想当然以为是关联公司，放弃了查证。

3. 汇款账号：投资人完成合同签署，还要把钱汇款给信托公司，才能完成最终认购。这时要确认账户户名与这家信托公司是否一致。若不相符，不要轻信所谓“中转账户”的言辞，即投资人先打款到某账户，然后再划款到信托公司的账户。实际操作中，即使有“中转账户”，账户名也是销售产品的金融机构，极少是无关的第三方。在合同文本中，投资人汇款账号有两类：一类是“募集账户”，投资人把钱打到“募集账户”，再由“募集账户”打款到“信托财产专户”，银行或三方财富公司代销的信托产品通常采用“募集账户”；另一类是“信托财产专户”，没有设置“募集账户”，投资人直接打款到“信托财产专户”就能完成认购，信托公司的直销产品多采用此形式。从投资人的感受来看，直接汇款到“信托财产专户”会比汇款到“募集账户”起息更快，即资金闲置时间更短。

当然，信托合同中还有一类账户，被称为“保管账户”，这是信托产品运作过程中用到的，与投资人无关，经常有投资人把钱打到这个账号，最后不得不退款重新操作，耽误了产品认购。

关键要素

投资人在了解信托产品时，大多是看推介资料，官方推介资料要经过公司律师的审核，材料中披露的信息准确全面，可以信赖。现实中，也有销售支持部门、理财经理等角色自发制作的推介资料，可信度就没那么高了。

如何判断真伪呢？有两个小窍门：一是官方推介资料的文件格式是PDF，读者无法更改，若是PPT格式或是WORD格式，由于能随意更改，自然不会被官方采用；二是官方推介资料的风险提示很多，投资人看完怕是要得心脏病了，看着太吓人，如果您看到一款产品资料没有多少风险提示，大概率是虚假材料，需要警惕。

推介资料与合同文本是相辅相成的，产品关键要素绝对一致，通常包括以下三个方面：

1. 产品收益。在信托合同中，会根据不同的认购金额标注不同的参考年化收益率，比如100万—300万是7%、300万—1000万是8%，与投资人的本金相乘，就是利息所得。当然，合同中还会体现一些费用，比如银行托管费，这些费用会额外扣除，并不影响投资人收益。信托产品的付息方式有季度付息（比如，标注每季度首月的20号）、半年付息（比如，标注3月和9月的20日）和年度付息（比如，标注自然年度末月的20日），有房贷之类还款需求的投资人可以选择季度付息，不愿意烦神的客户选年度付息更省心。

2. 产品期限。同样一款信托产品，发行期限可能会有两类，比如A类期限12个月，B类期限24个月，投资人在查阅期限时先要明确自己认购产品的类型，以往也发生过选错产品类型导致的认购失败。

关于期限，并非一成不变，还需要关注两点：一方面，信托合同会约定“借款人按照《信托贷款合同》之约定申请提前偿还信托贷款本金”等情况发生时，信托计划会提前终止，也就是说，投资人买了24个月的信托产品，但是在第18个月时，借款人提前还款，那么这款信托产品就结束了，会按照实际天数支付给投资人利息；另一方面，合同若注明“本信托计划的受益权可以转让”，意味着投资人若在持有信托产品期间急用钱，可以把这款信托产品转让给其他投资人，目前缺乏在行业内进行产品流转的机制，通常会在信托公司内部发布公告，为了让产品尽快转让，持有人通常也愿意给“接盘”的投资者一点奖励。

在家族信托的操作中，也是借助信托产品受益权转让的条款，实现了将财产从投资人个人名下转移到投资人设立的家族信托账户名下，这部分财产被称为“信托财产”，既与投资人的个人财产相隔离，又与信托公司固有财产相隔离，在一定程度上实现了“独立”。

3. 投资方向。从监管部门的要求来看，不允许信托公司承诺“保本保息”，敢在合同当中注明“保本保息”的唯有“山寨公司”。那么，如何判断这笔投资的安全性呢？投资方向便是重要一环。

宏观方面，是关注这笔资金是投向政府基础设施、房地产、工商企业，还是消费金融，类别不同，风控要求不同，判断标准也不一样。

微观方面，是看融资人、担保人和目标项目，先要看与推介资料是否一致。其中，融资人的角色就是拿了投资人的钱去干事的“人”；担保人是在融资人还不了钱的时候，掏钱还债；目标项目就是“花钱要干的事”，有不少朋友看到目标项目是盖一栋楼就判定是房地产项目，其实是错误的，地方政府融资平台公司、工商企业都可以盖楼。看目标项目主要是判断“花钱干的事靠不靠谱”，比如电影《不见不散》里，葛优饰演的角色“刘元”，吹牛说要搞个大项目，把喜马拉雅山炸了，让印度洋的海风可以吹到青藏高原，这样就能把西部的万里黄沙变为千亩良田，理想很丰满，但是现实不可能。

“互联网+”合同

互联网浪潮对于生活的影响是全方位的，自然也会改变信托合同的签约过程和表现形式。

目前主要涉及两类：一类是公司系统+纸质合同，这也是信托公司拥抱互联网浪潮的第一步，通过公司系统实现了产品的实时额度申请、审核等，但是签约时依然采用纸质版，投资人只要判断公司系统与合同信息一致就能辨别真伪；另一类是公司系统+电子合同，根据《中华人民共和国电子签名法》和《合同法》的规定，投资人在APP电子合同上签名，法律效力等同于纸质合同上的签名，签约过程更加方便快捷，即使投资人与理财经理身处两地，也能顺利完成。

根据监管要求，签约过程需要录音录像，期间会再次提示投资人合同名称等信息，同时再次确认投资人的合格投资者身份，流程趋于严密，更加规范。

无论签约是采用纸质版合同，还是电子版合同，内容不会有太大区别。有的信托公司还会将产品成立的纸质版确认书寄送给投资人，包括了产品名称、期限等内容，同时加盖公司公章。如有需要，投资人还可以要求信托公司出具纸质版“资产证明”，这类“资产证明”往往是中英文对照的，申请国外签证时经常用到。当然，以上这些权证都是合同的一部分，建议投资人妥善保管。

信托合同拿起来和一本书差不多，有七八十页。然而，需要投资人重点关注的地方并不多，绝大多数合同内容是制式条款，比如大量的名词解释、权利义务关系等。因此，抓住重点才不至于晕头转向。

买信托理财应该选什么样的信托公司？

关键词：行业评级 信托业保障基金 中信登 面子&里子

市场上发售信托理财的渠道比较广泛，有三方财富公司卖的，也有银行代理销售的，还有信托公司自产自销的。相对而言，建议选择信托公司自产自销的信托理财：一方面没有中间商赚差价，产品收益会比较高，另一方面对具体的信托理财项目也会更加熟悉，如果客户需要，可以很方便地联系到“生产”这款产品的项目团队答疑解惑，若是通过三方财富公司、银行代销的信托理财，投资者往往只能看产品材料，虽说财富顾问们都会声称为客户把关，但是理财总归是自己的事，还是应该尽力接近“真相”。

如果选择信托公司，应该采取什么样的标准呢？有时会听到所谓“专家”们说要选择“国有”信托公司，“民营”信托公司不靠谱之类的言论，显得十分肤浅。投资理财的评判标准一定是多维度、立体式的，凡是考虑单方面因素武断下结论，甚至玩弄“阴谋论”，不是骗子就是别有用心，无数案例已经证明了这条铁律。

公司评级

信托公司网站标榜的光辉履历并非重点，媒体的荣誉评选也难偏信。在信托行业内，需要重点关注“银保监会”牵头的“监管评级”和信托业协会主导的“协会评级”，其中“监管评级”的结果与信托公司允许从事的业务类型直接挂钩，“好孩子”评级高，未来获评新业务资格也更容易；“行业评级”则更侧重于评价信托公司为投资人和社会提供的服务品质，目的是增强信托公司的社会公信力。我们将两项评比中，评级最高的信托公司罗列出来，多年来均能同时入选的信托公司自然实力超群。投资者与其费尽心思琢磨各家公司的财报，不如多关注监管和行业协会对各家公司的评判和指导。

下列评级结果供大家参考：

2017年度信托公司监管评级结果（最高为A-）：

中融信托A-、平安信托A-、中信信托A-、华能信托A-、上海信托A-、中航信托A-、重庆信托A-、外贸信托A-、交银信托A-

2017年信托公司行业评级结果（最高为A）：

中融信托A、百瑞信托A、华润信托A、华能信托A、江苏信托A、交银信托A、民生信托A、平安信托A、厦门信托A、山东信托A、上海信托A、外贸信托A、万向信托A、五矿信托A、兴业信托A、粤财信托A、中航信托A、中铁信托A、中信信托A、中原信托A、重庆信托A、紫金信托A

信托公司行业地位

评估一家公司的实力有很多维度，最直观的标准便是注册资本金排名，通过“天眼查”和“启信宝”等软件都能查到，公司网站、媒体新闻等公开数据也有体现，是展示信托公司“肌肉”的第一印象。当然，注册资本金一直处于变化之中，每年都会有信托公司增资调整。

评判信托公司的行业地位，还可以关注它在中国信托登记有限责任公司和中国信托业保障基金有限责任公司的出资比例，股份占比越高说明行业地位越高，毕竟这不是央视打广告，出钱多就一定能多占股份，出资额是要经过监管部门批准的。中国信托登记有限责任公司（简称中信登）是给信托产品标记发行编码的，甚至家族信托都要去中信登登记，类似信托行业的“大账房”。中国信托业保障基金（简称信保基金）是为信托公司提供资金支持的，当然，天下没有免费的午餐，想从信保基金借钱，改善公司现金流，还要支付一定的贷款利息，类似信托行业的“战地医生”。这两家公司都是行业柱石，地位十分重要，两家公司的股东占比详见下图：

天眼查仅针对公开数据进行数据挖掘并展示相关结果，该结果仅作参考，因使用此数据信息产生的一切行为后果由行为人自己承担。

中国信托登记有限责任公司 详情

股东	股比	认缴金额	
中央国债登记结算有限责任公司	51%	153000.0万元	详情
中信信托有限责任公司	3.33%	10000.0万元	详情
中融国际信托有限公司	3.33%	10000.0万元	详情
建信信托有限责任公司	3.33%	10000.0万元	详情
平安信托有限责任公司	3.33%	10000.0万元	详情
上海国际信托有限公司	3.33%	10000.0万元	详情
中航信托股份有限公司	3.33%	10000.0万元	详情
中国民生信托有限公司	3.33%	10000.0万元	详情
重庆国际信托股份有限公司	3.33%	10000.0万元	详情
华能贵诚信托有限公司	2%	6000.0万元	详情
华润深国投信托有限公司	2%	6000.0万元	详情
中国信托业保障基金有限责任公司	2%	6000.0万元	详情
华宝信托有限责任公司	2%	6000.0万元	详情
兴业国际信托有限公司	2%	6000.0万元	详情
安信信托股份有限公司	2%	6000.0万元	详情
上海陆家嘴金融发展有限公司	2%	6000.0万元	详情
华信信托股份有限公司	2%	6000.0万元	详情
江苏省国际信托有限责任公司	2%	6000.0万元	详情
昆仑信托有限责任公司	1.33%	4000.0万元	详情
广东粤财信托有限公司	1.33%	4000.0万元	详情
渤海国际信托股份有限公司	1.33%	4000.0万元	详情
中国信托业协会	0.33%	1000.0万元	详情

天眼查仅针对公开数据进行数据挖掘并展示相关结果，该结果仅作参考，因使用此数据信息产生的一切行为后果由行为人自己承担。

中国信托业保障基金有限责任公司 详情

股东	股比	认缴金额	
中信信托有限责任公司	13.04%	150000.0万元	详情
中融国际信托有限公司	13.04%	150000.0万元	详情
平安信托有限责任公司	13.04%	150000.0万元	详情
重庆国际信托股份有限公司	13.04%	150000.0万元	详情
中诚信托有限责任公司	8.7%	100000.0万元	详情
中航信托股份有限公司	8.7%	100000.0万元	详情
中海信托股份有限公司	4.35%	50000.0万元	详情
华能贵诚信托有限公司	4.35%	50000.0万元	详情
上海国际信托有限公司	4.35%	50000.0万元	详情
五矿国际信托有限公司	4.35%	50000.0万元	详情
华宝信托有限责任公司	4.35%	50000.0万元	详情
中铁信托有限责任公司	4.35%	50000.0万元	详情
昆仑信托有限责任公司	4.26%	49000.0万元	详情
中国信托业协会	0.09%	1000.0万元	详情

图1.2　中信登和信保基金股权结构图

项目团队是“里子”

《一代宗师》中，赵本山饰演的丁连山曾有一段经典台词：“一门里，有人当面子，就得有人当里子。”公司荣誉、评级、注册资本金、股份占比等信息相对容易查询，可以视为信托公司的面子，但是更重要的是信托公司的里子，也就是信托公司的项目团队水平如何？是否稳定？毕竟，信托公司的注册资本金、管理规模等“门面”是可以通过快速扩张“装潢”起来的，然而，信托公司发行的信托理财并非一蹴而就。信托项目是对公团队一个个做出来的，就算短期内可以招兵买马，但是，如何确保新来的团队能够很快与公司磨合好，发行的项目品质能够始终如一？万一是跑到信托公司来“变现”的，做完项目，拿完钞票，拍拍屁股就走人，身后的滔天洪水留给谁来收场，投资者难免成为牺牲品。

因此，看完了金融机构的“面子”还不够，对于“里子”也要仔细考量，有两个角度可控借鉴：

一方面，看项目团队的配备力量。团队成员的从业经历通常在产品推介资料中能看得到，如果只有一两个人，比如一名老手带一名新手，力量就偏弱了，最好项目团队的人员能够配备在三人，特别是针对一些相对复杂的项目。同时，他们的从业经验相对较长，并非新人来练手。有时我会和朋友们开玩笑：金融行业的最大特点就是坑多，大坑套小坑，土坑套泥坑，坑里还有水，水里还有钉，可以说坑坑不绝，绵延万里。如果没有足够的从业经验，很容易变成任人宰割的羔羊。近些年来有不少信托公司接连踩雷，大家唯恐避之不及，但是，遥想当年它们可是人见人爱的“小鲜肉”，更是一匹匹信托业内的黑马，经历短期快速扩张，项目团队专业性跟不上，最终马失前蹄，可惜可叹。

无可否认，目前信托行业格局已经形成，高速增长难以重现，优质资源早已被瓜分殆尽，在经济“L”型行情之下，形势并不乐观，继续盲目扩张，风控焉能不放松？那不是在追求企业增长，而是典型的慢性自杀。正因如此，监管部门才会对信托业务的规模变化格外关注。

另一方面，看项目团队的稳定性。曾经有位朋友抱怨：感觉某一家信托公司的风控标准变松了，以前很严的，但是现在发现一些不太好的项目也在做，有点迷惑。其实有一类原因：这家信托公司的利益分配机制不到位，项目团队费尽心力拿到优质资源做成了信托项目，成功发行后客户买了好产品自然开心，然而，悲催的是项目团队发现自己挣不到钱，或者相比其他信托公司收入更低，积极性受挫。如果公司机制一直不能改变，最终的结果只能是项目团队出走。当然，信托公司也会觉得自己家大业大，少一两个团队没什么，但是项目团队的离开不仅意味着人员变动，原有对接的部分优质项目资源也会被他们带走，难以否认的是，国内的金融业也是由人组成的，人情难却，并不会单纯认某家公司的牌子。信托公司面对老牌项目团队出走，只好派遣其他团队接手，但是优质资源被带走，便只能做品质相对差一些的项目，最终呈现给客户的感觉就是理财产品质量降低了，深层次原因正是公司激励机制的问题。一番交流之后，朋友很快明白了，公司的“面子”之下，更重要的是项目团队的“里子”，如果一家信托公司的项目团队能力出众，同时相对稳定，“生产”出来的信托理财，其品质自然会有保障，客户买了心里也会踏实。

相信您对于信托公司的评判标准已经有了初步的认识，希望大家多从专业角度来看待，形成更为“立体”的判断，这样不容易被迷惑，也很难被误导，挑选的信托理财也会更加靠谱。

“数说”政信类信托理财应该如何投资？

关键词：政信类 交易结构图 逻辑链条 评级 一般公共预算收入

在信托理财的种类中，政信类产品是无法回避的一环，它是信托公司与地方政府在基础设施、民生工程等领域开展的合作业务，为很多城市的市政建设立下了汗马功劳。当我们沉醉于镇江西津渡的优美景色，在盐城感受雨污分流工程带来的便利，甚至在某个大学校园内信步游走，这些民生工程的资金来源当中，信托承担了重要角色，不少工程就是用投资人认购的信托理财资金建起来的。投资人在获取信托理财收益的同时，无形中为城市建设添了一份力，也是一种福报。

政信类信托理财有两大特点值得关注：

一方面，它是一位“百变女王”，受国家政策调整影响很大，现在司空见惯的运作模式，未来很有可能会被颠覆，只有紧跟变化才有可能获取稳健收益；

另一方面，山寨版的政信类信托理财屡见不鲜，与正版相比，政府信用含量低，未来出现兑付困难的概率不小，需要仔细甄别。

头道汤

郭德纲相声里有一则经典桥段：戏说于谦的父亲是京城里的大户人家，生活特别地挑剔，表现之一就是喜欢“头道汤”。大清早，澡堂子刚开门，还没什么人来，各个池子才换上水，干干净净的，这就叫“

头道汤”。老爷子欢欢喜喜就下池子洗澡了，如果看到池子里有别人在洗，老爷子就不过去了，这就叫讲究。

其实，选择政信类理财也要找准“头道汤”。我们买的信托理财对应的就是一笔融资，融资人支付的利息就是信托理财收益的来源。比如，“头道汤”要看融资人是不是“根正苗红”的政府平台企业，可以通过APP“天眼查”来查询融资人是否由某个城市的国资委100%持股，下图为示例：

疑似实际股权控制路径　　疑似实际控制

南京市国有资产管理委员会 —100%→ 南京市城市建设投资控股（集团）有限责任公司

* 天眼查仅针对公开数据进行数据挖掘并展示相关结果，该结果仅作参考，因使用此数据信息产生的一切行为后果由行为人自己承担。

南京市城市建设投资控股（集团）有限责任公...　详情

南京市国有资产管理委员会　详情

股比:100%　认缴金额:2001487.0万元人民币

图1.3　南京城市建设投资控股集团股权结构图

又如，通过产品推介资料中的“交易结构图”来观察。它可以将某一笔信托融资中，各个关联方的关系和职责清晰地表达出来。

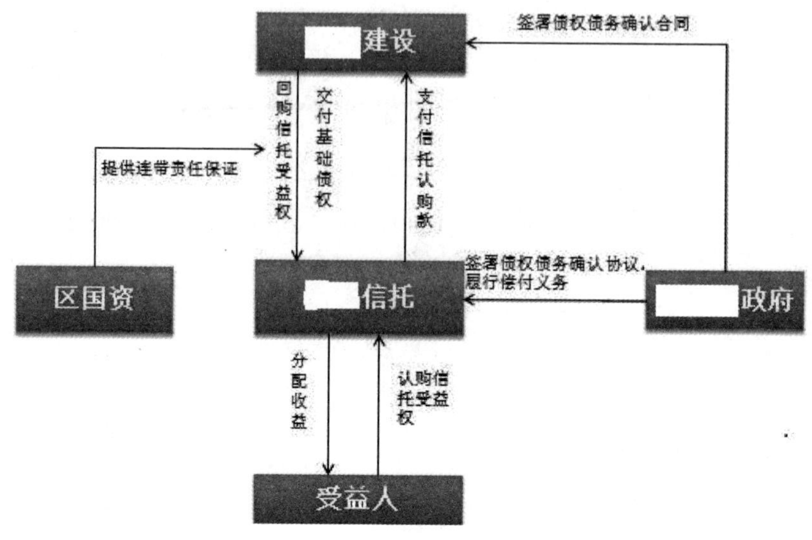

图1.4 某信托理财交易结构图

以图1.4为例，这是一款典型的政信项目，地方政府将信托融资用于城市基础设施建设，属于“头道汤”。如果不是该怎么鉴别呢？在图形中，会多一个“财务顾问”的角色，位置通常会在“**信托”旁边，通常这个角色发挥的是二道贩子的功能，比如“财务顾问”先拿到某个政信项目资源，再找了一家信托公司做具体融资，这事不能白干，自然就有了费用支出的需要。

其中的关键在于后续信托融资过程中，信托公司对于项目有没有足够的掌控力，如果信托公司本身实力不强，项目又来源于“二道贩子”，缺乏一手信息，万一融资人爆出资金链问题，处理起来就会很麻烦。

一条龙

判断政信类信托理财中的政府信用含量，“一条龙”是非常重要的标准。具体来看，“一条龙”指的就是“一条完整的逻辑链条”，真正的政信项目绝不是花果山的猴子，凭空变出来的，一定有其前因后果。毕竟政信项目仰仗的是政府的信用，信用多少直接关系到项目安全，只有结合整个链条来判断，才不会被“山寨版”蒙蔽双眼。

比如，棚户区改造是常见的政信项目，如果以此缘由来进行融资，政府批示是必不可少的一环，从省一级规划再到市一级文件，有完整的政府规划、项目批复、还款来源安排等红头文件，绝对不是某家国资企业振臂一呼就能干起来的，这些红头文件便构成了完整的逻辑链条。作为投资人，从这些文件的先后顺序，能够看到某一级政府想做这个事，也得到了上一级政府的批示，同时列入未来政府规划中，也安排了“政府购买服务协议”等还款来源。这时通过某家信托公司募集资金自然顺理成章，与地方政府信用的绑定也很深，如果政府项目最后还不了钱，有可能会造成同地区的政府平台企业评级被降、甚至列入黑名单，失去金融“血脉”，后果是灾难性的。可以说，政信项目的选择有某种博弈论的色彩，投资人看似力量弱小，但是依然能够选择最有利的位置全身而退。正如《三体》世界中的人类，若正面硬碰硬，肯定打不过三体人，但是一旦拥有足以摧毁三体人的办法，便实现了“恐怖平衡”，自然相安无事。

两个A

很多朋友误以为政信类项目是地方政府直接出面进行融资的，比如南京市政府直接向信托公司借钱。其实不然，虽然项目可能是南京市政府批复的，但是出面融资的往往是地方政府平台公司，基本是地方国资委百分百控股的企业。

在实际运作中，我们会发现这类企业多如牛毛，如何判断哪家靠谱呢？简单来看，我们会更关注这些企业的评级。国际知名的评级机构有惠誉、标普、穆迪三大金刚，国内常见的评级机构有联合、中诚信、大公国际、新世纪等。通常拿到一款政信类理财，先看它的融资人和担保人的信用评级，融资人就是借钱的，担保人就是万一融资人还不上钱了要去兜底，两者评级都要在AA以上，如果评级都是AA+，信用自然更好，抵押担保措施也可以比AA评级的项目稍微宽松点。

评级背后体现了两点：一方面，是政府平台企业的信用水平，评级越高，说明这家企业未来违约的可能性越低，投资人的本金安全更有保障；另一方面，评级越高，信用越好，越容易获得更多融资渠道，不光可以从信托公司借钱，还能通过银行授信、发行债券等手段募集资金，还款能力会更强。

三十亿

盘点过去违约的政信类信托理财，共性之一是融资人所在的地方政府财政羸弱，比如贵州省黔东南州下辖县—榕江县、陕西省渭南市县级市—韩城市、贵州省遵义市余庆县、湖北省十堰市茅箭区等，都曾发生过融资人的违约。

地方政府财政与当地经济发展水平密切相关，但是富饶或贫困往往会带有强烈的主观色彩，在实际评判中，我们常常用“一般公共预算收入”来衡量融资人所在地方政府的财政实力。

“一般公共预算收入”是纳入预算管理的资金，扣除了上缴中央/省一级部分的税收，是地方政府的实际可用财力，包括当地工商税收、关税、企业所得税、国有企业上缴利润、行政性收费收入等，需要说明的是，“一般公共预算收入”并不包含卖地收入，不容易受到房地产行情波动的影响，是相对稳定的指标。选择政信项目，当地政府的“一般公共预算收入”最好不低于30亿，经济发达地区可以适当放宽标准。

从政信项目实际运作来看，很大一部分的收入来源依然仰仗于当地政府的财政划拨，风控条件中的“应收账款”质押，其真实效力也是基于地方政府的支付能力。不然，碰上财政吃紧的地方政府借款1亿，就算质押了它的10亿“应收账款”，最终还是没用，反正也还不起。

当我们面临各类所谓政信类信托理财时，先用文中方法初步鉴定这款产品的成色，掂量一下政府信用含量有多高，之后再看收益、付息方式等是否符合自己的喜好，有了正确的步骤、方法，才会收获理想的结果。

永远不要冲着哪块招牌、哪个人的面子盲目选择理财，金钱也是有灵性的，它最终会去寻找真正负责的“管家”。

如何看待“毁誉参半”的房地产类信托理财？

关键词：大开发商 项目区域 类房产投资 风控措施

随着国内信托业的发展，信托理财的类型越来越多、项目越来越丰富，为投资人提供了更多选择。依据信托财产运用领域不同，可以分为投资政府项目的政信类信托，向生产/服务型企业发放贷款的工商企业信托，为房地产企业提供资金的房地产信托，逐渐兴起的消费金融类信托，还有投资于资本市场的证券投资类信托等。

目前市场上争议最大的是房地产信托，投资者的态度甚至呈现两极分化：喜欢它的朋友，认为它看得见、摸得着，有实实在在的房子摆在那里，还能实地考察，同时可以借鉴自己过往买卖房子积累的经验，并非看起来“一窍不通”的理财类型；讨厌房地产信托的人认为，身边那么多“房叔”“房姐”，手里五套七套，甚至几十套、上百套房子的人并不鲜见，中国已经有那么多房子了，未来还有多少人会去买呢？现在再去投资房地产，万一遇上楼市暴跌怎么办？遑论房地产税的“达摩克利斯之剑”高悬头顶，若是提到房地产类信托理财，自然会被鄙夷一番。

对于某类信托理财的评判，不能仅仅依据种类上的粗略划分。其实，信托业从2001年《信托法》颁布之后发展至今，已经形成了筛选项目的精密流程和风控标准，不再是一两句话、一两只标签所能定性的。

因此，对于房地产信托也应区分对待。一个异常朴素的道理是：我们国家幅员辽阔，发展不平衡不充分，区域差异很大，简单从一两项指标、一两条政策就直接宣判某个行业的兴亡，难免言过其实。当然，我们并不否认国家政策对于某类行业或是某个板块的影响，但是绝对谈不上毁天灭地，真毁了某个行业也不会是政策初衷，何况是举足轻重的房地产，牵涉上下游千万人的就业。

在工作实践当中，也积累了一些辨别房地产信托的方法，同时，结合过往成功的和违约的房地产信托案例，希望读者在面对“毁誉参半”的房地产信托时，懂得应该如何选择，从哪些角度来评判更加靠谱。

靠谱的房地产开发商

在房地产信托中，房地产企业便是融资人，这家地产公司拿着投资人的钱，投入到下属某一家项目公司，用于某个具体楼盘的开发。这与房地产企业发行债券的模式不同，近年来，一些大型房企曾在香港发行海外债券，年化利率大多在8%以上，债券发行之后，募集来的资金通常会用于企业生产经营。

当然，房地产信托曾经也会给某家房地产公司发放流动性贷款，改善企业的现金流，但是时至今日，这类模式已经很少见了，原因之一是基于这条悖论：有资格拿到流动性贷款的房地产商普遍实力强劲，但是实力强的房企谈判能力也不弱，很难接受信托公司较高的融资利率，可以选择发行债券等低利率的融资方式。目前，国内的房地产开发商有上万家，多如牛毛，未来我们也会走美国走过的路，经历漫长的优胜劣汰、合并重组，最终甚至只剩下几十家大开发商。在选择房地产开发商时，往往排名国内前五十强，甚至前三十强的更受青睐。

原因有三点：一，相对来说，大开发商的公司治理比较完善，项目操盘能力强，对于自身财务状况有更加清晰的规划，很少有恶意违约的做法。对于区域型房地产开发商，家底厚自然另当别论，但是如果经营不善，债务压力大，会比较麻烦，比如2019年3月份刚宣布破产的重庆房地产开发商典雅地产；

重庆房地产最大破产案：14家银行、4家信托公司受牵连

财联社
03-09 00:13

2019年1月，中国裁判文书网发布中诚信托的系列裁判文书，被告为重庆典雅房地产开发集团有限公司（以下简称典雅地产）。

作为重庆本土老牌房企，成立于1995年的典雅地产，一度连续11年被评为重庆市巴南区纳税大户。如今，典雅地产已陷入破产重组的"至暗时刻"。这也是目前为止重庆房地产界金额最大的破产重整案，其负债达到65亿。

图1.5　典雅房地产集团破产新闻

二，大型地产开发商往往融资渠道、手段比较多，不仅有信托资金、银行贷款，还会发行债券、资产证券化等，相对来说，后期还款更有保障；

三，大型开发商更容易与信托公司建立长期战略合作伙伴关系，经过不断磨合，彼此熟悉底线和偏好，业务标准容易固化，更有可能“生产”出稳健的信托理财产品。

是不是小的房地产开发商就不能碰呢？答案并不绝对，在一些热点城市的小开发商也占据了不少黄金地块，家底殷实，只要项目过硬、风控措施到位，依然可以选择。

要有足够的“接盘侠”

形象地说，您在选购某款房地产信托理财时，不如反问自己：会不

会在那儿买房子？两者有着相通之处。比如，城市区位的选择，通俗得说就是找人口净流入的城市，比如长三角或珠三角的城市，或是郑州，西安，重庆，成都，大连等区域中心。虽然我国有14亿人口，但是在960多万平方公里的土地上，区域之间、城市之间，人口的分布极不平衡。选择楼盘项目的第一反应是：有没有年轻人愿意到这座城市定居？如果年轻人都不愿意来，即使买了房子，未来房子又能卖给谁呢？起码要有足够的接盘侠。明确了城市定位，再来看楼盘区域，周边的配套是不是成熟？公共交通是否便利？未来会不会成为城市重点发展的区域？等等，这些都是我们需要考量的因素。

楼盘好不好卖？

从楼盘品质来看，大品牌开发商、配套规划到位的热门区域，自然是加分项。此外，我们还需关注两方面：

一方面是楼盘户型，如果刚需户型（即面积不大，刚需人群也能买得起的房子）占比较高，周边配套还行，所在城市的年轻人多，楼盘卖得会比较快。如果楼盘主要是别墅、大平层等总价较高的户型，那么房子去化相对来说会慢一点，影响到项目回款进度。对于房地产信托理财来说，大部分的期限是一年或两年，资金运作周期比较短，金融机构募集了投资人的资金，普遍希望可以快进快出，并不会有耐心，愿意等着开发商慢慢卖房子。不过，这并不意味着别墅、大平层的房子就卖不掉。以南京为例，不少地产公司开发的优质别墅卖的很慢，但是只要卖一套别墅，公司很长一段时间内的开支便有了着落。与此相反，如果当地居民收入水平不高，又是大平层和别墅占比较高的楼盘，公司的现金流压力会比较大，这会增加房地产信托理财的兑付风险。

另一方面是关注楼盘成本，如果当年拿地的成本比较低、地价便宜，后期周边的地块涨得快，对于这个楼盘来说就有了“安全垫”，有很强的主动权，若是碰上房子不好卖了，完全可以降价销售，快速回款，只是多赚与少赚的区别而已。特别是热点城市的刚需楼盘，降价是销售利器。但是，如果当年拿地的成本比较高，“面粉贵了，面包也会跟着涨价”，楼盘的开发成本自然水涨船高，卖得更贵才能回本。万一遇上地产行情趋冷，会非常被动，若是被迫降价，投资人的本息安全便会受到威胁。

风险控制措施是否到位？

房地产信托已经相对成熟，配套的风险控制措施也比较多。比如，开发某个具体楼盘的项目公司，它的股权会质押或是过户到信托公司名下，假如这家项目公司的母公司发生了资金链断裂，信托公司能够很快把项目公司牢牢把握在手中，根据市场行情采取应对策略，比如对楼盘进行降价处理，或是整体转让等，快速回笼资金，而不必被母公司的资金链断裂所牵连。

又如，要求项目公司的母公司承担连带责任担保或是提供流动性（即资金）支持，如果楼盘卖得不好，或是项目公司的运作发生了问题，那么，信托公司还可以要求母公司直接还钱。

再如，这家项目公司的楼盘，卖完房子之后，所有的销售收入都要归集到指定账户，账户是由项目公司和信托公司共同管理，没有信托公司允许，项目公司无法挪用资金，以免“拆东墙补西墙”，也是一道风险防范。通常以“三章（公章、法人章、财务章）共管”的方式来实现。

最后，要求房地产公司提供土地、在建工程等作为抵押品，设置一定的抵押比率，比如发放6亿信托贷款的同时，质押累计货值10亿的土地和在建工程。万一发生了极端风险，信托公司的手里依然有足够的抵押品来进行处置，保障信托资金的本息安全。

此外，还有一些措施值得关注，例如，一票否决权，如果信托公司认为这家项目公司的某项决策是错误的，可以直接否决；再如，现场派驻监管人员，定期审核公司财务状况、监督公司运营、保障资金归集等。当然，这些风控措施是根据某个具体项目来“因城施策”、组合配置的，并非简单的生搬硬套。

狄更斯的经典小说《双城记》中曾有一段名言：“这是希望的春天，也是失望的冬天；人们面前应有尽有，人们面前一无所有；人们正在直登天堂，人们正在直落地狱。”如果从投资理财的角度来看，可以视作理财结局的形象描述，如果做好了，自然是如沐春风，如果亏钱了，不亚于直堕地狱。

总而言之，做好理财的前提之一是掌握尽可能多的、实用的方式方法，毕竟，要想应对高速发展的金融市场，停留于传统认知是远远不够的，必须与时俱进。

P2P坠入泥潭，消费金融浴火重生

关键词：P2P 信用中介 消费金融 理财挑选

近期P2P行业风波不断，正所谓：时来天地皆同力，运去英雄不自由。每一轮时代变迁都是财富再分配的过程，几家欢喜几家愁。

金融不是轻资产

互联网金融的崛起，特别是P2P的横空出世，伴随着许多“高大上”的标签，譬如金融行业颠覆者、新领域开拓者等等。甚嚣尘上之时，工商银行常被视为“反面典型”，网点众多、人员众多、形象老土、流程繁杂，似乎已是垂垂老矣，跟不上潮流的脚步。

如今P2P行业已是半截入土，工商银行依旧满面春风，2019年全年实现净利润3122亿元，盈利能力只能用“恐怖”来形容，建行、农行等传统大行同样表现不俗。

表1.1 2019年部分银行净利润数据

银行	净利润增长	净利润（亿元）
工商银行	4.89%	3122
建设银行	4.74%	2667
农业银行	4.59%	2121
中国银行	4.06%	1874
交通银行	4.96%	773
邮储银行	16.48%	609

P2P行业的最大优势是搭建线上平台，容易“开疆拓土”，实现信息快速交互，流程大为简化，营销客户也更加便捷。然而，它很难提升金融企业的投资能力，即获取核心资产的能力。如果把金融企业比喻为房子，核心资产就是坚如磐石的钢筋混凝土，缺乏核心资产的某些P2P公司、三方财富公司之流，正如几根树枝搭起来的茅草屋，一阵风就能吹塌。

严格意义上的P2P，是人对人的模式，比如，隔壁老王在中介网站上发布借款信息，注明自己的工作情况、家庭条件等，邻居老张看到后，依据隔壁老王写的内容，决定是否把钱借给他，中介网站收取信息服务费，这类中介被称为“信息中介”。但是，传统P2P模式扩张太慢了，若想实现快速上量，“信息中介”必须要蜕变为“信用中介”，即万一隔壁老王欠钱不还了，这家中介也要把钱还给邻居老张，俗称“兜底”。

作为“信用中介”，既然要为个人的行为“兜底”，那么，也要看个人捅出来的“娄子”有什么特点：

1.严重的信息不对称。个人提供的借款信息难辨真假，对于平台来说审核难度不小，有组织骗贷等行为屡见不鲜，识别靠谱的借款人显得异常困难；

2.坏账处理难度大。个人借钱若还不上，很少有抵押物可供处置，中介平台电话催收、实地催收等手段对付老赖难度不小，当然也可以外包给“专业”催收团队，但是，延伸出的暴力催收却游走在了法律边缘；

3. 后果全部承担。对于中介平台来说，这是0或100的买卖，要么身败名裂，要么盆满钵满，难有中间地带。粗放发展的行业缺乏科学分工，以致整个链条完全绑在一起，一损俱损。不得不承认，的确有心存善念的平台，然而，覆巢之下，焉有完卵，山东等地已经明确将取缔未通过验收的平台，草木皆兵之后，即便“好”的P2P也难免失血而亡。

sina 新浪财经

P2P再遭核打击 山东将全部取缔未通过验收的平台

2019.10.18 19:40:00 新浪财经综合

图1.6 山东取缔未通过验收P2P新闻

如果说这些“窟窿”是烫手的山芋，那么轻资产就是薄如蝉翼的塑料布，那又如何能兜得住呢？看看银行、信托公司之类，越是行业龙头，资产越“重”，上百人的风控部门、长期外派的贷后管理部门、手握生杀大权的合规部、兵强马壮的法务部，一套系统几千万，业务环节层次分明、彼此制衡，外部合作方也是“大块头”。虽然，我们经常听到“金融民工”们抱怨流程繁琐、争吵不断，但是不可否认，每一道关口都是一道枷锁，经历过这些工序，“有毒”资产要么被筛选出去，要么会做好隔离，即使行情变差而产生新的“有毒”资产，也会在局部可控范围内，绝不会如P2P那般“一溃千里”。

从普惠金融到普骗金融

在一片喧嚣之后，P2P的参与方们开始冷静下来，认真思考行业的未来，现实愈加残酷，却又不得不面对。投资人从最初的盲目相信，转为谨慎观望，每次爆雷皆是心惊胆战。身处其中的平台则是两极分化，行业龙头——陆金所家底雄厚，选择切割尚有腾挪空间，更惨的是实力弱的平台，稍有风吹草动便会崩盘，留下一地鸡毛。

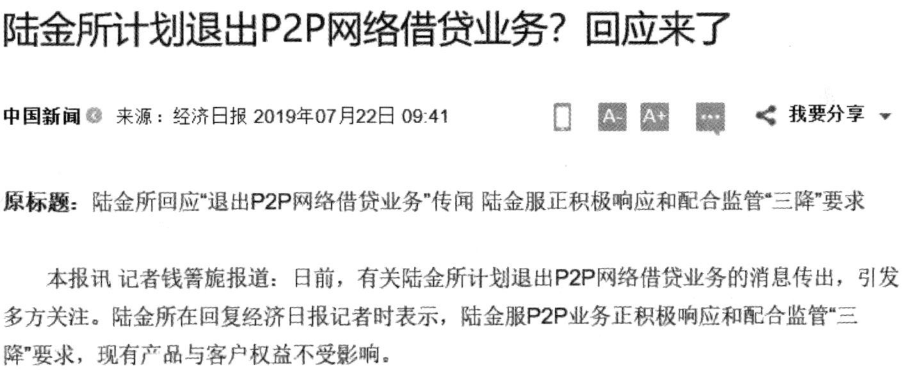

陆金所计划退出P2P网络借贷业务？回应来了

中国新闻 来源：经济日报 2019年07月22日 09:41 A- A+ … 我要分享

原标题：陆金所回应"退出P2P网络借贷业务"传闻 陆金服正积极响应和配合监管"三降"要求

本报讯 记者钱箐旎报道：日前，有关陆金所计划退出P2P网络借贷业务的消息传出，引发多方关注。陆金所在回复经济日报记者时表示，陆金服P2P业务正积极响应和配合监管"三降"要求，现有产品与客户权益不受影响。

图1.7 陆金所回应退出P2P新闻

监管部门心里五味杂陈，P2P备案在互联网金融行业协会与监管部门之间反复讨论多次，启动时间数次延期。原因之一，是对“小三”转“正室”的忌惮，一旦备案成功，P2P是否会被外界解读为获取了官方的免死金牌。若真如此，万一跑路又该谁来负责？拖字诀也是一种无奈。

从零壹财经发布的数据（单位：亿元）显示，2018年行业借贷金额约1.6万亿，相对百万亿级的资产管理行业，当然微不足道，但是其数量众多、关系庞杂的特点，令监管成本更加高昂。从最初理想中的“普惠

金融”黑化为“普骗金融”，其中曲折，一言难尽。

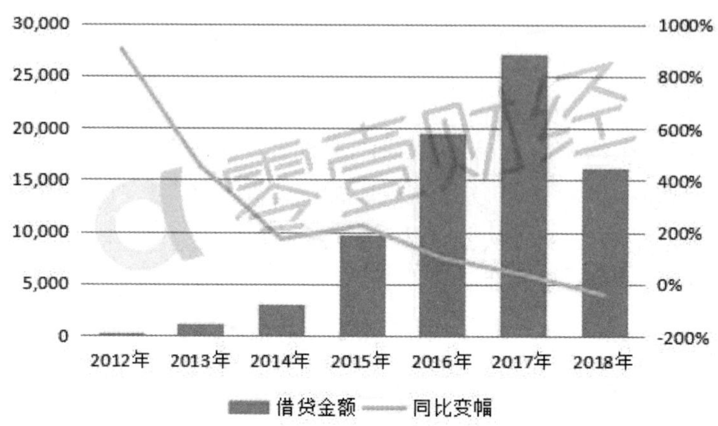

图1.8 P2P行业借贷金额走势图

消费金融接棒

虽然同属针对个人的借贷服务，但是与P2P的“草根”特质不同，消费金融称得上出身名门。早在2009年，当时银监会就曾发布《消费金融公司试点管理办法》，算是金融行业“老兵”，之前在P2P的光芒下，显得其貌不扬。

提及消费金融，名称拗口，但是，事儿其实简单，可以理解为银行信用卡业务的拓展：想买台电脑，暂时手里没钱，那就刷信用卡吧，如果没有信用卡，也可以向消费金融平台借钱，消费金融便是那张虚拟的“信用卡”。

表1.2 过往消费金融政策梳理

发布时间	颁布政策	颁布机构	政策解读
2009/7/22	消费金融公司试点管理办法	银监会	持牌消金小范围试点，首批4家公司获批成立。
2013/11/14	消费金融公司试点管理办法（修订版）	银监会	对原规定进行多处修订，包括降低出资人限制、取消营业地域限制等，促进持牌消金的发展。
2015/6/10	国务院常务会议	国务院	鼓励消费金融发展，增强消费对经济的拉动力；将消费金融公司试点扩至全国，审批权下放到省级部门。
2015/7/18	关于促进互联网金融健康发展的指导意见	央行、工信部、公安部等10部委	鼓励互联网金融创新，实现优势互补；拓展机构融资渠道；明确互联网金融监管责任。
2016/10/25	关于加大对新消费领域金融支持的指导意见	央行、银监会	在多方面鼓励消费金融发展和金融创新，包括：体系、产品创新，加大新消费领域金融支持等。
2017/5/27	关于进一步加强校园贷规范管理工作的通知	银监会、教育部、人社部	严格监管校园贷，暂停网贷机构开展校园贷业务。
2017/7/1	网络借贷信息中介机构业务活动管理暂行办法	银监会、工信部、公安部、网信办	加强网络借贷信息中介管理，提出备案制，规范信息披露及监管。
2017/11/15	关于立即暂停批设网络小额贷款公司的通知	互金专项整治办	暂停网络小贷牌照发放。
2017/12/1	关于规范整顿"现金贷"业务的通知（141号文）	互金专项整治办	取缔无场景"现金贷"；明确年化36%的利率红线；限制银行业金融机构"助贷"合作形式等。
2018/4/28	关于规范金融机构资产管理业务的指导意见	央行、银保监会、证监会、外管局	关闭"影子银行"，限制表外非标融资渠道。
2018/8/18	关于进一步做好信贷工作提升服务实体经济质效的通知	银保监会	鼓励消费金融发展，增强消费对经济的拉动作用。
2019/1/14	关于推进农村商业银行坚守定位 强化治理 提升金融服务能力的意见	银保监会	控制农商行跨区经营，跨区助贷业务受到影响。

与P2P的野蛮生长不同，消费金融自诞生之日起，便受到了监管的密切关注，也经历了数次整顿。它有三个特点值得关注：

1. 有场景的消费。比如隔壁老王在京东商城，或是天猫超市，看中一款学习桌，要付钱的时候发现身无分文，这时用京东白条，或是支付宝花呗，都可以拿到钱，相对于P2P的“自我表白”式借款，甚至吸收存款的方式，显得相对靠谱，毕竟购买记录之类是实打实的；

2. 金额不大但周转率高。消费金融涉及的资金不像房贷一样，动辄上百万，往往就几千块钱乃至几万块钱，这是借贷额度的主流。虽然金额小，但是一笔钱可以反复出借，比如一千块在一年之内，老张借三个月、老王借四个月、老赵借五个月，资金利用效率比较高；

3. 主动找“人”，并非被动等待。在前述P2P的弊端中，对“人”的掌控显得力不从心。因此，找到合适的借款人就成了重中之重。受益于大数据的广泛应用，平台可以从网页浏览数据、消费偏好、付款方式、工作和家庭地址等多维度分析，找出既有还款能力，同时又有消费需求的借款人。接下来，利用各种广告形式，精准推送激发目标用户的借款需求。

根据艾瑞咨询发布的《中国互联网消费金融行业报告》显示，未来国内消费金融放贷规模和增速还会持续增长。当然，由于各方积极入场“搏杀”，预计行业空间也会快速填满，之后转入存量博弈。

2012-2021e中国互联网消费金融放贷规模及增速

	2012	2013	2014	2015	2016	2017	2018e	2019e	2020e	2021e
互联网消费金融放贷规模（亿元）	18.6	60.0	183.2	1183.5	4367.1	43847.3	97737.3	185874.5	314691.0	465723.2
互联网消费金融放贷规模增速（%）	173.5%	222.6%	205.3%	546.0%	269.0%	904.0%	122.9%	90.2%	69.3%	48.0%

图1.9　国内消费金融放贷规模

如何选择消金理财？

庞大的消费金融客群正如金矿一般，监管部门有明确的贷款利率上限，超过部分法律不予保护，借款者的资质不同，承担的利率也不一样。这一份份借款者的贷款合同整合起来就是能够产生收益的“资产包”，将“资产包”再次分拆卖给投资者，就是一条理财产品从生产到销售的完整链条。

当然，其中门道远不止这么简单。

从P2P到消费金融，最大的变化是承认人对风险的识别是无力的，无论是对借款人资质的审核，还是后期对“资产包”的采购甚至监控，实际成了机构对机构的业务，即从P2P变成了B2B。

在P2P业务中，“兜底”是绕不开的话题，在个人信用相对缺失的情况下，没人敢轻易“下注”。

消费金融模式中，在A企业采购“资产包”的同时，往往会要求生产“资产包”的B企业提供“担保代偿”。简单来看，若是出现逾期产生的坏账，B企业要照单全收，这也是对B企业的制衡，防止它提供滥竽充数的“有毒”资产。

实际运作中，和“担保代偿”功能类似的风控手段还有不少，譬如，“资产包超额质押”，本来质押价值5亿的“资产包”就够了，为了防止坏账攀升，要求质押价值6亿的“资产包”；B企业共同出资，设置为“优先/劣后”结构，投资者出的钱是优先级，B企业提供劣后资金，如果“资产包”发生坏账，要亏钱先亏B企业的，B企业的钱亏光了才会“损伤”到投资者的本息；引入“保证金”制度，根据B企业过往资产包坏账率，核定“保证金”比例，要求足以覆盖可能出现的坏账。

不同消费金融的合作模式有不同的风控手段。然而，单靠“兜底”类条款是远远不够的，容易浮于表面。若是不闻不问，等到揭开锅盖才发现是一堆烂账，岂不是悔之晚矣。

金融的“书生气”便体现在合作方说什么都信，缺乏管控手段。以消费金融为例，就算B企业吹得天花乱坠，A企业采购了“资产包”之后，还是要运用监测系统等手段实时跟踪，对“资产包”的质量做到心中有数，甚至每一笔借款订单都要严格审核。若是发现“资产包”内的贷款合同逾期率上升，或是出现很多申请条件同质化的订单，都要及时采取措施，或是要求对方补充资金，或是要求更换“资产包”，或是选择终止合作，绝不能等到崩盘时两手一摊，轻叹一句“无能为力”便逃之夭夭。

投资者相信的不仅是金融机构的信用，更是掌控全局的能力。

对于“资产包”内的借款人，金融机构通常有“三板斧”：

1. 上报征信。若是借款人恶意不还钱，便会被送入央行“黑名单”，留下不良征信记录，这对于订单零碎、分处多地的借款人而言，是有效便捷的管控手段，毕竟没人愿意为了几千块钱耽误一辈子的“清白”；

2. 特定群体的管控。比如，之前爆出过大学生裸贷新闻，对于学生群体的借款需求严格管控，甚至一些金融机构会主动识别并屏蔽学生群体的借款需求；

3. 人脸识别，确定真实身份。与身份证等信息一致，骗贷难度大大增加，同时，辅助大数据带来的“人物画像”，把相对靠谱的借款人数据化，从多个维度筛选，提升安全性。

消费金融领域的头部机构，也就是B企业的角色，在现实中并不缺钱，银行、信托公司等“金主”会主动上门求合作。为了避免资金多、“借款人”少带来的资金闲置，A企业通常会有资金使用效率和平均贷款利率等具体的指标要求，实现资金使用效益的最大化，保障投资者的收益水平。

现实中，A企业就是发行产品的金融机构，B企业以消费金融公司、互联网巨头为主，选择消费金融类理财，既要核查A企业和B企业的实力，又要对具体的风控手段、运作过程有足够的了解。

简而言之是“三个靠谱”：管钱的人靠谱、借钱的人靠谱、花钱的事靠谱。

俗话说：打江山易，守江山难。作为投资者，跟上变化的脚步才不会被时代抛弃，怨天尤人没有用，多看多思才有益。

“信托版”资管新规出炉，一万块能买到8%的产品么？

关键词：资金信托新规 净值化 刚性兑付 公募信托

2019年2月，银保监会制定的《信托公司资金信托管理办法》征求意见稿（以下称为资金信托新规）发布，其中诞生了不少大家关心的新名词，比如认购起点一万元的公募信托。这对于信托行业的进一步发展构成利好，文件一经出台，A股的信托概念板块便迎来爆发。

资金信托新规是资管新规在信托行业的延伸，要想理解它的内涵，复盘资管新规显得必不可少。

复盘资管新规

当年，资管新规征求意见稿横空出世，理财产品“净值化”管理和“打破刚性兑付”是媒体传播度最高的两大热词。

“净值化”管理的概念较为陌生，在此之前，大家熟悉的是传统固定收益理财，比如买100万/一年期/年化收益4%的理财，一年之后，连本带息拿回来104万，收益表述方式是“预期收益率”，即预期能拿到多少钱，而“净值化”管理意味着客户拿到的收益是浮动的、不确定的，正如大家常用的余额宝，每天收益都不同，常见收益表述方式是“业绩比较基准”，如果设定为4%，意味着产品管理人按照过往经验，认为4%是可以达到的，最终结果可能是3.6%，也可能是4.3%，投资者要有心理准备。另外，“业绩比较基准”也是产品管理人收取浮动管理费的依据之一，比如，可以约定4%以上的收益按照二八分成，客户拿80%，管理人拿20%，如果产品实际运作收益是5%，4%以上的部分是1%，那么管理人就要收取0.2%的费用，客户拿到0.8%，加上4%，合计收益4.8%，这样的设置可以激励管理人为客户创造更高的收益。当然，出现“业绩比较基准”字样并不意味着理财产品一定是浮动收益的，还是要着眼产品本身。

“净值化”管理提出之时，显得极为强势，甚至有传言要把所有固定收益理财都改成浮动收益的。正如热血男儿千辛万苦找到了武林绝学《葵花宝典》，开篇赫然写着“欲练此功，必先自宫”，那怎么办呢？为了心中的武林梦想，只好和岳不群一样忍痛割爱，结果越到后面发现越不对劲。

原来监管部门对于“净值化”管理的要求并没有那么迫切，不光资管新规的过渡期延长了，而且允许非标准化产品（即不能在交易所挂牌并公开交易的产品，常见的有信托理财）适用摊余成本法，即产品管理人可以按照商定利率，在剩余期限内平均摊销收益（如果赚了）或亏损（如果赔了），投资者看到的收益会比较稳定，和原来买固定收益理财的感受也差不多。如果金融机构前期整改太激进，后面就痛苦了，正如翻着《葵花宝典》，看到一半突然发现标题写着“不必自宫，也能成功”，心中肯定懊恼不已，但是，这割都割了还能怎么办呐！

当然，适度妥协起码表明监管部门开始慎重考虑国情，更接地气了，片面追求在某个局部的突破性改革反而会引发更大风险，以至事与愿违，防范风险的初衷倒成了引发风险的导火索。

打破“刚性兑付”曾经是很多金融机构的口头禅，我们的确看到了不少理财产品违约、“刚性兑付”（即卖出的理财产品一定会兑付）被打破，但是仔细思量，资管新规要求打破“刚性兑付”是希望给那些尽到投资管理责任的金融机构“减负”：若是客观原因导致的违约，产品到期了客户却未能如约拿到钱，不必负责。这个想法是好的，无奈现实太“骨感”，打破“刚性兑付”成了一块“遮羞布”，不少金融机构本来对理财产品的风控管理就不到位，甚至销售的理财产品就是给别人接盘的，最后资金衔接不上违约了，反而说成是响应监管号召，“三观”碎了一地，真理念成了歪经。

然而，投资人的眼睛是雪亮的，如果把客户的资金当成儿戏，名声做烂了，后续再想发行产品、从投资人的口袋里拿钱，怕是会招来一堆白眼。

公平，公平，还是公平

《让子弹飞》中，姜文饰演的 “侠匪”张牧之，到了鹅城之后，第一件事就是发布了三条施政纲领：公平，公平，还是公平！

曾经国内的金融市场呈现三大门派，由银监会、保监会、证监会三大衙门各管一摊，在金融市场发展初期，业务类型比较简单、模式单一，证券、保险、银行、信托等细分领域相对独立，监管效果中规中矩。但是随着金融市场的发展，特别是金融混业渐成主流，分业监管越来越感觉力不从心，国内既出现了平安、光大、中信等全牌照金融帝国，也孕育出金融机构之间交叉持股、深度绑定的“联姻”，还出现了许多技艺高超的资本运作案例。譬如从保险渠道募集资金，找银行机构配资，再到资本市场炒股，原有监管体系不断经受挑战。同一业务类型却有不同的监管标准，引发监管套利，即用最小的监管成本实现最大的商业利益。

政府喊了多少年要把金融机构的“水”引流到实体经济中，最后发现引流太困难了，其中原因众多，监管套利的存在是重要因素。资金在金融体系内“空转”，不仅能实现资本增值，同时相比企业经营的诸多困难，留在金融体系内还会更加安全。看似不合理的背后，是深思熟虑的理性选择，所以全力打击监管套利，营造金融市场的公平竞争氛围，成了监管部门的必然选择。

此次资金信托新规出炉，既注重信托行业本身的特点，又格外注重公平，正如一位慈祥的老妈妈，看着身边的一群亲儿子，定立规矩，哪个儿子也不能输在起跑线上。只有对这点有清醒的认识，我们才能理解资金信托新规中，那些可能看起来有点“费解”的规定。

比如，投资者首次认购私募信托产品必须面签，并且设置24个小时的冷静期。冷静期的设立标准和客户购买私募基金是一致的，对于那些不成熟的投资者而言，就是让他冷静24天，结果也是一样的，还是两眼一抹黑，分不清楚东南西北；对于成熟投资者而言，24小时冷静期意味着他将损失一天的产品收益，难免心里骂娘。

固定收益类证券投资信托产品，允许卖出回购方式运用信托财产，弥补了信托原有劣势。以前信托要想参与银行间或交易所的回购业务，需要加一层“通道”才行，无端增加了成本。此前，资管新规规定，私募产品和公募产品的融资杠杆率上限分别为200%和140%，天然带杠杆不必找“通道”。现在允许了信托“回购”，也不必找“通道”了，这块业务自然回到了同一起跑线。

与资管新规精神一致，信托也有了公募和私募的区别。之前很多朋友没听说过信托，与它的私募性质密不可分，一方面必须向有钱人（即合格投资者）定向推介，不能公开做广告，连微信朋友圈发产品也是严格限制的，另一方面信托产品的起点是一百万，大多是三百万起的，没有这样的资金实力也很难接触到信托理财。现在有了公募信托的提法，至少未来投资人会在公开渠道了解到信托产品的相关资讯，老百姓理财也不会只关注买房炒股了，原来的信息不对称被打破，这又是一种公平的体现。

一万块能买到8%的信托理财么？

目前，三百万起、两年期信托理财产品的收益普遍在8%左右，当资金信托新规诞生时，很多朋友都有这样的疑问：如果公募信托落地，很多信托公司可以通过互联网等方式募集资金，管理规模容易迅速做大，若起点低至一万块，老百姓真的能买到么？

其实，一万元起的信托产品并非新鲜事，早在2016年，当时的银监会就曾经批准重庆信托获得铁路发展基金专项信托计划的业务资格，同时明确指出：产品认购金额是一万元起，参与人数可以不受限制。如今高铁已经成为中国的一张靓丽名片，开通的线路也越来越多，方便了大家出行，这背后是天量资金的消耗。相对于铁路投资建设的大发展，传统银行信贷模式难以满足资金需求，融资多元化渐成主流，在此背景下，一万元起的信托产品新鲜出炉。

当时，由于突破了信托原有监管体系的框架，业内为之一震。然而，虽然这款信托理财背负盛名，后来却泯然众人矣，核心原因还是铁路资产难以运作出令人满意的收益。因此，“表象”并不重要，真正决定产品的，是底层资产的品质，绝非套上信托的马甲就能变成“万人迷”。

中国银行业监督管理委员会

银监复[2016]161号

**中国银监会关于重庆国际信托股份有限公司
铁路发展基金专项信托业务资格的批复**

重庆国际信托股份有限公司：

你公司《重庆国际信托股份有限公司关于申请开展铁路发展基金专项信托业务资格的请示》（重庆信托文〔2016〕14号）收悉。经审核，现批复如下：

一、核准你公司铁路发展基金专项信托业务资格。铁路发展基金专项信托的委托人最低委托金额不低于人民币一万元，参与人数可不受限制。

二、你公司应严格遵守中国银监会关于信托公司开展铁路发展基金专项信托业务的有关监管规定。

三、你公司应当做好投资者管理，坚持投资者适当性标准，充分披露信息，严格控制风险。

你公司应及时向重庆银监局报送铁路发展基金专项信托业务产品发行方案，以及开展铁路发展基金专项信托业务中的重大事项及风险问题。

2016年6月2日

图1.10　铁路发展基金专项信托业务资格的批复

信托理财的特点之一是非标准化，每个产品投向不同、投资逻辑不同、风控条件不同、产品收益来源不同，很难有一套筛选标准能够应用到所有信托产品。这就决定了信托产品的门槛必然很高，不仅体现在认购起点，还有对于风险的理解和产品的认知。如果是没有认购过信托产品的投资人，能看懂产品说明书已经很费劲了，鉴于之前监管严禁公开推介，市场上缺乏信托理财方面的科普书籍，即使降低到一万块，又有多少投资人能明明白白投资呢？没有对产品认知过程的“程序合理”，仅仅是觉得“这家公司看起来靠谱”的“结果导向”，便选择购买，若不幸“踩雷”，最终结果必然是一地鸡毛。

这些年的信托理财中，违约、延期兑付毫不鲜见。若假定每笔认购都是一百万，两亿规模的信托项目，对应着两百位投资者，信托公司应付起来已经头皮发麻，若是门槛降低到一万，两亿规模对应的是两万人，信托公司有没有做好准备呢？至少现在看来很难，毕竟不少信托公司员工总数都不到两百人，没有新的业务梳理、流程设计，恐怕又是昙花一现。

从信托公司的收益划分来看，认购起点是关键，假定一年期产品，一百万到三百万之间是7%，三百万到一千万是8%，一千万以上是9%，即使做好了发行一万元公募信托的准备，按照起点不同收益不同的行业惯例，万元信托的产品利率也很难达到8%，估计和银行普通理财差不多，在收益方面的吸引力有限。

从公募信托运作来看，由于是新事物，必然不会全面铺开，找信托公司里的几个“好孩子”先试点是不二选择，“产量”也不会太大，对于大多数投资人而言，至少短期内不容易买到。一万元起的公募信托更像是“资金信托新规”营造公平氛围的产物（银行理财也是一万元起），而非行业发展的必然选择。当然，从经济学的角度来看，多一项选择也是福利，我们乐观其成。

目前，国内信托业早已告别跑马圈地的时代，行业格局已经形成，监管定义的行业评级、新业务资格筛选标准等也从侧面印证了这一点，未来针对信托行业发展中出现的问题、面临的挑战等也会不断打政策“补丁”，未来数年也大概率会是信托行业的“补丁”年，这对于信托行业的长远发展是好事。对于投资人而言，理财产品外表的“马甲”并不重要，信托产品也好，银行理财也罢，产品底层投向的资产才是我们要重点关注的内容。

如何看待信托理财的“刚性兑付”

关键词：刚性兑付 信托法 资管新规

提及信托理财，“刚性兑付”是很多投资人的第一印象，它的含义也很简单，信托理财到期后，信托公司必须如约分配给投资者本金和收益，若不能如期兑付或兑付困难时，信托公司要兜底，“砸锅卖铁”也要把该给的钱还给投资者。

当然，“刚性兑付”早已超越了信托的范畴，不少银行理财、资管计划之类都会有意无意地标榜“刚性兑付”的能力。有时看国内金融业，恍惚间会错以为是各路文豪的赛诗会，金融同行的遣词造句充满着想象力，类似“刚性兑付”的，还有“技术性违约”“非典型性P2P集资诈骗”等不一而足，集大成者当属李大霄老师，为资本市场底部“正名”的“建国底”“婴儿底”“钻石底”“精英底”等名词“震烁古今”，更神奇的是每破一次底总有“新底”冒出来，正如一位被证券投资耽误的当代文豪。

薛定谔的猫

尽管名声在外，但是，目前市场上对刚性兑付的理解相对片面，需要重新认识。曾有朋友戏称“刚性兑付”就是“薛定谔的猫”，是不是“刚性兑付”，只有产品结束的那一天才能揭晓谜底，在此之前无法获知。

正如桌子上的半杯水，乐观的人说还有半杯水，悲观的人说只有半杯水了。在实践中，“刚性兑付”也有两类极端解读：一类，是将“刚性兑付”奉为圭臬，片面标榜信托行业的金刚不坏之身，只是简单粗暴告诉投资人，只要买了信托理财，就可以万事大吉、高枕无忧，等着产品到期数钱就行；另一类，则刚好相反，片面放大打破“刚性兑付”的监管要求，堆砌各类信托理财的违约案例，真实情况毫不关心，最喜欢发一些惊悚标题，向投资人“贩卖焦虑”，待到投资人六神无主之时，兜售自己的资产配置方案，海外移民、虚拟币、海外置业、企业原始股，甚至金融骗局之类，都是常见戏码。

不少朋友会问，为什么一个国人自创的概念能够大行其道，直至毁誉参半呢？似乎常常挂到嘴边，就能迅速提升品位。

归根结底，还是源于深厚的群众土壤：

对于投资者来说，课堂里几乎没学过投资理财，不少概念纠缠不清，想要弄懂还得花很多心思，平时工作又忙，还得辅导孩子作业，远不如一句话来得实在：这产品保本么？

对于理财经理来说，想把一款理财产品说清楚，要费不少口舌，客户对一些条款的理解通常有误区，还要花时间纠正客户的观念，树立正确的投资观，不光耗费大量精力，结果甚至吃力还不讨好，不如干脆回复：这产品保本！

近些年发生的金融诈骗、理财产品违约，复盘之后发现投资者和理财经理都是受害者，投资者买了，理财经理有时也会买，到期之后发现无法兑付，两人只好“手拉手”一起去维权，教训深刻，引人深思。

这背后是投资者丧失了思考，把思考能力让渡给了理财经理，理财经理也随波逐流，放弃思考，把“球”踢给了公司，结果发现公司的项目团队也是一群赚“快钱”的主儿，眼前十口锅，手里却只有三个盖，最终走向群体毁灭。

缘何发扬光大

不少朋友纳闷：为什么“刚性兑付”扬名于信托理财呢？

这需要从两方面来看：

一方面，信托理财的起步门槛比较高，监管规定的门槛是100万起，通常起点在300万元，这不是一笔小数目，如果不能让客户安心，是不可能下单认购的，高净值客户的圈子其实很小，如果听闻哪家信托公司出现未能兑付的新闻，大家会迅速用脚投票，敬而远之，信托公司多年的信誉毁于一旦。因此，信托公司有很强的动力确保万无一失，一系列风控措施的最终目标就是确保圆满兑付；

另一方面，《信托法》对于信托公司的约束和要求更高。例如，第二十二条：受托人违反信托目的处分信托财产或者因违背管理职责、处理信托事务不当致使信托财产受到损失的，委托人有权申请人民法院撤销该处分行为，并有权要求受托人恢复信托财产的原状或者予以赔偿；该信托财产的受让人明知是违反信托目的而接受该财产的，应当予以返还或者予以赔偿；又如，第二十五条：受托人应当遵守信托文件的规定，为受益人的最大利益处理信托事务。受托人管理信托财产，必须恪尽职守，履行诚实、信用、谨慎、有效管理的义务；再如，第二十七条：受托人不得将信托财产转为其固有财产。受托人将信托财产转为其固有财产的，必须恢复该信托财产的原状；造成信托财产损失的，应当承担赔偿责任。这些条款中的受托人，指的就是信托公司。

信托理财大多数是单一融资项目，投资者在认购时已经知晓，产品的融资人是谁？担保人又是谁？有哪些风控措施保护本息安全？例如在产品运作过程中，中途看到融资人爆出财务丑闻，信托公司却没有任何风险提示，到期了才告知没钱兑付给投资者，是会因管理失责而被索赔的。如果官司打上一年半载，真正急的反倒不是投资者，而是信托公司了。现在监管几乎不再发放信托牌照，信托牌照顺势坐地起价，愈加值钱，相信没人犯傻，愿意揣着一张名声臭了的招牌。

当然，做到“刚性兑付”既要有意愿，还要有能力。俗话说“光脚的不怕穿鞋的”，在金融投资中也是如此。《信托法》对于信托公司的苛责，也是防君子却难防小人的，家大业大的信托公司自然输不起，如果公司规模一般，碰上了诸多违约，大不了换个股东，重组之后接着干，压力小很多，再慢慢花时间解决违约的项目，只是苦了跟着熬的投资人。

打破“刚性兑付”的理想与现实

“刚性兑付”大行其道，投资者不动脑、理财经理不思考、金融机构不操心，反正到期兑付就完事了，能够借新还旧就行，直到击鼓传花再也玩不转了，瞬间崩盘，“e租宝”“钱宝”“阜兴投资”“易乾财富”“金诚财富”等等，哪个不是钻了“刚性兑付”的空子，监管也发觉不对劲了。

为了整顿金融市场，2018年4月27日，央行、银保监会、证监会、外汇管理局联合发布《关于规范金融机构资产管理业务的指导意见》（简称“资管新规”），提出要打破 “刚性兑付”，明确“刚性兑付”的表现形式：

1. 资产管理产品的发行人或者管理人违反真实公允确定净值原则，对产品进行保本保收益；

2. 采取滚动发行等方式，使得资产管理产品的本金、收益、风险在不同投资者之间发生转移，实现产品保本保收益；

3. 资产管理产品不能如期兑付或者兑付困难时，发行或者管理该产品的金融机构自行筹集资金偿付或者委托其他机构代为偿付；

4. 金融管理部门认定的其他情形。

同时，还规定了“刚性兑付”的惩处办法，对于任何单位和个人发现金融机构存在刚性兑付行为的，核实之后予以奖励。

每一项政策的出台，都存在着与市场博弈的过程，有时会发现“按下葫芦浮起瓢”。不是说要打破“刚性兑付”么？一些金融机构乐开了花，正愁手里的烂账没办法处理，以前还要藏着掖着，现在直接就说无法兑付，美其名曰：响应监管部门打破“刚性兑付”的要求，“伟光正”的形象跃然纸上。

近期，国内某P2P行业巨头因代销产品违约，引发群体抗议，投资者欲哭无泪，但是监管部门却是一副无能为力的样子。问题出在哪里？

我们国家目前的信用体系、信息披露、法律法规等等配套措施尚不完备，在成熟完备的体系之下，管理机构的每一环节都无可挑剔，最后发生违约，通过抵押物的变现等方式处理，再把客户的钱拿回来，大家看了自然心服口服。

理想很丰满，现实却“骨感”。投资人在面临信息不透明乃至欺诈之时很难应对，连上市公司作假都屡见不鲜，甚至还有作假惯犯，犯罪成本低，获益却很大，屡禁不止。如此这般境地，强推打破“刚性兑付”，很容易变成又一个猎杀投资人的“砧板”，刚出狼穴，又入虎口。

至于举报“刚性兑付”有奖，由于信托产品的运作是非公开披露的，实际中，知晓相关信息的，要么是信托公司员工，要么是投资者，信托公司违约了，名声坏了，员工也受牵连，要是真告了东家，也没人敢要这样的员工，举报动力确有不足；投资人关心的是钱能尽快拿回来，也不会为了那点奖金去举报信托公司，最终反而可能会拿不到钱，得不偿失。

撕掉“刚性兑付”的标签

从投资理财的角度来看，过度吹捧“刚性兑付”，或是刻意传播打破“刚性兑付”的恐慌都是不可取的。

我们国家的战略纵深和腾挪空间很大，足以容纳不同类型的金融形态，持牌的金融机构，边缘的小贷公司，甚至令人发指的金融诈骗。不论您对它们的态度如何，是视若珍宝，抑或是咬牙切齿，它们都能够在市场中找到生存的空间，与其怨天怼地骂监管，还不如提高自己的辨识力。

与此同时，金融市场也有着自身的规律和力量，寄希望于某一条政策、某一句口号就能在短期内翻天覆地，难免一叶障目。这也是为何气势如虹的“资管新规”还要设置过渡期，甚至还延长了过渡期。监管和市场就像新婚燕尔的两口子，谁也不可能彻底把谁制服，只能商量着过，等到最后，不能吃辣的也能尝几口韩国泡菜，不喜面食的也能扒拉几口刀削面。

从新闻传播的角度来看，简单粗暴的概念最容易被大众接受，但是从金融投资的立场来看，这和掷色子算命也差不多，容易把投资人引入歧途。

我们更需要撕掉“刚性兑付”的标签，进行多维度的分析。关注的重点也并非产品到期之时是“兜”还是“不兜”，而是关注“刚性兑付”得以形成的原因，其本质是寻求中国的核心资产。

在投资理财的诸多选项里，信托理财提供给投资人的信息更加全面；银行理财往往看到的是投资范围，却很难得知具体方向；分红型保险能看到过往产品的分红，却无法获知分红是如何得来的；公募基金最多披露某一时点的前十大股票持仓，但是剩下的股票也无从知晓。因此，信托理财的最大魅力不是“刚性兑付”，而是投资人获知更加充分的资料，从容选择更加适合的理财。

国内的核心资产有两大类：一类是强势地方政府的信用，即传统政信项目，选择家底厚实、财税有保障的地方政府融资平台；另一类是经济发达的人口聚集地、区域中心的资产，这些地区的房地产、工商企业等都是值得关注的对象，不少朋友一看房地产调控就说国内房地产要完了。然而，调控搞了那么多年，强者恒强却从未改变，强势的背后是人口集聚、是财富积累、是未来的增长极。

以前是经济高速增长，雨露均沾，远看“落霞与孤鹜齐飞”；未来是局部二八分化，需要挑挑拣拣，毕竟“关山难越，谁悲失路之人”。

抛开核心资产本身：强势的信托公司决定了猎取核心资产的能力；优秀的项目团队决定产品运作的成败；具体的信托理财展现投资逻辑的优劣；服务的理财经理分清产品质量的高低。如果将金融市场比喻为矗立在海边的金字塔，多重因素决定了您是站在金字塔尖享受风平浪静，还是受困于金字塔底的惊涛骇浪。

从单一标签，到庖丁解牛，这正是我国金融市场从稚嫩无序，走向成熟专业的标志。

违约理财大盘点，未来的雷区在哪里？

关键词：违约 雷区 金交所 商誉

这些年深感“命途多舛”，也许是宿命，也许是机缘。回首往事：各类“币圈”几成焦土，庞氏骗局一地鸡毛，资本市场险些断气，连固定收益理财都经历多次违约风波，不忍直视，原来无处安放的不止青春，还有沾满汗水的钱袋子。

这些失败案例都有什么特点，投资人有哪些误区，应该汲取什么教训，值得我们好好总结。需要说明的是，所谓违约通常有两类：一类是产品到期，未能按时支付本金和利息，不得不延期处理，结果尚未可知；另一类是产品到期，本息已经确定亏损。若是理财产品提前到期，比如原定期限是一年，结果半年之后就把本金利息还给了投资者，这其实谈不上违约，毕竟多数合同中会有约定，允许融资人提前还款。

撕下“国资”标签

要想买理财，投资者首先要和各类金融机构打交道，一时间会感觉眼花缭乱，信托公司因稀缺的牌照资源，稳健的投资能力，逐渐被大众认可，甚至有了“刚性兑付”的说法，大家会认为信托公司发行的固定收益理财都会兑付。

然而，过往“闭着眼睛买”理财的方式早已不合时宜，一方面我国经济已由高速增长阶段转向高质量发展阶段，转型过程中，部分实体经济出现问题，过往融资未能按期兑付，金融机构面临坏账风险，“踩雷”很难避免，另一方面，打破“刚性兑付”成为监管新方向，同时“庞氏骗局”屡见不鲜，理财市场复杂性和多样性远超过往，需要重新学习，补齐“财商”短板。

比如，不少投资人认为只要抱紧“国资”大腿就好，国有金融机构发行的产品肯定靠谱，很遗憾，违约“大户”之一山西信托就破例了。从股权结构来看，山西信托90%的股权由山西省国信投资集团公司持有，最终穿透由山西省财政厅100%控股，换句话说，山西信托是如假包换的国资背景。

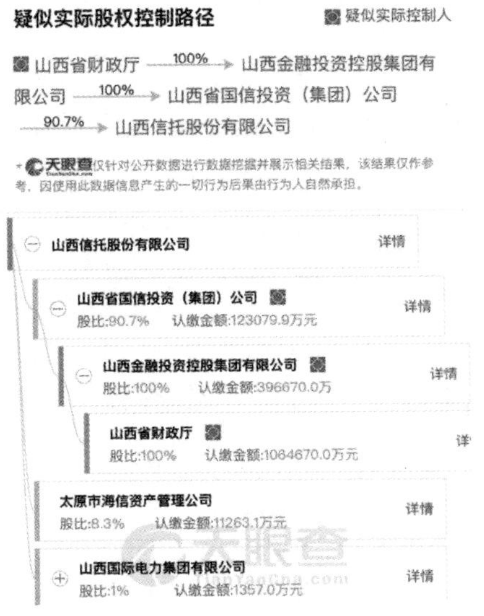

图1.11　山西信托股权结构图

可惜，这浓眉大眼的家伙竟然靠不住了，山西信托多款信托计划发生违约、延期，例如“信达3号”“信实53号”“信实59号”“信实55号”“信实58号”“信实22号”等。新浪财经记者披露，其尽调能力之业余令人汗颜，以“信达3号”为例，抵押物为运城市盐湖区机场北路豪德光彩贸易广场40419.99平方米商业房产，尽调报告中估值每平方米8000多元，有媒体披露实际才值每平方米3000多块，难以覆盖融资本息。令人哭笑不得的是，报道中还有自称在山西信托工作的项目经理反复向投资人暗示，中国工商银行有意买下山西信托51%的股权，到时这些违约都不算事儿，好吧，那只好痴痴地等了。

“破窗效应”显神威

“破窗效应”是犯罪学的一个理论：在大街上遛弯，看到一栋房子有一扇窗户是破的，如果房主不把窗户赶快修好，后面可能有人会向窗户丢石块，砸破更多玻璃，甚至引发入室抢劫。

虽说浪子回头金不换，但是金融行业是特别讲求“洁身自好”的，这也是打破“刚性兑付”的无形压力，若是突破了底线，日后违约看起来就会像“家常便饭”一样，谁还敢买。

还有一家频繁上头条的“中江信托”，接连爆出信托产品违约。市场上的几颗大雷都踩中了，比如龙力生物、大连机床、神雾节能、凯迪生态等。那时股市惨淡，不光新老韭菜一起割，连韭菜根也没放过，甚至大股东同样灰头土脸。由此可见，金融细分行业从来都不是孤立存在的，这些产品违约可以视为大熊市带来的连锁反应，但是，如此密集踩雷有点说不过去。

显而易见，这家公司的风险控制环节出了问题，获取的资产质量堪忧，后期处置就会被动。其实踩雷并不可怕，可怕的是踩雷之后的束手无策。很多朋友喜欢买政信类信托，认为既靠谱又安全，但是在党中央、国务院加强地方政府债务管理的背景下，不是所有的政信项目都是“白富美”，也有“矮穷矬”，比如中江信托发行的政府项目中，“金马499号”信托计划是受让武定县工业投资公司所持有的当地政府应收账款；“金马382号”信托计划是投向了榕江县新城开发公司；“金马430号”信托计划是投向了呼和浩特市的基建项目，它们都属于“弱势”地方政府的政信项目，发生违约并不稀奇。值得庆幸的是，后期“中江信托”更换了股东，新股东承诺会逐步解决违约产品，投资人回款有望。

“金字塔”食物链

金融行业中存在着“金字塔”式的食物链，稀缺资源、优质资源聚集围绕在塔尖，庙堂之外才是江湖。

以信托行业为例，目前运行的只有68家信托公司，管理资产规模超过20万亿元，监管部门对于信托牌照管控也很严。相较之下，国内银行有近4600多家，保险公司和证券公司各有100多家，这些牌照监管部门还在继续批复。如此稀缺的牌照资源，信托公司只要自己不作，大概率会活得很好。目前已经发生的信托产品违约，无论从数量，还是规模来看，与行业整体相比依然很小，信托公司依然是值得信赖的理财渠道，甚至有些信托公司看起来“绯闻不少”，但是本息兑付的底线依然会牢牢守住。毕竟，相比需要兑付的产品金额，这只“金饭碗”更值钱。

当我们的目光从金字塔尖逐渐下移，会看到更加光怪陆离的世界。这时更要睁大眼睛，很多理财品种早已游离于监管之外，它们更加破碎，更加分散，更加接地气，杀伤力更强。

2018年11月23日晚6点多，南京市公安局栖霞分局发布消息称：9月24日，江苏紫金财富金融信息服务有限公司尤兆丰、戴素珍因涉嫌非法集资犯罪向南京市公安局栖霞分局投案自首。11月1日，南京市栖霞区人民检察院对实际控制人尤兆丰、戴素珍及公司高管等12名犯罪嫌疑人，以涉嫌非法吸收公众存款罪批准逮捕。公安部门发布通知：投资人可以就近到户籍地、实际居住地或者投资分部所在地公安机关经侦部门或派出所报案。如果投资人买的理财踩雷，报案程序都是一样的。“紫金财富”乍一看还以为和南京国资委有什么关系，其实只是李鬼罢了，涉案金额预计在六十亿左右，又有多少家庭的积蓄付之一炬，一夜回到解放前。

临近年关，还会有类似“紫金财富”的事件爆出，这片雷区还未清理完。值得关注的是，2018年下半年监管部门已经收紧了三方财富公司的新产品发行和报备，加剧了这些公司的资金链紧张，11月又重申整顿各类金融资产交易所：例如投资门槛不得低于资管新规、停止通道业务等。直观来看，有很多公司是通过金融资产交易所向投资者发行或转让金融产品的，其中不乏“借新还旧”的庞氏骗局，若是金交所功能受限，新的资金募集不来，老的产品到期没钱兑付，结果只能是崩盘。君子不立危墙之下，善意提醒大家暂时观望，即便是买它们的短期理财也不合适，万一刚好买了刚好掉坑里呢？

另一片雷区要隐蔽得多，那就是商誉风险，所谓商誉通俗得说就是招牌值多少钱，如果公司不怎么样，但是，公司“招牌”却值很多钱，那就需要我们细细考量。2018年三季度末，A股上市公司商誉总额达1.45万亿元，同比增长15.18%。加上中美贸易摩擦、国内去杠杆等不利因素，从常识判断股市整体下行才是合理的，只是幅度的差别。

惨淡行情之下，与其说招牌更值钱了，不如说只剩招牌撑门面了。下表是根据2018年三季度报整理的商誉占资产50%以上的部分公司。可口可乐在江湖上有段霸气宣言：如果哪天一把火烧了它的厂房，没有关系，可口可乐依然能东山再起。这才是真正的硬招牌！经过查询，可口可乐同期资产总计868.77亿美元，无形资产168.55亿美元，占比19%，看完深感汗颜，究竟是谁给了A股上市公司撑起高商誉的勇气，是梁静茹么？

表1.3　2018年三季度末部分商誉占比超50%公司

1	证券代码	证券简称	商誉 [报告期] 今年三季 [报表类型] 合并报表 [单位] 元	资产总计 [报告期] 今年三季 [报表类型] 合并报表 [单位] 元	商誉占资产百分比
2	300143.SZ	星普医科	1,918,837,735.66	2,603,700,500.00	73.70%
3	000606.SZ	顺利办	4,269,311,788.48	6,063,724,586.33	70.41%
4	002464.SZ	众应互联	2,128,996,444.48	3,130,553,974.29	68.01%
5	000971.SZ	高升控股	2,439,130,442.32	3,982,487,056.52	61.25%
6	300467.SZ	迅游科技	2,270,073,031.80	3,764,123,241.59	60.31%
7	000889.SZ	茂业通信	2,965,876,727.90	5,033,678,202.48	58.92%
8	300299.SZ	富春股份	1,228,146,093.14	2,156,168,038.12	56.96%
9	300148.SZ	天舟文化	2,843,400,461.62	5,024,092,539.56	56.60%
10	002759.SZ	天际股份	2,168,546,066.17	3,856,927,772.93	56.22%
11	300061.SZ	康旗股份	2,339,717,166.19	4,191,945,053.37	55.81%
12	300315.SZ	掌趣科技	5,391,796,838.32	9,671,347,544.46	55.75%
13	002619.SZ	艾格拉斯	3,817,423,791.74	6,944,379,927.10	54.97%
14	300343.SZ	联创互联	3,269,710,741.80	6,093,847,482.97	53.66%
15	603818.SH	曲美家居	3,669,647,001.01	6,931,860,593.95	52.94%
16	300459.SZ	金科文化	6,376,678,769.05	12,063,877,118.66	52.86%
17	002113.SZ	天润数娱	1,633,353,835.36	3,122,399,715.50	52.31%
18	000976.SZ	华铁股份	2,610,912,408.57	4,999,668,277.65	52.22%
19	600892.SH	大晟文化	1,286,978,756.26	2,498,548,221.55	51.51%
20	300359.SZ	全通教育	1,393,377,415.34	2,717,388,897.21	51.28%
21	600721.SH	百花村	1,081,367,390.11	2,126,604,584.38	50.85%
22	600242.SH	中昌数据	2,142,997,818.12	4,224,179,684.40	50.73%

对于炒股的朋友来说，商誉占比太高的公司需要格外关注，尽量远离。喜欢买固定收益理财的朋友也要留个心眼，买理财时好好看看，这些钱是借给了哪些企业，有没有商誉占比离谱的，若是高商誉的企业出来融资，不建议作为投资首选，毕竟不确定性太大了。万一后期发生商誉减值，股票也会下跌，连锁反应之后，引发了资金链断裂，固定收益理财怕是很难兑付。

坏消息是依然有雷区还没炸完，风险隐患仍未解除；

好消息是雷区的范围会越来越小，不必持续心惊胆战。

在贩卖焦虑的时代，投资者如何保持清醒？

关键词：财经自媒体 贩卖焦虑 信托

这是一个贩卖焦虑的时代，理性客观的分析已经无法吊起投资人的胃口，传播恐慌、刻意恫吓成了促成销售的不二法则，如何诱导投资人恐惧、心慌成为各类魑魅魍魉苦心钻研的主题。

套路一个比一个深

做海外保险的说人民币要大幅贬值了，要变卢布了，还不赶紧换美金；干海外移民的说国内经济要完蛋了，赶紧走吧，离开中国，海外的月亮格外圆；卖保险的说各类天灾人祸太多了，还不赶紧买一款防身，你看隔壁老王的小姨子走路都崴脚了；券商顾问说机会来了，可以买了，可以卖了，你拿着不动就错过机会了，哦，原来没有交易量的投资人最被鄙视。

信息爆炸时代，谁的声音耸人听闻，才能传播得更快，投资人才更愿意点击查看，至于事实的真相究竟如何，往往抛之脑后，这不得不说是一个时代的悲哀。

原以为只有金融同行之间才是赤裸裸的仇恨，没想到，金融业的门口也站满了“野蛮人”，曾经疯传一篇帖子《一级警报！信托爆雷开始了！》，震动了整个信托圈，仔细一看，原来卖课的自媒体也加入了金融混战，好不热闹。文章姿态极其苦口婆心，宛如中学老师的谆谆教导，读者留言也显得极其诚恳。然而，态度端正不代表文章正确，里面硬伤不少。关于具体投资品种，理性探讨没有任何问题，但是要建立在对行业相对熟悉了解的基础上，如果沾个边就自诩为专家，以民意代表自居，顺带兜售各类课程，那岂不人人都能当专家？遥想当年，岳不群也曾对武林高手们大加斥责："你们算什么玩意儿？我才是武林正宗！"

鉴于自媒体文章犹如过江之鲫，逐个批驳更似逆水行舟，况且投资人也没那么多时间看，本文就以这篇帖子《一级警报！信托爆雷开始了！》作为剖析样本，带着读者朋友们领略这类文章的常见套路，日后大家举一反三即可。

似是而非，忽略常识

这篇帖子一上来就显得气势汹汹，接连抛出了不少信托违约案例，气氛压抑，但是画风一转，让人笑出声来，原来作者连债券和信托都分不清楚，文章中引用的"中民投"案例明明是债券违约，然而，仍然归入第一小节"多发的信托违约"段落中，虽然内行看了会喷饭，但是文章效果达到了，一连串"违约"字样，读者的焦虑感油然而生。

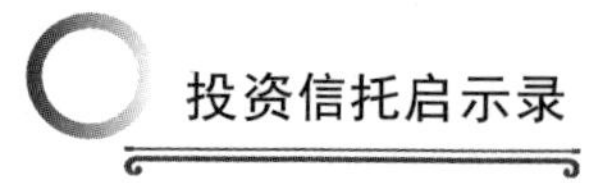

23日，长沙银行发布一则关于诉讼事项的公告。公告中称，**渤海国际信托股份**有限公司，未能按照合同约定向该行支付信托受益权转让价款，持续违约。

28日，是**中民投**的"18民生投资SCP005"到期偿付的日子。这笔发行规模15亿的债券，上清所只收到部分付息兑付本金。已经构成部分违约。中民投给出的公告，是说资金划转不及时。解释一下就是我能兑付，就是钱没及时到位。

新世纪给出3A评级的中民投，这种神操作，已经不是第一次了。管理人一直称，中民投最艰难的日子已经过去。毕竟工会已经发动员工，发起"爱公司投未来"计划。这种筹措资金的神操作，对内融资挽救公司，也不是它首创。

跟很多上市公司鼓励员工持股，为老板减持改善生活一样，充满诗意。

仅仅5月，信托违约已经呈现出，不是一两件特例，很有可能成为扩大化、常态化的趋势。

图1.12　文章陈述违约的截屏

作者谈到信托行业分类，按照项目类型可以分为四类，但是，业内不是这么划分的。特意查询，发现另一公众号《投资理财》在2018年8月29日发布的文章《信托种类共有多少？怎么划分的》是如此分类的。这又是财经自媒体的常见错误，喜欢复制粘贴，缺乏求证。

我们按照项目类型，可以把信托分为四类：

房地产信托；
政信类信托；
工商企业信托；
金融市场信托；

图1.13　文章划分信托类型的截屏

如果想抄袭的话，不要抄那些业余的公众号，难免以讹传讹，可以引用"中国信托行业协会"官网的报告，它是中国银行保险监督管理委员会下辖的行业组织，在中国信托行业协会2019年5月30日发布的《2019

年1季度中国信托业发展评析》中，按照信托资金的投向划分为工商企业、金融机构、基础产业、房地产、证券投资等。

提到房地产，原作者提到“房信类的高违约”，有“房信”这个词么？也许原作者以为房地产信托的缩写就是“房信”，那为什么不是“房托”呢？开发商最喜欢“房托”。再看到“海航、渤海、中泰信托旗下已经违约”的语句，漏洞百出，国内信托公司只有68家，渤海信托、中泰信托都有，但是，并没有海航信托，这家公司根本不存在，原作者不仅能自创词汇，还自创了一家信托公司，这类移花接木的笔法令人叹为观止，由于海航的债务问题早已妇孺皆知，将并不存在的“海航信托”请过来自然容易令人信服。

由于房地产调控以及资管的穿透式监管，严控资金流向房地产，严控发债规模和渠道。那么伴随着房信的就是，一面是饥渴的资金需求，特别大胆，敢给，敢要。另一面，就是房信类的高违约。海航、渤海、中泰信托旗下已经违约的，也多跟此有关。

房产信托本身就是豪赌房产周期，遇上最严调控周期，能抗多久呢？

图1.14 文章关于房地产信托陈述的截屏

文中提到“房产信托本身就是豪赌房产周期，遇上最严调控周期，能扛多久呢？”原作者把房地产信托称为房产信托就当笔误，暂且不论，按照原作者的想法，房地产行业扛不住，未来大跌，然后引发房地产信托的群体违约。当我们重温政府调控政策，房地产大涨大跌都不是初衷，维持房地产行业平稳健康发展才是目的，因此，原作者将调控片面理解为打压是未解其意。

看到原作者论述“政信类”，突然感觉很欣慰，起码没有写成“府信类”。但是，稍往下看就露出了马脚。所谓“政信项目本身就是地方债的变身”匪夷所思，政信类项目是通过信托公司发行的，地方债是发行债券，完全是两个金融品种，原作者还说“变身”，小时候动画片看多了。

在地方政府平台的融资组合中，有商业银行贷款、有信托融资，也有发行的债券，还有国家开发银行提供的低息或无息贷款等等，是一个组合概念，并非谁替代谁，而是一揽子融资方案。

另一个就是政信类。政信类一直是受益于政府信用背书的。我经常收到朋友的私信，说有个政府项目，收益率还可以，应该问题不大。但是，这都是老历史了。现在的政府项目违约起来，一点也不含糊。为什么？

政信项目本身就是地方债的变身，但是地方什么财政情况，这个我不敢说，自己考虑。

图1.15　文章关于政信项目陈述的截屏

地方政府的负债情况错综复杂，目前正在通过一系列措施化解，但并不意味着所有地方政府都会破产。与此同时，不少地方政府负债高，但是手上资产也多，融资渠道也广，未来税收也不弱。正如隔壁老王在外面欠了五百万元房贷，每年的工薪收入才十几万元，外人看来隔壁老王的风险也太大了，这哪能还得起债呢？然而，如果再告诉你，隔壁老王祖上三代都是商业巨擘，如果隔壁老王失业了，就要“被迫”回去继承资产百亿的家族企业，这时还会觉得隔壁老王的负债很高么？因此，具体问题要具体分析，相比全盘否定，如何选择政信项目更加重要。

接下来是工商类，工商类是最明显的借新还旧。大披企业发信托，美名其曰发展新项目。但是动动脑子都知道，在GDP增速7%时发的产品，等到了兑付时，经济环境是6%附近。也就是预期收益是按好行情时算的，现在跟预期不符，拿什么来兑付？

图1.16　文章关于工商类信托陈述的截屏

提到工商企业类信托，作者断定“工商类是最明显的借新还旧，大披企业发信托”，文中诸如“大批”写成“大披”的错别字不胜枚举，行文并不严谨，金融知识如此匮乏，文末还自诩为师，实在恬不知耻。

工商企业类信托绝对谈不上大批企业都能做，上市公司都未必有资格，通常信托公司会要求工商企业提供一系列抵押、担保措施。比如，某上市公司找到信托公司融资，以流通股作为抵押，市值10亿的股票交给信托公司，信托公司发放4.5亿信托贷款（质押率不超过50%，意味着股票价格跌一半才会对信托理财的本息安全造成威胁）；同时，会设置预警线、平仓线（即股票对应的不同价格，通常比最初股价要低），若股价下跌到预警线会时刻准备抛售股票以保证信托理财的本息安全；另外，会要求上市公司的集团公司提供连带责任担保，简单来说，“手里有货，上面有人”。

“借新还旧”是庞氏骗局的伎俩，信托公司受中国银行保险监督管理委员会监管，在“一法三规”等法律法规约束下开展业务，即《中华人民共和国信托法》《信托公司管理办法》《信托公司净资本管理办法》及《信托公司集合资金信托计划管理办法》，没有哪家金融机构会罔顾风控，去做“借新还旧”的生意。

至于“GDP增速7%时发的产品，等到了兑付时，经济环境是6%附近，也就是预期收益是按好行情时算的，现在跟预期不符”，这句话犯了常识性错误。

首先，信托项目有不同的融资主体，GDP的变化有影响，但是很微弱，正如近些年来GDP逐步下行，但是茅台酒厂的生意仍然红火，海底捞依旧是网红店，不同企业的生存状态不一样。

其次，原作者说“预期收益是按好行情算的”，可见连金融的门都没摸着。资金可以理解为一种商品，它的价格是根据供求关系来定的，如果央行放水，货币宽松，资金多了，自然收益就低，如果央行收紧流动性，市场上资金紧缺，收益自然就高，这套逻辑查看余额宝的收益率变化就能佐证，更何况行情好坏的标准原文也未说明，看了一头雾水。从2018年四季度到2019年一季度，GDP变化不大，但是收益率差别不小，原因正是临近年底市场资金紧张，投资人买的信托产品收益当然也高，在春节后，货币开始适度宽松，投资人买的信托产品收益自然也会走低。

最后，所谓“现在跟预期不符，拿什么来兑付？”原作者又犯了常识性错误，把宏观经济面的变化和微观信托项目运作混为一谈，如果按照这个逻辑，GDP一直在降，南京的房子应该一直会跌呀？想想也不对，哪有这么简单，是否兑付要看信托理财产品中的交易对手、抵押担保、贷后监管等一系列因素，别只操心GDP，就和找男朋友要看学历背景、工作单位、家庭背景、性格习惯之类，这些都是更好量化的指标，如果姑娘单看芳龄一年比一年大就灰心丧气，感觉找不到白马王子了，不再相信爱情了，那不成永远打光棍了么？单凭一两项指标，盲目刻舟求剑，那怎么能行呢。

先贩卖焦虑、再贩卖知识

很多朋友对信托行业知之甚少，容易被误导：一方面是受困于监管要求，如《信托公司集合资金信托计划管理办法》第八条、第二款规定信托公司推介信托计划时，不得进行公开营销宣传。这类政策限制导致大家能看到的信托行业资料偏少；另一方面是产品起点，监管规定信托产品认购起点是一百万人民币，实际上大部分产品的认购起点是三百万人民币，普通家庭也不容易达到，自然关注的朋友就更少了。

从原作者的简历中得知，他先后就职于期货公司、资产管理公司，之后成为独立投资人、自由职业者。从这篇文章笃定的语气看，很容易把人唬住，以为是精通信托行业的专家，但是犯了如此多常识性错误，原来连起码的从业经验也没有。《信托公司集合资金信托计划管理办法》第八条、第三款规定信托公司推介信托计划时，禁止委托非金融机构进行推介。这位作者作为自由职业者，是不允许向投资人推介信托的，自然就很难学习到丰富的产品资料、尽调报告、合同文本等，难以对信托业形成全面深入的了解。

况且原作者连基本的信托行业术语也不懂，却遑论什么每年整理上百份精英研报、大型经济研讨会数十场。看完原作者的简历，顿时有一种感觉：这就是给新手们的特别定制款，用老百姓能够理解的语言去拼凑内容，不论真假，只要让投资人深受刺激，如坐针毡就行。

在贩卖完焦虑之后，文末会出现订阅专栏199元的二维码，衔接紧密，不把读者吓一跳，怎么可能有人愿意扫码买单呢？这割起韭菜来套路很深，一点不手软，庄家割韭菜，起码韭菜要买得起股票，这199元的定价，连买不起股票的韭菜也顺路割掉。

先贩卖焦虑、再贩卖知识，一条龙服务，只要您焦虑了，就上钩了。想缓解焦虑么？来一份199元的专栏。至于它的含金量并不重要，对错也无所谓，胡说八道都不要紧，一筐子烂菜，总有能吃的几颗，这真是荒诞又合理的现实。

如何看待信托行业？

根据国家金融与发展实验室披露的数据，截至2019年末，全国68家信托公司受托资产规模为21.6万亿元。

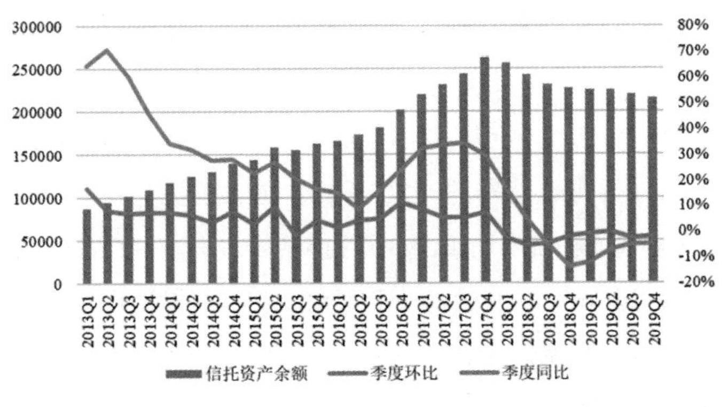

图1.17　信托资产余额走势图

这个规模是什么概念呢？2020年初，普益标准发布报告：截至2019年年末，全市场商业银行（不包括外资银行）的个人理财产品存续规模为26.84万亿元。大家日常接触的银行理财和略显神秘的信托理财，在管理规模上是一个数量级。如果断定这么大体量的信托行业要全部覆灭，投资人就算买了这些自媒体老师的课又有什么用呢，还不如把所有家当都换成黄金，再去乡下找块地，养两头猪、五只鸡，没事遛遛鸟，“采菊东篱下，悠然见南山”。

如何看待信托理财违约？

原文中提及的信托理财只是狭义的固定收益类信托理财，其实信托的概念更加宽泛，在投资股权、买卖股票、事务管理等不同类型中都能找到信托的身影。对于固收类信托理财，要客观看待，既不能全盘否定，显得无知，又不能盲目推崇，显得无脑。正如看待一位投资顾问的专业性，不在于情绪渲染，吹牛谁都会，要看微观标准，比如看到政信类信托项目，起码问问当地政府一般预算收入是多少？融资方、担保方评级怎样；看到房地产类信托项目，问问拍地价格多少、定位是刚需还是改善、区位怎么样，配套又如何；看到工商企业类融资，负债率、现金流等硬指标不可忽视。这么多功课，不是随便几句话就能说完的。买个水果还会碰上歪瓜裂枣，为什么买理财就一定有稳稳地幸福，正因为理财产品的良莠不齐，才需要更加专业的投资顾问帮忙把关。

提到违约，仿佛谈虎色变，那么信托理财的风险究竟如何呢？

中国信托行业协会发布的《2019年中国信托业发展评析》显示，截至2019年4季度末，信托行业风险项目1547个，规模为5770.47亿元，信托资产风险率为2.67%，也就是一百块里，有二块六毛七是有风险的。这个比率很高吗？对比来看，中国银保监会发布数据显示，截至2019年末，商业银行不良贷款余额2.41万亿元，不良贷款率1.86%。信托资产风险率与不良贷款率的含义并不相同，但是都在描述投资可能造成亏损的比例，从这个角度来看，双方都面临存量风险化解的压力。然而，可能要不回来的钱是不是一定就意味着血本无归呢？还真不是，通过后期的资产处置、追偿等一系列风控措施，可以有效减少实际亏损，多少也能挽回来一些，甚至全数追回。

当您在银行买理财时，仔细留意理财产品说明书中的投资范围，其中就包括了信托计划，也就是银行先拿了投资人的钱，然后，其中的一部分资金会投向信托理财。银行类似是零售商，起点低，一万元就能买得到，信托正如批发商，至少要一百万才能买得到。除了银行和个人投资者，上市公司（详情可见其披露的理财产品季报）、保险公司等都是选购信托理财的大客户，这些机构投资人，掌握的信息比个人投资者更多，尽职调查更充分，选择理财更专业，投资所用资金又是公款，自然慎之又慎。

对于投资者来说，理财一直都是辛苦活，无论何时都要挑着买，与其听着各类不靠谱的大神忽悠，在恐慌氛围中惴惴不安，整夜睡不着觉，还不如花五分钟时间自己先做功课，看看这位“大神”引用的数据、论据是否经得起推敲。

身处信息爆炸的时代，魑魅魍魉并不鲜见，嗓门大、包装好也并不一定说得就对，多看行业报告、多翻原始数据，强化自己的判断力，这比盲目看书听课更有效。

新型冠状病毒疫情对信托投资有何影响

关键词：信托 黑天鹅 马太效应 墨菲定律

2020年初，新型冠状病毒疫情大面积暴发，给各行各业带来巨大影响，活力四射的国度在一瞬间被按下了暂停键，躺在家里就能做贡献的日子着实不好过，终于明白身体健康才是最大的福分。当海外疫情逐渐蔓延，全球同此凉热，股市巨震频频，经济冲击显而易见，大家不仅关注自己的工作，更关心钱袋子会不会受到影响。

信托投资在理财品种之中相对小众，起点较高（普遍100万起），监管要求必须向合格投资者定向推介产品，自然大部分投资人相对陌生。然而，当您翻看不少银行理财产品说明书，在“产品属性”标注的“投资范围和限制”里会看到这款理财投向信托计划的比例。如果将这些银行理财比喻为高楼大厦，那么信托理财就是高楼之下的部分地基，关乎安危。因此，了解此次疫情对于信托投资的影响确有必要。

仿佛时空静止

此次新冠疫情暴发正值春运，巨大的人口流动方便病毒四散传播，面对传染力极强的病毒，政府不得不采取封城、居家隔离等强力措施，一瞬间仿佛时空静止。餐饮旅游、文娱影视、线下培训等行业近乎毁灭性打击，春节假期固然有利于全民宅家，然而，由于疫情影响导致复工难，进而影响整条供应链，只要其中一个节点无法恢复，上下游企业必然陷入停摆。当疫情初步控制之后，全面复工搞经济成为当务之急。

在静止的时空之中，信托公司也难以逃脱，疫情影响主要体现在两方面：

一方面是信托新项目尽调。

很多朋友在购买银行理财或信托理财时，往往只意识到自己买的是一款理财产品：它的收益有多少？期限有多长？然而，他忽视了理财产品本身。这类固定收益理财产品，它的底层资产基本上是来自于借贷形成的债权债务关系，比如某家企业需要一笔资金用于扩大再生产，信托公司就会评估这家企业的资质，看它的信用评级怎么样？抵押担保等增信措施如何？利率多高合适？接着再设定产品期限、收益等条款，这类债性投资的模式相对简单。信托公司决定向企业发放信托贷款，但是，信托公司并非银行，无权吸收公众存款。因此，信托公司提供给企业的信托贷款，资金来源主要有两种：一种是信托公司作为受托人，向个人或机构投资人募集资金，又被称为主动管理类业务；另一种是寻找银行、保险等金融机构的单一资金，需要说明的是，如果信托项目是由银行、保险等金融同业提供的，同时也由它们提供资金，这类项目则被称为通道类业务。只要信托公司忠实履行了它们发出的投资指令，那么信托公司就不必承担最终的兑付责任。当然，无论是主动管理类业务，还是通道类业务，签约文件加盖的都是信托公司的公章，看公章并不能作为判定依据。

当疫情在中华大地肆虐之时，航班、高铁大幅缩减，写字楼等办公场所大面积封闭、企业生产经营陷于停滞。这些因素对于信托新项目尽调等业务产生了不小冲击。特别是对一些中小型信托公司，信托项目本身储备不足，一旦新项目尽调延期，容易引发信托产品断供。对于投资人来说，可以选择的信托理财大幅减少，甚至买不到了。针对于此，不少信托公司想出了新办法，比如视频会议替代现场沟通；采用无人机、无人车等新技术辅助人工现场尽调；合作的融资企业尽量聚焦于知根知底的伙伴，加快项目推进节奏。

另一方面是信托的资金募集端。

信托投资是资产与资金平衡的艺术，光有资产储备还不够，资金募集能力也要跟上。若只确定了为某家企业提供信托贷款，然而，信托公司却没有办法募集到足额资金，那么，这款信托项目终归是空中楼阁，难以落地，不仅折损信托公司的信誉，还打乱了融资人正常的生产经营节奏。

在信托公司的资金来源当中，通常有三类：

第一类是单一资金，特别是在通道类业务中，信托贷款所需资金来源于某一家金融机构，如果双方有心推进，其实并不复杂；

第二类是产品代销渠道，比如银行、三方财富公司、券商营业部等，通过它们的渠道募集资金。鉴于政策要求，不少银行网点、券商营业部等错峰上班，三方财富公司通常寄居写字楼，一时半会难以复工，疫情带来的影响很直接。当然，在代销场景中，银行、券商和三方财富公司等并不承担产品兑付责任；

第三类是通过信托公司直销团队募集资金，俗称“自产自销”。这方面呈现出冰火两重天，大型信托公司已经开发了电子合同等线上签约手段，信托财富顾问在家里就能通过公司APP与投资人完成认购流程，不受时间地域的限制，疫情影响控制在可接受范围内。不过，对于仍然依赖纸质信托合同的信托公司而言，疫情影响相对较大，毕竟牵涉见面签约，疫情期间客户接受度并不高。

整体来看，此次新冠疫情放缓了信托资金募集的速度，同时，拖累了信托新项目的设立进度，削弱了信托业对于实体经济的输血能力。根据用益金融信托研究院数据显示：2020年2月共有52家信托公司成立824款集合信托产品，环比减少51.33%；募集资金规模为848.49亿元，环比减少51.91%。当然，若有信托公司能够经历疫情考验，资金募集不掉链、资产获取不含糊，未来会呈现赢家通吃的格局。

主要信托类型影响

信托公司通常聚焦于大额融资，比如融资规模两亿起，需要这么多资金的合作方，实力自然不容小觑。作为投资人，接触最多的信托产品类型有工商企业类、基础设施类和房地产类。

工商企业类：

信托公司合作的工商企业之中，受此次疫情影响较大的餐饮、旅游、影院等行业并非常见交易对手，这些行业共性在于资产不易变现、依赖资金周转，信托公司在选择工商企业时，更加关注两点：一是企业本身的资质，比如是否有外部公开评级，除了代表企业实力强，还意味着企业融资渠道更加多元化，包括银行贷款、信托融资、发债募钱等，可以降低整体负债成本；二是关注企业的担保抵押等增信措施，比如企业以持有的某块住宅用地作为抵押，又如上市公司将所持股票质押给信托公司，再如企业帮助某地方政府运营园区、将对地方政府的应收账款办理抵押登记等，不同企业设计不同的风控方案。从掌控力来看，若以曾经火热的供应链金融作为工商企业类融资的切入口，对信托公司要求很高，涉及仓单管理、流向监控、甄别真伪等，若没有足够实业经验，单纯金融民工容易被骗得团团转。

疫情暴发对于高周转类的企业近乎毁灭性打击，波及关联企业，引发就业难题，进而影响整个实体经济生态。尽管对信托公司合作企业很难形成直接冲击，但是，疫情会影响企业经营，进而恶化资产负债表，甚至引发资金链断裂。万幸的是，目前疫情已经得到控制，政府也出台了不少帮扶政策，引发多米诺骨牌效应的可能性不大。

基础设施类：

基础设施类信托是指资金投资于基础产业领域的信托计划，比如修桥铺路、盖保障房、建设污水处理厂等，因包含隐形政府信用，又被老百姓称为政信类信托。疫情暴发之后，很多投资人非常关心武汉当地的政信类信托是否受到影响。其实，疫情并不能直接决定项目生死，它更像一块试金石、一针催化剂。

判断此类信托至少有四大维度：

一是看融资区域，通常用一般公共预算收入来衡量融资区域的实力，即有计划有组织并由国家支配的纳入预算管理的资金，包括工商税收、关税、国有企业上缴利润等，通常以三十亿作为门槛，经济发达地区标准可以适当降低，需要注意的是它与地方政府债务率的观察视角并不相同，后者是年末债务余额与当年政府综合财力的比率，是衡量债务规模大小的指标，侧重于绝对量的描述，而一般公共预算收入则是现金流的描述。以江苏省为例，债务率在70%左右，比河南还高，但是由于江苏经济发达，一般公共预算收入整体较高，金融机构还是更愿意做江苏的政信项目，毕竟现金流能够维系，项目就是安全的；

二是看融资人和担保人，政信类项目通常是由某一家地方政府融资平台作为融资人，同时设置另一家地方政府融资平台作为担保人，万一融资人还不上钱，担保人要替它还债，因此，两者同样重要。可以从三个层面来看：第一是看评级高低，与工商企业类信托看评级的思路相似，毕竟信用很重要；第二是看债务结构，既包括资金来源，如银行、信托、债券等不同渠道的占比，又包括久期安排，如未来一年、两年之中需要偿还的贷款金额，确保信托贷款存续期间的偿债压力可以承受；第三是看地方政府融资平台在当地的影响力，如果它是政府开展基础设施建设的“主力队员”，发生停摆对当地经济会有很大影响，则是相对安全的；

三是看风控条款设置，信托的魅力在于个性化，体现在风控方面就是不同的项目匹配不同的风控措施，并没有放之四海而皆准的标准模板，常见措施有应收账款质押，甚至土地抵押等；

四是看信托公司对风险资产的化解能力，金融的核心是对风险的定价，只要从事金融行当，不可能不遇到风险资产，掩耳盗铃没有用，磨好金刚钻才是硬道理。项目发生违约之后，一方面考验信托公司事前制定的风控措施是否扎实，能否保全投资人本息，另一方面也考验信托公司调动资源的能力，政信类项目一旦发生违约，往往牵涉多家金融机构，不仅有信托公司，还有银行、资产管理公司之类。这就好比一群债主堵门要钱，欠钱的主儿却躺倒装死了，这时谁有能力让欠钱的人先起来还钱，谁当然就牛。

房地产类：

房地产行业以高负债闻名遐迩，疫情发生之后，售楼处关闭，买房人被迫宅家，影响显而易见。据克而瑞监测数据显示，2020年2月重点一二线城市新建商品住宅仅成交了240万平方米，环比降幅高达83%，同比下降77%。

目前房地产企业高度依赖楼盘销售回款，疫情带来的瞬间窒息很难扛得住，据中国法院网公告查询，截至3月4日，2020年已有107家地产相关企业公告破产，再结合恒大打折卖房的新闻刷爆眼球，境遇之难可见一斑。

是不是房地产类信托风险就很大呢？甚至会崩盘呢？当然不是，金融投资不是非黑即白的线性思路，更像在阿尔卑斯山的峰峦起伏之间寻找、采撷雪绒花，涉及因素众多。房地产类信托顾名思义，主要为房地产商输血，期限以一年期或两年期为主，目前全国持续近三个月的疫情从时间上来看难以形成持续压迫，不会发生行业性风险。

房地产类信托的筛选标准至少有四个方面：

一是项目楼盘所处区域，由于房地产企业负债高，信托公司很少会发放纯信用类贷款，更多是将信托贷款发放给房地产企业为开发某楼盘而设立的项目公司（SPV），这牵涉不同地域的地产行情，省会城市、经济发达地区等人口净流入城市无疑是更好的选择，当然，周边配套也要给力，比如医院、商场、学校之类，满足基本生活需求。以此标准来看，恒大打折的楼盘虽然口号喊得震天响，但是能够拿得出手的好地段房子很少；

二是楼盘结构，既包括产品结构，比如是以刚需类住宅为主，还是以别墅类为主，别墅去化很慢，尽量回避纯别墅楼盘；又包括成本结构，比如楼面价比周边楼盘便宜，则更有安全边际；

三是合作对手，以大开发商为主，一方面实力雄厚，不容易出幺蛾子，另一方面团队操盘经验丰富，更容易实现销售，回笼资金；

四是看风控措施，比如要求楼盘所属项目公司股权过户或质押、土地抵押、在建工程抵押、派驻董事、三章共管等，针对不同项目特点，予以组合使用。

疫情后续影响

这些年，很多投资人都感觉不确定性越来越强，黑天鹅越来越多，新型冠状病毒疫情的爆发只是其中一只。我们不应孤立看待新型冠状病毒疫情对于经济和投资的影响，还要探寻黑天鹅如此之多的原因。

美国十年期国债收益率可以作为衡量机构投资人心态的指标之一，近些年来，美国十年期国债收益率接连下行，今年更是屡创新低，背后折射出机构投资人的脆弱心态和普遍焦虑：大家宁可买长期收益率极低的十年期国债，也不愿意投资于当前市场。如此脆弱的市场结构决定了，当突发事件来临时，很容易演变为黑天鹅，墨菲定律屡试不爽——如果事情有变坏的可能，不管这种可能性有多小，它总会发生。此次，叠加原油价格暴跌等多重因素，瞬间引发美股大跌、欧洲股市一片惨淡，海外金融危机已然成型。

当各国政府意识到新型冠状病毒疫情的冲击之后，纷纷行动，全力抗“疫”的同时，借助多重货币政策和财政政策工具，试图扭转经济颓势，具体体现在两方面：一方面，继续采用宽松的货币政策，维持市场足够的流动性，不论是美联储疯狂降息为零，还是国内央行通过逆回购、降低存款准备金率等释放资金，都是“坐着直升机撒钱”；另一方面，全力维持社会底线，以财政政策为主。例如，近期国内政府出台的社保减免、税费优惠、补贴扶持等都是在试图维持就业底线，促使全社会回归正常运转。

变局之下，投资更要有前瞻性，至少有三点预判值得关注：

一，未来理财产品收益率维持下行趋势。对于很多信托投资人来说，尽可能买两年期左右的长期理财，提早锁定收益。鉴于信托产品会有定期付息，可以改善家庭现金流，缓解房贷等资金周转压力；

二，马太效应凸显。这体现在两方面，一方面，在经济下行过程中，资源会向头部企业积聚，大型信托公司的议价能力将得以提升，经济越是困顿，越是资金为王，谁能够向融资人提供及时、大额、可持续的资金，谁就能占据主导地位，拿到市场上最优质的资源；另一方面，对于信托产品的投向，重点选择那些融资人、担保人实力雄厚，地区经济发达，抵押物容易变现的信托理财，未来强强联合，将会带来更有力的安全保障。

三，投资收益呈现两极分化。经济灰暗之时，会有越来越多资金涌向实力强劲的融资人和经济发达的融资区域，在此基础之上的优质信托产品，其收益必然走低。然而，企业资信相对平庸、经济欠发达区域的信托理财则会由于资金出逃压力，被迫提高融资利率，这些信托理财收益会更高，但是风险不容忽视。这类两极分化的情况，未来会持续加强，愈演愈烈。

即使海外金融危机真的发生，正如泰坦尼克号撞上了冰山，我们应该意识到两点：一方面，风险并非无差别蔓延。即使是漏水的泰坦尼克号，灾难也是先从底层开始，逐步向上蔓延，乃至最终的沉没。例如，选择优质信托理财就好比买了一张头等舱的船票。与此相反，如果我们对信托理财不做挑选，此时还以收益高低论优劣，那么很容易拿到一张底层船舱的入场券，危机发生之时，自然首当其冲。各类理财均有优劣之分，需要仔细甄别。

另一方面，我们也应该充满信心。横向对比来看，海外不少经济体存在的问题远比国内要多。在2015年以来，政府高层开始布局、推进金融去杠杆，经过多年整肃，抗风险能力大大加强。国内金融领域，杠杆使用比较节制，嵌套交易也不多，金融监管部门掌控力很强。

这并非是一个岁月静好的时代，幸运的是，我们身处强大的中国，当危机来临之际，我们会被她强有力的臂膀所护佑。

相信未来最好的投资机会依然在中国！

第二章 家族信托案例

家族信托：财富传承的好帮手

关键词：白帝城托孤 家族信托 37号文

公元223年，刘备急于复仇，举倾国之兵攻打东吴，最后被陆逊火烧连营七百里，几乎全军覆没。病危之际，刘备急招诸葛亮到白帝城，将蜀国江山托付给诸葛亮，希望他能辅佐自己的儿子刘禅，一段佳话流传千古。

白帝城托孤完美展现了“家族信托”的角色关系，刘备是委托人（即投资人），刘禅是受益人，诸葛亮是受托人，蜀国江山便是信托财产。在现代社会，我们不会过分寄希望于某一个人的高风亮节，更多是在法律法规的约束之下，塑造出值得托付的“诸葛亮”，信托机构应运而生，家族信托得以成型。

家族信托的核心功能在于信托财产的独立性与条件分配：国内《信托法》第十五条和第十六条之中提到，委托人放入家族信托中的信托财产，既与委托人未设立信托的其他财产相区别，不作为其遗产或者清算财产（非唯一受益人），又与受托人（国内是指信托公司）的固有财产相区别；条件分配，一方面有多次分配的含义，与遗嘱、保险金理赔等一次性给付财产不同，另一方面可以附加条件，比如受益人考上南京大学奖励多少钱，生二胎奖励多少钱，通过一系列物质激励，将受益人引导、塑造为委托人设想中的样子，家族信托的受益方案，同样体现了对家族精神的传承。

作为成熟的财富传承工具，海外家族信托已经运作上百年，诺贝尔基金会、洛克菲勒基金会等皆是其中的佼佼者。考虑到税收优惠和法律成熟度，海外家族信托通常在英属维京群岛、新加坡、中国香港等地设立，纳入家族信托的资产类别五花八门，现金、理财、股权、房产、艺术品等不一而足，受益人并不局限于自然人或是慈善机构，甚至连宠物也能作为受益人“飞黄腾达”。然而，其弱点在于有可能被法院裁定失效，典型案例是俄罗斯银行大亨普加乔夫，他设立了五个家族信托，但是由于保留了过多控制权，比如有权决定家族信托资金和收益的分配、给予或撤销合同赋予的受托人权利等，最终被伦敦高等法院裁定设立的家族信托无效，债权人可以向普加乔夫追偿信托财产，竹篮打水一场空。

随着国内财富的积累，大众关注的焦点从怎么赚钱变为怎么分钱，特别是企业家新老交接问题凸显，老一代即将退休，但是新一代不愿意接班，或是希望重新创业，老一代积累的财富如何传承成了热门话题，家族信托自然备受关注。

国内银保监会发布的《关于加强规范资产管理业务过渡期内信托监管工作的通知》（简称“37号文”）明确规定，家族信托是指信托公司接受单一个人或者家庭的委托，以家庭财富的保护、传承和管理为主要信托目的，提供财产规划、风险隔离、资产配置、子女教育、家族治理、公益（慈善）事业等定制化事务管理和金融服务的信托业务。家族信托财产金额或价值不低于1000万元，受益人应包括委托人在内的家庭成员，但委托人不得为唯一受益人，单纯以追求信托财产保值增值为主要信托目的，具有专户理财性质和资产管理属性的信托业务不属于家族信托。

与海外家族信托琳琅满目的受托资产相比，国内家族信托通常以现金和理财的形式为主，房产或股权若想转入家族信托，需要采取过户交易的方式，增加了税费成本；受托人只能由68家持牌信托公司担任，银行、三方财富、证券公司等若想开展家族信托业务，必须与信托公司合作。虽然灵活性不足，但是国内家族信托赋予了委托人更大的权力，例如可以变更受益方案和投资方案，甚至协商终止。国内家族信托的方案和资产在经过信托公司的审核之后，还需要向监管部门报备，重蹈普加乔夫覆辙的概率很小，在第九次全国法院民商事审判工作会议纪要中也强化了对于家族信托财产的保护。当然，考虑到外汇管制等因素，家族信托设立在境内还是海外，主要取决于投资人的资产是在境内还是境外。

回顾近些年来国内相关政策文件的出台，明显体会到，国内家族信托并不追求花样翻新，而是稳扎稳打，力图在现有法律体系下，确保家族信托的可靠性，同时，一千万起点也不高，可以让更多有产阶层享受到家族信托服务，家族财富的有序传承也有利于社会稳定。相信在财富传承过程中，家族信托会被更多的朋友所了解、认同和采纳。

江湖大佬徐翔：离婚也许与感情无关

关键词：私募 信托 信托财产 家族信托

作为曾经中国私募界的传奇徐翔再一次回到人们视野，只不过这次的主角并非他本人，而是他的夫人。之前，翔嫂提出离婚诉讼，引发轩然大波，这时大家才发现，曾经富可敌国的徐翔竟然没能留下多少生活费给家人，以致翔嫂痛陈“生活困难”，希望通过离婚分得财产以渡过难关。

赚的钱都去哪儿啦？

本山大叔说：人生最大的痛苦就是人活着，但是钱却没了。虽然当年徐翔叱咤风云、点石成金，但是亿万家财几乎被封得干干净净，以至于妻子生活拮据，令人唏嘘不已！任你金山银山，会挣不会花，照样也白搭。

知名专栏《棱镜》曾对本案予以详细报道，但是限于篇幅，有两点内容未做深入探讨：

一、徐翔在2015年底就被抓，为何那时翔嫂没有提离婚，而是拖了这么久？

二、《棱镜》披露，徐翔案件被查封的财产中，120多亿信托财产被清零，这又是为何？

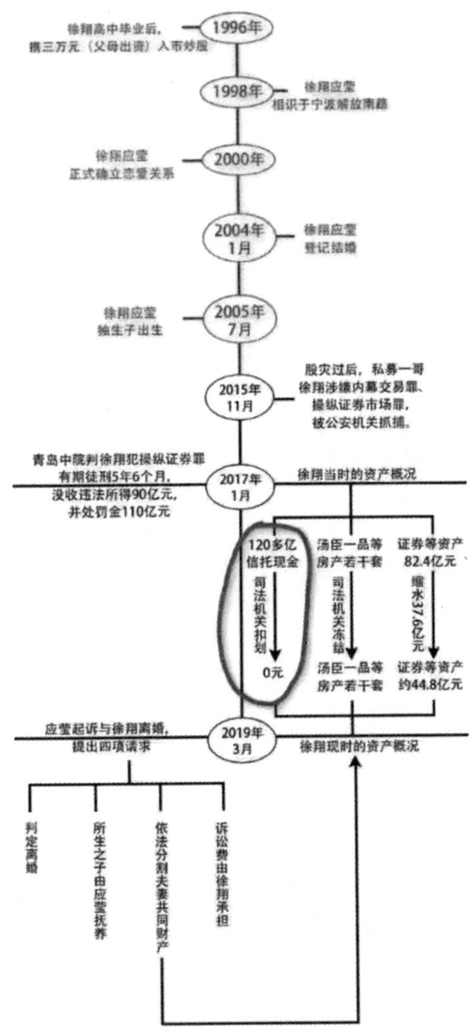

图2.1 《棱镜》对徐翔案的梳理

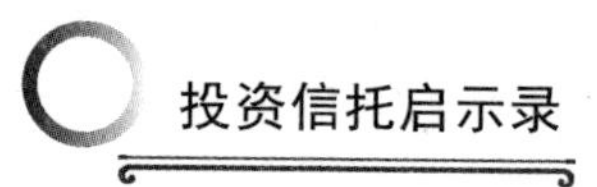

由于本案披露信息太少，我仅能根据只言片语猜测，以下内容多是推断，并非实情，还请大家注意。

翔嫂为何此时提出离婚？

徐翔、翔嫂称得上是私募界的模范夫妻，从徐翔发迹时开始，翔嫂便一路追随，从普通的券商柜员成长为国内最炙手可热的私募明星家族成员，也是徐翔在事业上的得力干将。

相信在徐翔被抓之际，他们已经经受了足够的考验，“时来天地皆同力，运去英雄不自由”，徐翔从号令天下的王者到高墙之下的罪犯，如此大的挫折依然挺了过来。刚刚时势平稳，资本市场重新火热，徐翔布局的长航油运也咸鱼翻身，从退市到蜕变。

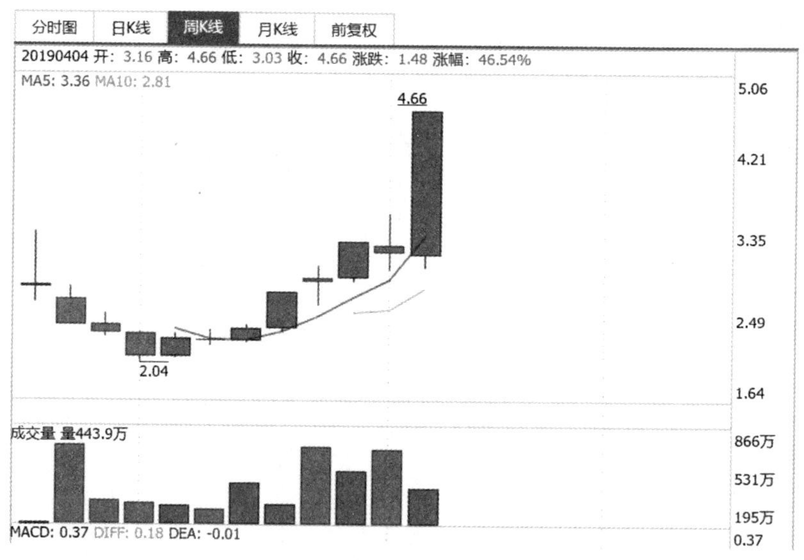

图2.2　长航油运股价走势图

徐翔作为顶尖操盘手，太明白时势对于英雄来说意味着什么，形势向好之际，必须要有所动作：“我的爱人，你准备好了么？”

棋局之内，光有蛮力是不够的，还要有巧劲，主角是不能登上前台的，只能由战友来做，而且着力点要能“四两拨千斤”。

这时提出离婚就是一种策略，为什么这么说呢？

结合披露的信息，徐翔被抓之后，相关的公司财产乃至个人财产几乎都被查封。虽然徐翔是顶尖的私募操盘手，但同时也是一位企业家，也会犯国内企业家常犯的错，最典型的就是公私账目混同，比方说个人账户收公账、公司资金出借给大股东、做大成本/做小收益等等。对于监管部门来说，实际上很难区分哪些是徐翔的个人合法财产，哪些是应该被查封的“灰色”财产，为了避免案情影响进一步扩大，监管部门最稳妥的选择就是把所能查封的财产全部查封。

翔嫂曾表示：“徐翔案发后，我们家庭名下大概接近210亿元的资产都受到查封，这包括泽熙系公司的资产、徐翔父母名下以及我们夫妻名下的所有资产。此外还包括一些关联朋友的资产也一并查封。”其中，徐翔的犯罪所得为71亿余元。剩余130亿元是与案件无关的个人合法财产，包括夫妻共同财产，也包括徐翔父母、儿子、泽熙系公司等的合法财产，甚至还包括一些关联朋友的资产也一并查封。徐翔案判决下达后，法院曾表示会对查封冻结资产进行甄别，然而，迟迟没有进一步结果。

这对监管部门来说固然省事，但是对个人来说正是悲剧，由此也可看出企业家常用的代持等财产转移方式根本靠不住。过去这段时间，相信徐翔、翔嫂盼星星、盼月亮都想着啥时候监管能腾出时间来区分合法财产和“灰色财产”。然而，监管部门似乎把这事忘了，尽管徐翔家族不时拿出证据表明被查封的财产中有一部分确实是他个人合法所有，然而，依旧杳无音信。其实也能理解，监管部门最头疼的就是碰到经济类案件，涉及面广、信息量大、牵涉人多，执法部门又人手不足，谁愿意接这些烫手的山芋呢？

此时若想打破僵局，一味和监管部门较真是行不通的，毕竟个人力量和执法机构在博弈中明显处于下风，提出离婚就是更加睿智的选择。

只要翔嫂提出了离婚，法院会先进行调解，如若不成就只能受理离婚案，一旦受理，就必然牵涉到财产分割。翔嫂在诉讼申请中巧妙地利用了自己的弱势地位，表明生活困难，衣食无着，希望得到有关部门回应，在道义上占据了制高点。即便从人道主义角度来看，执法机关也不得不考虑从徐翔财产中划分一部分出来，用以保障他们母子的未来生活。如果我们沿着执法机关的这个思路往下走，会发现一个问题：剥离哪部分出来补贴家用呢？要想解答这个问题，就必须要对徐翔被查封的财产做全面排查，区分哪些是合法的，哪些是灰色的，再从合法的财产中分割一部分出来给翔嫂。当然，徐翔也能拿回本来就属于他的那份钱。

由此看来，徐翔切割财产的目的便达到了，这是一个四两拨千斤的办法。从原来个人与执法机关的博弈变成了个人借助于执法机关的力量与执法机关进行博弈，胜算自然也大。此处，一着落子，满盘皆活，正如围棋当中的“妙手”，所以新闻一出就可以断定：行家来支招了。

120多亿信托财产瞬间消失

在《棱镜》披露的信息中，有120多亿信托财产被司法机关扣划为零，百亿资产瞬间灰飞烟灭。

这笔信托财产有可能是徐翔名下公司借助于信托公司发行信托产品以募集资金，由于是投资股市，并没有约定具体的投资期限。因此，在徐翔被抓之后，这些信托产品先会被冻结无法进行交易，原有账户里的股票依然继续持有，并未选择卖出，类似于我们常说的“持股不动”的状态。信托公司在接到执法部门指令之后，在某一时间点，这些股票被全部卖出变成了现金，但是账户依然处于冻结状态，直到再次接到指令，被统一划扣到执法机关的指定账户，信托账户清零。

很多朋友会有疑问，信托产品不都是固定收益理财吗？徐翔是炒股票的，为什么也会和信托公司有所瓜葛呢？其实这是一个误区，虽然信托公司销售的信托理财和银行、三方财富公司代理销售的信托理财基本是以固定收益的形态问世，但是，信托本身有很多种形态：可以是为某个项目进行融资的固定收益理财，也可以是投资于股票市场、甚至股权市场的浮动收益类理财。

信托制度相对灵活，就像一只杯子，杯子里装的是水、可乐、还是红茶，并不取决于杯子本身，而是取决于运用杯子的人。如果是投资于固定收益项目，那基本就是固定回报的信托理财，如果是投资资本市场的，那它和我们日常接触的基金也是类似的，收益并不确定。

有朋友会问，信托不是可以“避债避税”么？为什么徐翔名下的信托理财都被清空了呢？这就是信托理财与家族信托的区别，真正可以实现税务筹划、资产隔离的是家族信托，并非单纯的信托理财。

以徐翔案为例，若他设立自己的家族信托账户，并将一部分合法资产提前装入到家族信托账户名下，那么从法律上来看这笔钱便不再归为他自己的账户，而是他名下的家族信托账户，两个账户在法律概念上是彼此独立的。

2001年颁布的《信托法》明确了委托人（客户），受托人（信托公司），受益人的权责关系。如果投资人将名下的一部分合法财产交给了信托公司，那么这笔钱就被称为信托财产。从法律上来看，信托财产和客户原有财产是彼此独立的。投资人需要确保的是放进来的钱务必是“干净”的，既不是坑蒙拐骗来的，也不是偷税漏税、受贿来的，更不是借来的钱。只有顺利通过信托公司的资产来源调查，投资人的钱才能够被转入家族信托账户名下，若有瑕疵，信托公司也不敢轻易设立家族信托账户。未来，即使投资人发生了新的债务纠纷，也很难波及到这笔资金。如果管理信托财产的信托公司由于经营不善倒闭了，那么这钱也不能作为信托公司的清算财产拿去抵债，信托公司破产倒闭了，再换一家信托公司就可以了，所以这笔信托财产是相对独立的。

国内家族信托的大规模实践是从2012年开始的，市场热度与日俱增。不少朋友会问：国内的家族信托有没有瑕疵呢？当然也有，比如我国信托登记制度不规范，如果客户想把房产和股权装入家族信托，则需要将股权或者房产从自己个人的名下，通过交易买卖的方式变更到设立的家族信托账户名下，也就是自己把股权、房子卖给自己设立的家族信托，需要承担一定的税费成本。海外设立的家族信托很少通过买卖的方式过户，只要做好信托登记就行，税费成本低，除了股权和房产，字画文玩也可以装入家族信托。

如果投资人是将现金、理财产品等金融资产装入家族信托，那么在功能上和国外差别不大，流程几乎类似。

国内家族信托的优势在于赋予了投资人更多的权利，例如，变更家族信托的受益方案、变更受益人、变更投资方案乃至协商终止家族信托，这些都可以做到。相对而言，如果某位投资人在海外设立了家族信托，同时又给自己保留了很多权利，就像国内的委托人（客户）一样，比如变更各类方案、决定家族信托是否存续等，一些海外地区的法院会认为这笔财产并不独立，仍然被投资人所控制，视同为投资人名下的个人财产。若是出现纠纷，在海外设立的家族信托有可能会被当地法院判决无效，竹篮打水一场空。

因此，盲目地迷信国内、国外哪个家族信托更好是没有意义的：如果您的资金在国内，那就做国内家族信托，毕竟现在资金也很难出境；如果您的资金在国外，考虑做海外家族信托也无可厚非；如果境内外都有资产，那么设立国内、海外两个家族信托分别管理，是更加合理的选择。

由于国内监管的要求，信托需要向合格投资者、定向营销。什么是合格投资者呢？比如，隔壁老王家里有三百万以上存款，也没什么负债，就称得上是合格投资者。由于监管的限制，很多朋友对于信托比较陌生，平常也缺乏了解信托理财知识的渠道。

与此同时，我们也哭笑不得的看到，往往是这些娱乐八卦事件将信托纳入大家的视野。比如在此分析的徐翔离婚案，又如刘强东和奶茶妹妹的感情风波，再如贾跃亭当年泄露出来的家族信托文件等。

更为现实的原因是，我国正处于一代创业者向二代子女传承财富的阶段，财产纠纷引发的各类问题难以避免。如何有效解决呢？家族信托提供了一条思路，毕竟它在海外运行了上百年，已经成为高净值客户传承财富的必备工具，有不少经验值得借鉴。国内法律法规等配套制度日益完善的同时，监管部门也在积极鼓励、支持家族信托的发展。相信家族信托最终会被大家所熟识和接纳，成为常用的财富传承工具。

《都挺好》背后，中式家庭伦理PK西式家族宪章

关键词：原生家庭 伦理 家族宪章 家族信托

一部现象级电视剧《都挺好》横空出世，以贴近生活的真实，朴实精湛的演技，个性鲜明的人设成为很多朋友茶余饭后谈论的焦点。不作不行的苏大强、死要面子的苏明哲、放心啃老的苏明成，还有常常被家人遗忘的苏明玉，情节历历在目，原生家庭的羁绊、家庭伦理的束缚，有时，会让人压抑地喘不过气来，抑或愤怒地挥起拳头，然而，却又真实得让人无力。

原生家庭的印记

苏明玉从小生活在“重男轻女”阴影之下，父母把几乎所有的关爱都给了两位哥哥，为了他们的前途，明玉的生活都可以让步。

难道是苏母真的不喜欢明玉么？也未见得，抛开个人喜好，其实早已是宿命：与恶龙缠斗过久，自身亦成为恶龙；凝视深渊过久，深渊将回以凝视。苏母嫁给苏大强本身就是一出悲剧：不是为了爱情，而是为了城市户口，不仅为了自己，也为了弟弟能够在城市落户。苏明玉的不幸只不过是苏母的翻版：一心为了家中男丁做出牺牲就好了，哪有自己的幸福可言。

当苏母看到明玉受到的不公，脑海里应该没有丝毫怜悯，想必还回想着："我就是这么过来的，你有什么资格抗拒，受着就是了。"人活一世，很可惜，苏母到生命尽头也未能摆脱原生家庭的阴影，一切的理所应当有多么荒诞，与往事诀别，不仅需要勇气，更需要智慧。

当苏大强面对明玉的"大厨"男友，实在是想不通，为什么明玉会选择"大厨"作为另一半，看看房子、票子、车子之类，无论怎么算，"大厨"都配不上明玉，大强习惯了"婚姻的彼此利用"，面对子女真正的爱情，反而会犹疑难解，不可思议。

中式家族的制衡

倪大红老师饰演的苏大强可谓人神共愤，演得太好了。临近落幕之际，苏大强郑重召集子女回来，当众宣布遗嘱内容，他穿上整洁的新装，理好凌乱的头发，拎着一根钢笔，拿着几页纸，端坐在桌子后面，像极了二十世纪七十年代作报告的大队书记。

最终，他不得不承认对于明玉的不公，对待两儿子的偏爱，相比苏母有了很大的进步，但是在遗产分割上，依然有着中国父母的传统思维，虽然觉得亏欠明玉，但是明玉混得最好、最不差钱，大儿子明哲远在美国，还是愿意留给二儿子明成，让他瞅准合适的机会用作首付，买一套房子，不过苏大强多留了个心眼，钱不能交给明成，而是要交给明玉来打理，以免明成拿去乱投资导致血本无归。

为何清官难断家务事？在中式家族的制衡和算计之下，人为搞得那么复杂，若能明明白白地理清楚，那才真是见鬼。苏大强把"遗产"交给明玉，每年收益多少算合适？是放活期理财还是买固定收益？明玉需要时能不能暂时挪用一下？这些问题一概不考虑，也全然不顾日后留下多少隐患，大强心里想的是："明玉办事，我放心。"

当苏母的弟弟，恬不知耻地跑来要钱，不知道苏大强的心里做何感想，当年老婆担当"扶弟魔"，对弟弟家大包大揽，给子女们留下了好赖不分只认钱的舅舅，苏母的父亲当年怕是也留下了“你办事，我放心”的遗言，畸形的伦理，不止在一代人的身上烙下印记。

西式家族宪章的凸显

作为剧中成功企业家的代表，同时也是明玉的入门师父，老蒙对调兵遣将可谓异常熟络，自然不是苏大强可以望其项背的。不过老蒙太花心，小说里描写的情妇、私生子估计自己都搞不清楚。

但是，老蒙做了两手准备，可谓相当出色：一方面，将儿子小蒙交给明玉做徒弟，接受历练；另一方面，安排财富顾问设计自己的家族信托。

苏大强的小家尚且会鸡飞狗跳，老蒙的大家族自然会有更多烦心事，从家族企业的内斗也可见一斑，所以更需要提早着手准备。与中式家庭伦理相对应，西式更现代的方式是建立家族宪章，两者大有不同。

中式家庭伦理外在表现是亲疏远近，谁离家里掌权的“老太爷”更近，谁就优先享受更多资源，至于这样的“亲近”是装出来的，还是真心实意的，并不重要。对“老太爷”来说，最大的风险是压错宝，正如苏大强把留给明成的买房钱给了明玉，哪天明玉翻脸不认账，苏大强泉下有知也是一脸无奈。大家对此应该很熟悉了，宫斗剧中屡见不鲜，所谓托孤重臣，交织着伦理与权术的平衡，“老太爷”真实的意图甚至隐匿在最深处，不愿示人。

相比之下，西式家族宪章是公开的、透明的，不会刻意表达对哪一位子女的偏好，是男孩还是女孩没那么重要，和“老太爷”贴心还是不贴心也没那么要紧，家族宪章并非事后的结果：给大儿子多少钱？给二儿子多少钱？而是事前的约定：谁能考上大学给多少钱？谁能获得博士学位给多少钱？老爷子希望多子多福的，会约定生一个小孩给多少钱，为了多拿钱，会激励大儿子、二儿子早点成家，早点生娃，努力上大学，最好当博士。老爷子希望子孙可以有责任、有担当，可以约定被公安认定为见义勇为奖励多少钱，被警察叔叔抓到作奸犯科则取消拿钱的资格。老爷子相当于用自己辛苦积累的财富，为子孙后代们搭建起一座赛场，比赛的规则由老爷子提前制定，设定奖惩标准，大家公平竞争。子孙们不必费尽心机猜测老爷子的心思，好好做自己的事就行了，自然会有奖励，“宫斗”戏份当然会更少，家族财富的传承也更加稳定。

家族宪章的载体家族信托

家族宪章是家族精神的延续，标志着家族领头羊希望后代成为什么样的人。古代，既有曾国藩家书的谆谆指导，又有《颜氏家训》千年回响，是宝贵的精神财富。

然而，现代社会中的家族宪章并非流于笔墨，而是有实实在在的载体，那就是家族信托。随着国内家族信托的不断发展，大家逐渐了解到它的三大基本功能：

一是财产隔离，当投资人将名下合法所有的财产，转移到他设立的家族信托账户名下时，便成了信托财产，与客户原有财产相隔离，并非他的遗产和可清算财产，这项功能确保了放入家族信托的钱可以不被干扰；

二是保值增值，不同于国外家族信托的法律概念，国内家族信托必须由持牌信托公司设立，即使是银行、三方财富公司开展这类业务，也必须找信托公司合作，信托公司作为管理人，可以通过固定收益理财等方式，实现财产增值，避免坐吃山空；

三是附加条件分配，这是家族信托最核心的功能，标志着这笔钱会在什么条件下分给指定的受益人，有的投资人觉得只要给子女生活托底就行，每年便会通过家族信托支付给子女固定金额的生活费；有的投资人认为孩子学业最重要，家族信托可以设计相应条款，在不同学习阶段约定不同的支付金额，让孩子不会因为日后家道中落而没了学费来源；当然，也有的投资人想法会更周全，希望孩子在结婚、生子、买房、生病等不同情况下，都能得到家族信托的资金支持，这些内容只要在条款中约定清楚就行了。家族宪章的精神，在财产分配的附加条件中体现得淋漓尽致。

相较海外家族财富传承百年的经验，国内富裕阶层出现也就是近几十年的事，同时，这些年伴随着一代企业家的子女交班，日渐成为焦点。以老蒙为代表的企业家们，一方面，希望后代享受到相对优越的生活条件；另一方面，更希望后代能够感受到“老蒙”的创业精神和内心期望，践行他所制定的家族宪章。

宠物首富诞生记

关键词：家族信托 信托财产 受益人

提到首富，很多朋友脑海里会浮现一连串名字，比如，比尔盖茨、李嘉诚、马云等等，这些人中龙凤无不缔造了令人惊叹的商业奇迹。然而，世间富豪并不仅限于人类，宠物同样有尊卑之分。

2018年，一家海外媒体公布了全球宠物富豪排行榜前十位，令人大跌眼镜，其中的宠物富豪有狗、也有猫，还有鸡和熊，它们拥有的财富都在百万美金以上，“羡慕嫉妒恨”油然而生。宠物富豪积累财富的方式并非千篇一律，还有不少励志故事。

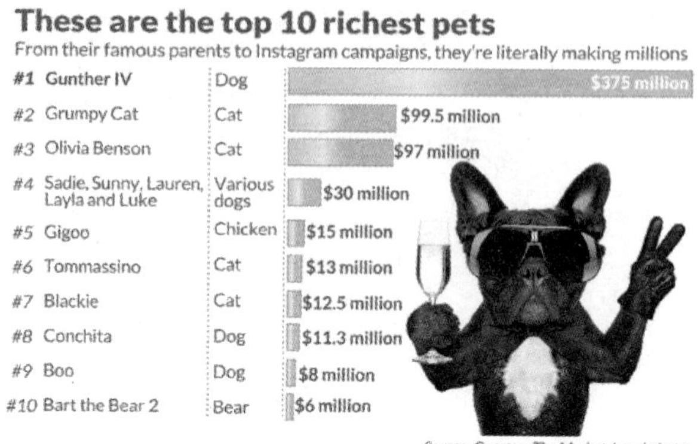

图2.3　宠物首富排行榜

出身寒门的逆袭

在演艺圈，一些人由于长相、嗓音等具有独特的气质，被星探发掘，从此开启荧屏之旅，成为大明星。宠物界也是如此，例如Grumpy Cat，中文名是“不爽猫”，看它的长相也是一副“不爽”的样子，十分高冷。不过，这也不是人家故意的，“不爽猫”天生发育不良，患有侏儒症和反颌症，其实是一种病态。常言道福祸相依，这反而成了“不爽猫”声名鹊起的原因，观众们平日里看够了各类乖乖猫，“不爽猫”略显缺陷的脸一瞬间就抓人眼球，广告、杂志、电视节目邀约不断，业务越做越大，还有了自己的职业经纪人。

在2014年，好莱坞还为它量身制作了一部电影《GrumpyCat's Worst Christmas Ever》（不爽猫最糟糕的圣诞节），“不爽猫”与知名童星梅根•查彭提尔联袂出演，影片中它不仅是绝对主角，而且还会说话，观众们总算领略了它的一肚子“牢骚”。

不爽猫最糟糕的圣诞节 Grumpy Cat's Worst Christmas Ever

编剧: 蒂姆·希尔 / 杰夫·莫里斯
主演: 奥布瑞·普拉扎 / 丹尼尔·洛巴克 / 梅根·查彭提尔 / 拉塞尔·皮特斯 / 维罗妮卡·阿利奇诺 / 更多...
类型: 喜剧 / 冒险
官方网站: http://www.mylifetime.com/movies/grumpy-cats-worst-christmas-ever
制片国家/地区: 美国
语言: 英语
上映日期: 2014-11-29(美国)
片长: 85分钟
IMDb链接: tt3801438

豆瓣评分
6.3
50人评价
5星 20.7%
4星 10.3%
3星 41.4%
2星 17.2%
1星 10.3%

图2.4 “不爽猫”主要电影

作为身价最高的猫，“不爽猫”发扬自力更生、艰苦奋斗的工作作风，从没沾过主人的光，反而给猫主人带来了过亿人民币的财富。2019年5月14日，“不爽猫”因泌尿系统感染不幸离世，结束了丰富多彩的猫生。

一人得道鸡犬升天

与“不爽猫”的出身寒门不同，排名第三的宠物猫Olivia · Benson是出身名门的典范，它的女主人是美国著名歌手Taylor · Alison · Swift（泰勒•斯威夫特）。名人自带“流量”光环，泰勒•斯威夫特不光在社交媒体上晒图秀“恩爱”，爱猫还在自己制作的MV里客串，收录在第七张专辑《Lover》之中，这支MV在YouTube上的播放量高达2.6亿次，如此高的曝光率想不火起来都难。等混成了脸熟，爱猫的周边产品自然就可以卖起来，譬如印有头像和名字的T恤、手提包、贴画等，与老百姓设想的一件T恤几美金不同，人家能卖到几十美金，妥妥的暴利。

要说名气，国内最知名的宠物，当属王思聪的爱犬王可可。

图2.5　王可可微博截屏

众所周知，王思聪的微博玩得很溜，经常成为舆论焦点。2014年6月，王思聪也为爱犬王可可开通了微博，记录每天生活日常，目前粉丝数已经突破了两百万，起初的微博发言派头十足，譬如“爸爸对我真好，知道我对BV和爱马仕以外的狗链都过敏，喝水不是斐泉就塞牙”，众多网友看了大呼“人不如狗”。当然，并不能说王可可坐享其成，人家还是付出劳动的，譬如出演电影《后会无期》。

一生荣华富贵

如果“不爽猫”和王可可称得上宠物界里的打工仔，那排名第一的德国牧羊犬GuntherIV（冈瑟四世）则是绝对的大老板，出身以来便衣食无忧，从来不干活。冈瑟四世的财富来自它的父亲冈瑟三世，而冈瑟三世的“贵人”则是它的主人德国女伯爵Karlotta·Leibenstein（卡洛塔•利本施泰因）。当卡洛塔伯爵1992年去世时，留给了冈瑟三世4300万英镑遗产，经过多年运作，目前这笔遗产已经增值到了3.75亿美元（约26亿人民币），冈瑟四世每天由12名保姆负责照顾起居，常住在一栋价值300万美元的豪华别墅，一直低调生活。直到2000年7月，冈瑟四世以500万英镑的价格从著名歌手麦当娜手里买下位于迈阿密的别墅，人们才发现原来还有如此有钱的狗。

宠物有钱并不稀奇，有主人保护，一定衣食无忧，但是，冈瑟四世的案例却让很多朋友不解：一条狗而已，既不会说话，又不会写字，太容易“蒙骗”了，为什么没有人骗它的钱？积累的财富反而能持续增长。主人把财富传给宠物，也许有主人的亲信负责监督，难度还不大，但是，冈瑟四世的发家是一条狗继承了另一条狗的财富，前后过了近三十年依然持续运作，这肯定不是某个人“监督”能够办得到的。

看似荒唐的宠物首富背后，是一套制度的独特魅力，那便是信托。

信托的魅力

“信托是委托人基于对受托人的信任，将其财产权委托给受托人，由受托人按委托人的意愿以自己的名义，为受益人的利益或特定目的，进行管理和处分的行为。”国内大家日常接触到的信托理财，体现为一种理财方式，然而，它还是一种特殊的财产管理制度和法律行为，又是一种金融制度。

宠物富豪的诞生便得益于信托在财产管理方面的制度安排，在冈瑟四世的案例中，德国女伯爵卡洛塔•利本施泰因是这项信托的委托人，受托人是专业的信托机构，“受益人”便是她的爱犬冈瑟三世。卡洛塔伯爵约定了信托的受益方案：一方面，将名下4300万英镑遗产留给爱犬冈瑟三世；另一方面，确定了这笔遗产的继承顺序，由爱犬冈瑟三世的直系血亲作为继承人。鉴于信托制度私密性的特点，对具体内容无从得知。但是，从冈瑟四世“花天酒地”的生活来看，遗产方案大概率采取了“嫡长子”顺位继承方案，毕竟冈瑟三世的狗宝宝不止冈瑟四世一只，如果采用“嫡长子”就确保了所有遗产都由一条狗享用。顺位继承中会约定第一顺位、第二顺位的概念，比如原始方案中，第一顺位继承人是冈瑟三世，第二顺位继承人是冈瑟三世的“嫡长子”后代，只有当第一顺位继承人去世之后，第二顺位继承人才能拥有财产。这就解释了为何常在媒体出境的，只有一条狗狗。

财产方案制定好，还需要有强有力的执行，才不会沦为一纸空文。当卡洛塔伯爵设立家族信托时，这笔财产便成了信托财产，在法律上既独立于卡洛塔伯爵本人的家庭财产，又和信托机构的自有财产相隔离。在相关法律制度的约束下，信托机构要尽职勤勉，为这笔信托财产负责，例如早在1893年英国就颁布了《受托人法》，中国于2001年出台《信托法》。

有没有可能信托机构把这笔钱“黑”掉呢？一方面，4300万英镑对个人来说称得上一笔巨款，但是对于信托机构来说，只是一部分受托财产而已，毕竟对受托财产有稳定的管理费，没有动力牺牲声誉去赚“快钱”；另一方面，信托有严格的财产登记制度，委托人“装入”家族信托的财产都有明确体现，在国内体现在中国信托登记有限责任公司的备案，白纸黑字写得一清二楚，如果在这事上“犯傻”，在信托圈就别想待下去了，还要吃一堆官司。

信托制度的不断发展和完善，是一个社会逐渐走向成熟的标志，国内经历改革开放四十年的高速发展，取得了举世瞩目的成就，对于率先“吃螃蟹”、积累了一定财富的高净值人群而言，拼事业赚钱的阶段已经过去了，如何守住财富成为新焦点。

当红楼梦里的贾母遇上家族信托

关键词：红楼梦 条件分配

“阿房宫，三百里，住不下金陵一个史。”

“贾不假，白玉为堂金作马。”

这两首《红楼梦》中的诗句形容了世家大族的奢华与荣耀，而将这两大家族联系起来的便是金陵世勋史侯之女、荣国公贾代善之妻，贾赦、贾政、贾敏之母，荣宁两府的老祖宗—贾母。

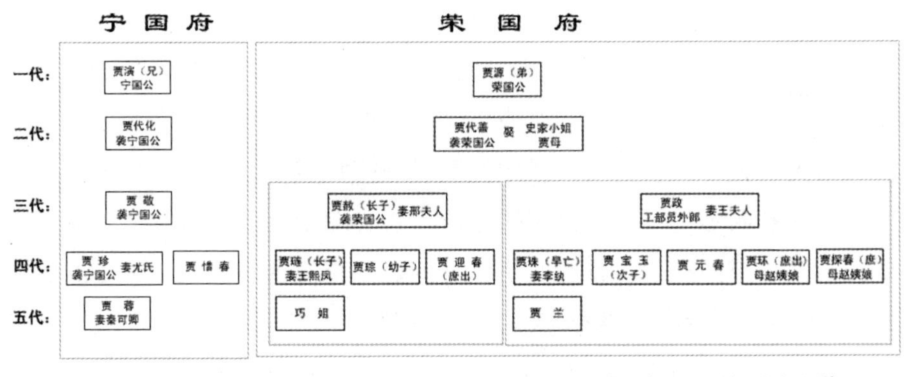

图2.6 贾府主要人物关系图

初读《红楼梦》，看着贾母正如贾府里的“大闲人”，每天就是找人喝茶聊天，品茗看戏，退休生活丰富多彩，似乎只管享受荣华富贵就好。但是，随着剧情演绎，贾母越来越不一般，待到贾府被抄家，贾母表现出的无私果决、智慧超然更令人钦佩不已，再联想书中的点滴细节，她是贾府当之无愧的灵魂人物，家族繁荣系于一身。然而，令人遗憾的是，贾母当时所能运用的手段极为有限，若是超越时代，结合现代财富传承工具，比如家族信托，相信贾家会成为比肩美国洛克菲勒家族、肯尼迪家族的佼佼者，延续世代辉煌。

一人善念还不够

《红楼梦》中的经典桥段有很多，第四十回“刘姥姥逛大观园”最为耳熟能详，中学课本里也有，当时看刘姥姥“一副没见过世面的样子”特别有趣，被大观园里的小姐姐们捉弄，笑料百出。如今重温这一段故事，便觉得贾母了不起，刘姥姥虽说与贾府沾亲，但是八竿子难打着，又是乡下种地的农妇，身份地位相差悬殊。刘姥姥第一次来贾府时，被王熙凤用二十两银子挡了回去，来年便又送了些瓜果蔬菜以示感谢。贾母得知便挽留她多待几日，在大观园里逛一逛，期间闹出不少笑话，但是贾母始终没有见外，而是给予了极大包容。

贾母的菩萨心肠更多是一种悲悯，而非单纯的姿态。在二十九回中，众人到清虚观打醮，一个小道士因剪烛花没来得及出去，在贾母等人进门时躲避不及，惊慌失措中撞到了王熙凤身上，被王熙凤反手一巴掌，大家都叫嚣着要打。贾母听了赶紧说：“快带了那孩子来，别唬着他。小门小户的孩子，都是娇生惯养的，那里见的这个势派。倘或唬着他，倒怪可怜见的，他老子娘岂不疼的慌？”

《红楼梦》体现出了很强的因果报应，比如，王熙凤难得“开恩”赏赐刘姥姥二十两银子的时候，一定想不到自己的女儿“巧姐”未来会被刘姥姥搭救；她打了小道士，也几乎被张道士诅咒“该积阴骘，迟了就短命”，至死才悟到一点人性的温度。同是管家人，贾母早已参透天道，积德行善一直身体力行。但是，贾母的善念善行有很强“中式”色彩，全在她一念之间，并没有带动起家族的行善热情，特别是本该成为榜样的大儿子贾赦，依官作势，行为不检，最后落得充军边地的下场，这不能不说是一种失败。

在家族信托中，除了能够为家人提供生活上的保障，还可以发扬公益，帮助那些生活中遇到困难的人，这便是慈善信托的雏形。与家族信托的显著区别在于，受益人不再局限于家族成员，而是面向符合特定条件的社会公众。

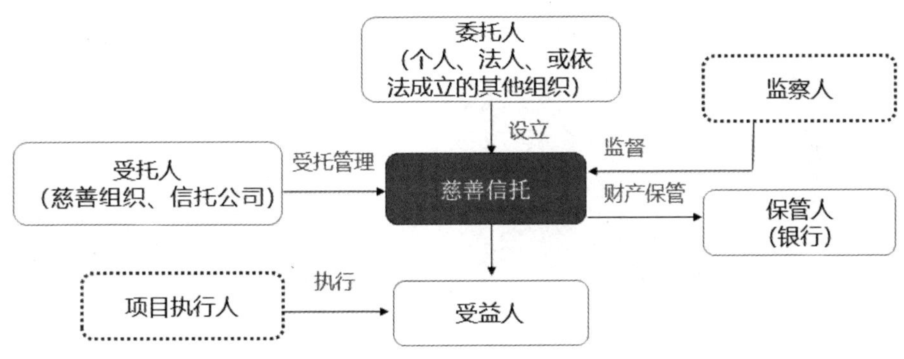

图2.7 常见慈善信托结构

在西方发达国家，慈善信托/基金会已经成为富豪家族的标配，例如，著名的北京协和医院便是洛克菲勒家族基金会出资创办的；再如，2000年比尔•盖茨拿出580亿美元成立比尔及梅琳达•盖茨基金会（简称“盖茨基金会”）。自2006年开始，盖茨基金会转变成双重实体结构：一个是慈善基金会，另一个是比尔盖茨和梅琳达慈善信托。慈善信托的价值在于不断投资，实现信托资产的保值增值，同时按照合同约定向慈善基金会提供资金支持。慈善信托与基金会拥有两位共同理事——比尔•盖茨和梅琳达•盖茨，但是彼此相互独立，互不隶属，同时享有免税。在比尔盖茨感召下，“股神”巴菲特也在2006年6月向盖茨基

金会捐赠了当时价值约310亿美元的股票。

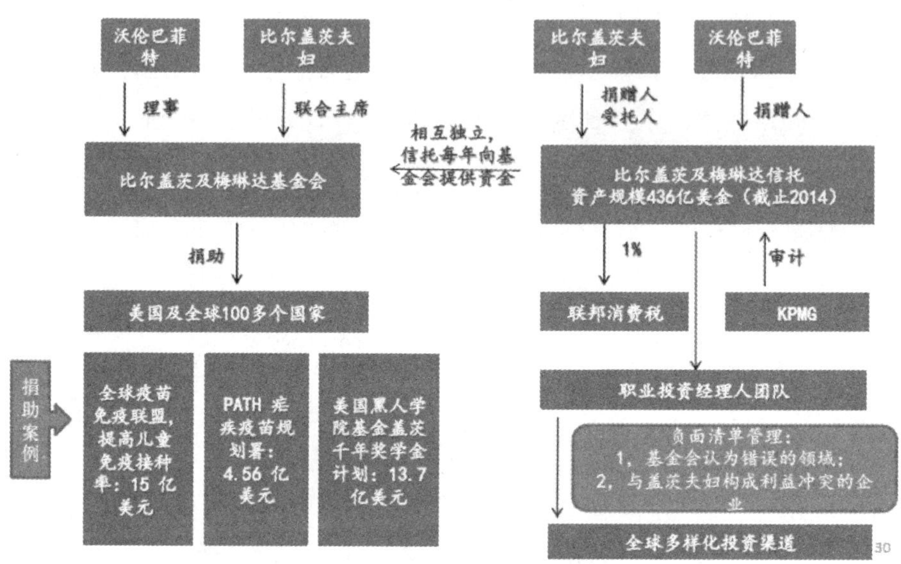

图2.8　　比尔盖茨慈善信托与基金会运作

自2016年9月《慈善法》颁布以来，国内慈善信托发展日趋成熟，理念深入人心，对于设立慈善信托的委托人（即客户）而言，意义不仅是获得财富之后，对社会的回馈，还在于慈善信托所包含的众多慈善项目，比如山区助学、环境保护等，委托人可以与子女一同深度参与，从小就培养孩子的责任感和善良的心，这样的孩子怎么可能变坏呢？

慈善信托不仅可以个人设立，机构也不例外。在2020年新冠疫情肆虐之际，国内信托行业成立了“中国信托业抗击新冠肺炎”慈善信托，该慈善信托为开放式信托，未来将陆续追加会员单位的慈善资金。截至2020年2月末，已完成信托公司报送的定向“武汉加油”“抗击新冠肺炎”等专项慈善信托36笔，累计金额12.4亿元。这些慈善资金将根据慈善信托目的，在慈善信托成立当日第一时间投入对湖北防治新冠肺炎的帮扶救助工作，这是国内慈善信托的又一实践。

铁腕治赌不及条件分配

贾母的形象并非总是和颜悦色，该雷霆出击的时候绝不含糊。在王熙凤生病期间，探春接过管家重任，处理事情公私分明、干脆利落。但是，对于大观园内众人聚赌并不上心，敷衍了事。

贾母知道万分心急，说道："你姑娘家哪里知道这里头的利害！你以为赌钱常事，不过怕起争端；不知夜间既要钱，就保不住不吃酒；既吃酒，就未免门户任意开锁，或买东西，其中夜静人稀，趁便藏贼引盗，什么事做不出来！况且园内，你姐儿们起居所伴者皆系丫头媳妇们，贤愚混杂；贼盗事小，倘有别事，略沾带些，关系非小！这事岂可轻恕。"

俗话说见微知著，也许在探春眼里，这只能算娱乐消遣、小赌怡情。然而，贾母已经看到了其中蕴含的危险，在第七十三回雷霆出击："便命将骰子牌一并烧毁，所有的钱入官分散与众人，将为首者每人四十大板，撵出，总不许再入；从者每人二十大板，革去三月月钱，拨入圊厕行内。又将林之孝家的申饬了一番。"

参与赌博的人中，无论是林之孝家的两姨亲家，还是迎春乳母，都是府上的"老资格"，敢于不留情面，一视同仁处理，贾母风采不减当年。

赌博是人生大忌，就算家里有金山银山，照样敌不过牌局险恶，现实中有太多企业家、富二代陷入其中，以致倾家荡产，家破人亡。任何一位家族掌门人，对于家人赌博都是高度警惕的，在常见的家族信托工具中，会采用"条件分配"的方式加以限制，例如在家族信托合同中明确约定，在家族信托的受益人中，若出现因赌博被公安机关处罚的情况，可以剥夺他作为受益人的权利，类似家族信托每年支付的生活费就领不到了，这样的好处在于触发条件、恶劣后果清晰可见，符合"火炉法则”，只要敢碰，必烫无疑。贾母虽然治理赌博强硬果敢，但是由于没有明确标准，比如：赌多少钱算赌？抓到之后打完板子罚完钱，还有没有其他惩罚措施？这些都没答案，均在老祖宗一念之间。有鉴于此，大家并不会汲取教训，反而觉得只要想方设法避开贾母、不让她知道就好，被她抓到只是倒霉而已。事实上，贾母强势禁赌也的确失败了，第七十五回族长贾珍竟在服丧期间聚众射赌即是印证。

没有看得见的惩罚，就成了百无禁忌。曹德旺曾在记者访谈中坦言，早年全家都获得了美国绿卡，但是随着事业发展，民族责任感愈来愈重，继而反对子女移民，声称：“谁要是不退美国绿卡，谁就不能继承我的财产。”这就是“条件分配”的又一例证。当然，设置的条件应当方便验证衡量，比如公安局出具的“赌博罚单”、美国绿卡等，难以验证自然没有意义，这就好比贾母说谁心里敬重她就给谁五千两银子，人心难测，这一条就是空谈。

古今监察人的区别

贾母年轻时也是大管家，把贾府上下打理得井井有条，终于媳妇熬成婆，退休之后将重任交给了王熙凤。在《红楼梦》中，我们极少看到贾母干涉王熙凤，也没有看过新老势力在权力交接过程中的缠斗，相反，贾母给予了王熙凤最大程度的支持。

然而，这并不意味着贾母完全撒手不管，相反，她保持了高度关注，在第七十一回中，贾母突然问王熙凤：“前儿这些人家送礼来的共有几家有屏？”凤姐儿道：“共有十六家有围屏，十二架大的，四架小的炕屏。内中只有江南甄家一架大屏十二扇，大红缎子缂丝‘满床笏’，一面是泥金‘百寿图’的，是头等的，还有粤海将军邬家一架玻璃的还罢了。”贾母道：“既这样，这两架别动，好生搁着，我要送人的。”

面对贾母的突然问话，王熙凤的表现堪称完美，不仅答对了数量，而且将规格、特点一一陈述，看似不经意的对答，何尝不是一种考验。也许，贾母已经笃定自己百年之后，贾府仍由王熙凤全权管理，照看家族财富的传承。

如果将贾母视为设立家族信托的委托人（即客户），那么，王熙凤的角色更像监察人，她负责管理家族成员，打理府内财产。有所不同的是，现代家族信托架构中，监察人的权利义务有着明确的边界，有白纸黑字的合同。遗憾的是，贾母生活的时代并没有清晰的约束标准，以致王熙凤只手遮天，私放高利贷，为后期贾家被抄埋下祸根。

王熙凤掌管财权，贾府上下的月例银子（即生活费）都由她调配，贾母不管事又没人查账，放高利贷赚得盆满钵满。平儿曾对袭人说："这几年拿着这一项银子，翻出有几百来了。她的公费月例又使不着，十两八两零碎攒了放出去，只她这体己利钱，一年不到，上千的银子呢。"袭人笑道："拿着我们的钱，你们主子奴才赚利钱，哄的我们呆呆的等着。"

以贾母慧眼如炬，尚且不能察觉制衡，侧面印证传统处理家族财富的法子行不通，譬如国内企业家常用的"代持"也归此类。相反，现代家族信托设立的监察人至少有两大特点：一是财权分开，负责打理家族信托财产的是信托公司，它会按照合同约定，开立专门账户单独管理，根本不可能让监察人染指；二是边界清晰，监察人的权利是委托人在设立家族信托时赋予的，在合同中有约定，比如允许监察人修改受益方案、变更受益人等，很难为所欲为，而具体指令的执行则由信托公司来完成。

作为家族信托的受托人，信托公司作为金融机构也没有动力与监察人合谋欺诈客户财产，这基于三点：一、家族信托的账户信息早已在中国信托登记有限责任公司备案，结合银行流水，往来清晰，一查一个准；二、信托财产在法律意义上是独立的，甚至信托公司倒闭了这笔钱也不受影响；三、《中华人民共和国信托法》第二十二条明确规定："受托人违反信托目的处分信托财产或者因违背管理职责、处理信托事务不当致使信托财产受到损失的，委托人有权申请人民法院撤销该处分行为，并有权要求受托人恢复信托财产的原状或者予以赔偿”。简单来说，有坏心儿也没那胆儿，有那胆儿也办不到。

贾母散财的智慧与无奈

贾母初嫁贾府时正值家族鼎盛，经历金陵接驾，看尽一世繁华，主持家政数十年，当贾府被抄家，家族几乎分崩离析，又是贾母试图力挽大厦于将倾。与新生代管家王熙凤不同，贾母更为无私。在第一百零七回，贾母深明大义，散尽余财，至今读来仍然令人动容：“这里现有的银子，交贾赦三千两，你拿两千两去做你的盘费使用，留一千给大太太另用。这三千给珍儿，你只许拿一千去，留下两千交你媳妇过日子。仍旧各自度日，房子是在一处，饭食各自吃罢。四丫头将来的亲事还是我的事。只可怜凤丫头操心了一辈子，如今弄得精光，也给她三千两，叫她自己收着，不许叫琏儿用。如今他还病得神昏气丧，叫平儿来拿去。这是你祖父留下来的衣服，还有我少年穿的衣服首饰，如今我用不着。男的呢，叫大老爷、珍儿、琏儿、蓉儿拿去分了，女的呢，叫大太太、珍儿媳妇、凤丫头拿了分去。这五百两银子交给琏儿，明年将林丫头的棺材送回南去。”

如果将这段话视为贾母立下的“遗嘱”，有两点令人钦佩：一方面是对王熙凤，由于她私放高利贷、逼死尤二姐，早已被众人唾弃，甚至被休，与贾府被抄家也难脱干系，成了众人出气筒，但是，贾母依然念及旧情，给了三千两银子；另一方面是预见到当时是男权社会，担心钱财被丈夫挪用，因此，无论是留一千两给贾赦太太，还是留两千两给贾珍太太均有叮嘱，王熙凤的钱更是点名不许贾琏碰。

尽管贾母的“遗嘱”考虑周全，充满智慧，但是依然无法摆脱时代的局限，这不能不说是一种遗憾，比如她的贴身丫鬟鸳鸯，在贾母过世之后自杀，与其说是主仆情深，倒不如说鸳鸯已经料想到，之前想霸占她的贾赦不会善罢甘休。此事贾母泉下有知，该是何等悲凉。

如果贾母能借助现代家族信托的支持，不仅更容易落实“遗嘱清单”，还能延续对身边人的保护。它至少有三大优势：一是信托财产的独立性，如果装入家族信托的资产通过了信托公司的前期尽调，来路清白，未发现恶意举债设立的嫌疑，那么，即使贾母未来家道中落，债主上门追讨，这部分装入家族信托的资产也不会被拿去还债，与贾母的个人财产相互独立；二是可以实现多次分配，考虑到贾府之中赌博盛行，如果贾母分配的钱财被一些人输光了，那么这些钱财就起不到为生活托底的作用，多次分配的好处在于定期发放生活费，花光了熬一熬，还会有钱拿，总不至于一败涂地，反而能学会量入为出；三是对受益人权利的保障，鸳鸯作为贾母左膀右臂，也可以作为受益人领取生活费，在古代她的权利容易被贾赦剥夺，但是现代社会不依赖王权，而是有法律保障，鸳鸯大可宽心，相信她会安享晚年。

贾母病逝，曾经的豪门“忽喇喇似大厦倾”，令人唏嘘不已。《红楼梦》演绎了一部家族兴衰史，它包罗万象，暗含因果，又充满了批判。相比古代的“牢笼枷锁”，生活在现代何尝不是幸运。

当国内经济增长日趋平缓，投资机会变少，陷阱更多，如何保全辛苦积累的财富成为很多人共同思考的问题，这其中既有个人修为、家风历练，又有对于现代财富传承工具的了解和应用。《红楼梦》对于不同家庭生态的演绎值得反思和借鉴，贾母作为家族传承的轴心，已然做到了极致，遗憾的是，她无法超越历史的局限。

财富传承正如一枚硬币，既有修身齐家的精神内核，又有家族信托的保驾护航，彼此相得益彰。从这个意义上来看，国内家族信托的帷幕才刚刚拉开。

第三章　盘点趣味理财话题

看透经济的是口红，裙子？

关键词：负回报资产　口红效应　王力宏破袜子

回想寒风凛冽的2018年，很多朋友开玩笑：那一年你赚了什么呀？

如果在2018年过得并不顺心如意，投资出现亏损，甚至血本无归，不必太过纠结。德意志银行报告显示，以美元调整后计价，2018年累计负回报的资产占比高达93%（详见下图）。这意味着对于投资人来说，2018年比1929年的经济大萧条还要糟糕，同时也刷新了1920年的最差纪录。

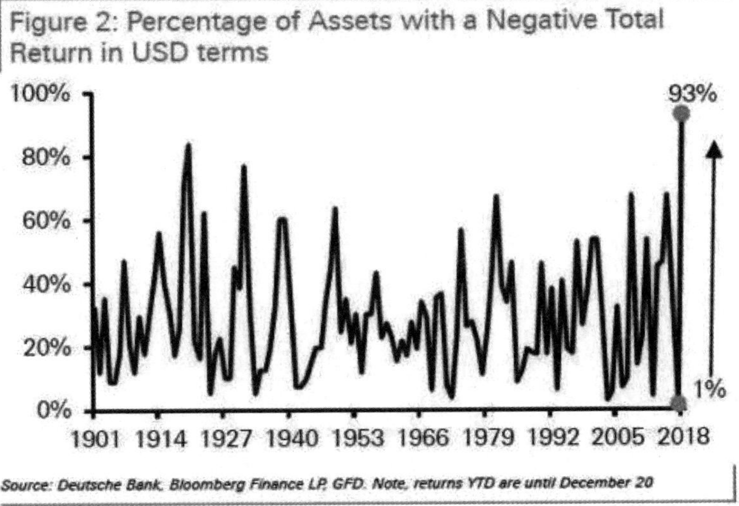

图3.1　德意志银行报告摘录

面对“历史级”的大调整，常规的金融投资方法、乃至逻辑推理，大概率也会失效。当2018年的凛冽寒风疯狂肆虐，更多朋友会关心来年的经济走势。当然，答案也许并不在书本，而是在商场里。

火热的口红贩售机

近些年逛商场，发现口红贩售机越来越多，生意还很好，经常有排队现象，成为一道靓丽风景线。现在商场里最火爆的当属餐饮和亲子教育，能另辟蹊径“杀出一条血路”，口红贩售机的点子的确很棒。

为什么其他类型的贩售机没火起来呢？比如常见的牛奶贩售机、玩具贩售机，甚至有大闸蟹贩售机、龙虾贩售机，普遍是看客多，人满为患得少。

口红，看起来虽小，但是地位可不一般，在经济学殿堂占有一席之地，被尊称为“口红理论”，即经济不好的情况下，女性不再像以前那样随性买一些时尚、赶潮流的服装、化妆品，而是趋向于购买一些经典式样的、耐久使用的用品，尤其是奢侈品，口红则是最便宜的一类奢侈品，因此，一定会大卖。

消费者可以不买Chanel、LV、Versace，也可以不追时尚单品，不过，口红还是逃脱不了的选择：一方面，身上的衣服是不是新款、是不是大牌不一定看得出来，但是口红有没有涂却很容易看得到，涂了口红，人的气色也会改善不少；另一方面，挣钱难了，出国旅游等大额开销自然减少，但是口红的花销并不离谱，还是能买得起好牌子，作为奢侈品它更实惠，也相对耐用。另外，口红的花样不少，买多了还能换着用，很少会浪费，符合"精打细算"的要求。

口红贩售机的火爆，也从侧门印证了大家挣钱不太容易，大环境比较严峻，毕竟经济行情好的时候，奢侈品店才是排队的主力军。

裙子的长短不一般

南京的冬季总是会猝不及防地来临，气温进入零度以下，秋裤、毛裤、棉裤都得武装起来，裙子自然成了少数派，但是这丝毫不影响裙子的江湖地位。如果您对各类反映周期的经济学曲线倍感头大，那么，裙子曲线足够让大家赏心悦目。

裙子有长短之分，将每年裙子的主流长度连接成线，会得到一条曲线，竟然也会与经济走势相吻合。其中的奥妙，不在于裙子本身，而是腿上的丝袜。

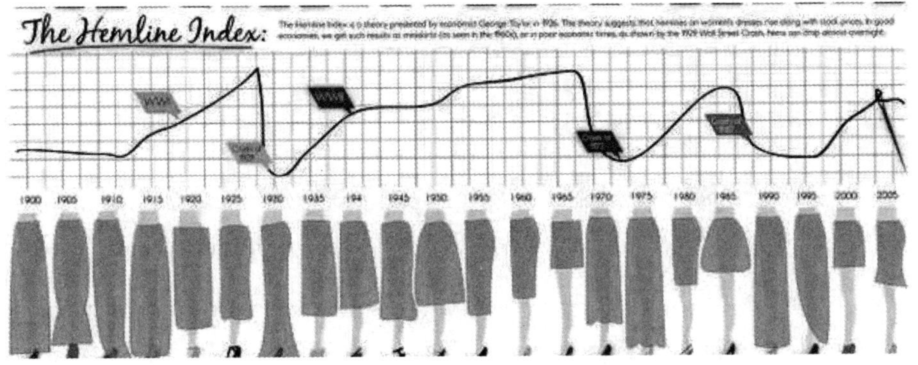

图3.2　展现美国经济的“裙子指数”

当经济不好的时候，人们倾向于长款裙子，可以盖住腿上的丝袜，若是丝袜有破洞并不会急着更换，反正外人也看不出来。若是行情转暖，大家赚钱机会多了，女士们会倾向于穿短裙，展示各种款式的丝袜，若发现丝袜有破洞或是线头，会毫不犹豫地花钱买一双新丝袜，旧袜子扔掉也不心疼，毕竟来钱容易。

待到来年三月花开，春江水暖之际，我们可以留意身边的女士们，究竟多数会选择长裙，还是短裙呢？展示的丝袜品种有没有那么多呢？这是经济形势最直观的体现。

扮演先知的男士内裤

我们都渴望身边有这样的先知：他能够预测未来，告诉我们什么时候行情好，什么时候行情坏。这样的角色总在电影和小说之中出现，现实之中却寥寥无几。然而，不必气馁，我们还可以从身边的蛛丝马迹中寻求答案。

曾有专家统计2016年—2018年三年期间的辽宁及全国男士内裤销

量，发现竟然在逐年攀升，心中一阵狂喜，紧接着宣布国内经济正在逐步回暖，这算不算布谷鸟的叫声呢？

男士内裤销量侧面反映出家庭的实际可支配收入：作为家庭的顶梁柱，男同胞们既肩负着养活全家人的使命，同时“家中实际地位比较低”，自己用的东西能省则省，有钱先给孩子花，然后给老婆花，最后剩下的本来也不多，再加上不少男同胞们喜欢抽烟喝酒，实际能花在自己身上的钱就更少了。这部分钱最后留下来就是“纯纯的”可支配收入，俗称“私房钱”，它藏在鞋垫里、枕头套里、马桶盖里，甚至一切老婆想不到的地方。

男人的一套行头往往一买就会穿很多年，至于别人看不到的地方，比如内裤、袜子，关注地就更少了，之前王力宏上《吐槽大会》，被陶喆现场脱鞋，袜子上的大洞惊呆一帮小伙伴，男神形象瞬间“破碎”，万千女性惊呼：“心目中的白马王子怎么会穿起破袜子呢？”然而，从男人的角度看，这太正常了。

男士内裤理论的逻辑在于，若是连家中最不受“待见”的男人们，竟然也开始关注最容易被忽视的“内裤”，说明家里的闲钱攒到了一定数目，现在只是尝试买相对实惠的内裤，未来可能会消费其他价值更高的商品。

如果太太们希望经济快点回暖、行情早点好起来，要做的第一件事：给老公买一条新内裤，最好是红色的，还能体验“超人”的感觉。

心有所向，心有所持，未来投资策略前瞻

关键词：砸穿水层 下半场 小确幸 实业投资法 希望

复盘2018年，精彩纷呈，任何一出戏拿出来都称得上“扛鼎之作”，值得认真总结。也许是历史不经意间开了玩笑，抑或逢八魔咒的阴影挥之不去，这些“大事件”竟然密集发生了。新媒体的盛行进一步放大了情绪面影响，极端行情屡见不鲜，除了惊恐，我们的脑海被各类信息塞满，难免迷失方向。

本文无意于解答林林总总的问题、押注市场变化的方向，而是希望通过复盘2018年，试图找寻出一条线索，串联起过去与未来，提供看待问题的视角，在未来投资决策时可以多一重思考。

一段故事

热映的电影《海王》，展现了亚特兰蒂斯高度发达的文明，人文艺术、科技水平冠绝群雄。第一任国王野心勃勃，欲壑难填，希望获取更大权力，无奈帝国崩盘，亚特兰蒂斯沉入海底，原始文明归于沉寂，历经磨难才重新蜕变出海洋文明，这段历史轻盈的转弯荒废了一代人的时光。

即使老国王拥有掌控“七海”的权力，但是亚特兰蒂斯的承受力却有上限。正如盖房子挖地基，挖得越深，自然地基越牢，但是挖到了地下水层就要及时收手，倘若砸穿了，“地窖”秒变“水池”。砸穿水层既预示了巨大风险、甚至亏损，也成为“超额收益”的重要来源，“镐头”乱舞的时代，频频砸穿水层预示着传统秩序的重建。

当然，不必过分担心，有些水层的外壳异常坚硬，也不会允许随便来砸，那便是监管部门的底线。

一个背景

关注金融投资，去杠杆是无法绕过的话题，当时光的指针定格于2019年，下半场的哨声已经吹响，这是一段“赛程”的延续，就像在中场休息闯入国足比赛的球迷，除了看到比分一脸沮丧，更应该关心的是：“比赛”的上半场究竟发生了什么？

金融去杠杆上半场的核心是苦练内功，主要体现在三方面：

首先，监管部门重组，比如设立国务院金融稳定发展委员会、将银监会和保监会合并为银保监会等，重新梳理了机构职责，适应新形势需要。

监管机构	机构职责
金稳委	落实党中央、国务院关于金融工作的决策部署；审议金融业改革发展重大规划；统筹金融改革发展与监管，协调货币政策与金融监管相关事项，统筹协调金融监管重大事项，协调金融政策与相关财政政策、产业政策等；分析研判国际国内金融形势，做好国际金融风险应对，研究系统性金融风险防范处置和维护金融稳定重大政策；指导地方金融改革发展与监管，对金融管理部门和地方政府进行业务监督和履职问责等。
中国人民银行	在国务院领导下，制定和执行货币政策，防范和化解金融风险，维护金融稳定。**本次《方案》提到：将中国银行业监督管理委员会和中国保险监督管理委员会拟定银行业、保险业重要法律法规草案和审慎监管基本制度的职责划入中国人民银行。**
中国证监会	对证券发行人、上市公司、非上市公众公司、证券期货经营机构、私募基金管理机构、证券期货投资咨询机构和从事证券期货业务的律师事务所、会计师事务所、资产评估机构等中介机构的证券期货业务活动进行监督管理，依法查处辖区范围内的证券期货违法、违规案件。
中国银保监会	依照法律法规统一监督管理银行业和保险业，维护银行业和保险业合法、稳健进行，防范和化解金融风险、保护金融消费者合法权益，维护金融稳定。

资料来源：监管部门公开资料　零壹财经 · 零壹智库制表

图3.3　2018年“两会”改革后的监管机构职责示意图

关于变革金融顶层设计的动因众说纷纭，其中，当年“宝万之争”给监管部门留下的心理阴影着实不小，分业监管体制下，宝能系的每一段“操盘动作”都堪称合规，但是，组合起来却能在监管盲区与交叉地带信步游走，轻易洞穿了“看门人”苦心经营的防线。

其次，颁布《关于规范金融机构资产管理业务的指导意见》，即资管新规，打个不恰当的比方，如果说监管层重组是重新划分各方势力范围，那么，资管新规就是制定了统一的行动纲领，结束各自为政的历史。否则，各家规定千差万别，同样的业务竟然有不同的标准，从业者当然会去钻漏洞，看谁的政策宽松就在谁的“地盘”做业务，严密的监管体系被打得千疮百孔。随着资管新规和一系列细则的颁布，监管标准趋于一致，难有漏洞可钻。当然，这也导致部分业务萎缩太快，“灭霸”的一声“响指”就令金融民工们“无事可做”，内心震撼可想而知。

再次，是银行理财子公司横空出世，有关解读集中在隔离“资管业务”风险、促进理财专业化运营等方面。监管此时出手，应该是想明白了一件事：经营一片土地，要想避免野草肆虐，不应把注意力集中在对着野草放火、打农药，终会徒劳一场。古人有言“野火烧不尽，春风吹又生”，正确的做法是种植一片鲜花，用鲜花旺盛的生命力去对抗野草。此刻，农夫的工作反而简单了，保持必要的整修、浇水即可。

过去的金融市场百花齐放，各类金融主体粉墨登场，监管部门曾经幻想：这些公司可以弥补银行融资的不足，但是在一段时间的放任自流之后发现，害群之马屡见不鲜、庞氏骗局屡禁不止，甚至抓人、判刑也无法浇灭金融犯罪的热情。面对乱局，痛下重典的同时，配合“鲜花播种”，银行理财子公司不光有“花容月貌”，更是绝对信赖的“子弟兵”，配合资管新规落地、顺应监管政策调整，执行力毋庸置疑，从此“一脉正统”重入江湖，传统金融机构“王者归来”。

金融去杠杆的上半场可谓步步为营、层层推进，体现了柳老爷子“搭班子、定战略、带队伍”的真谛。下半场的重点是去产能，未来金融业怎么走，可以参考钢铁业，“大炼钢”时代，村村都有小土炉，最后发现那么多钢铁厂根本没必要，很多是没有任何技术含量的“粗钢”，该关的关、该并的并、该停的停。理解了这点，再看看近期纷纷崩盘的P2P之流，是否似曾相识？

如果说上半场是决胜于庙堂，那么下半场是厮杀于江湖，最“血腥”的就是下半场，损失的是真金白银，我们已身处其中。

一种心情

如果用一种心情来描述未来投资，大概是“心累”。

一方面，是难以摆脱的矛盾状态：既担忧通货膨胀的侵蚀，希望追求高收益，避免握在手里的钱变“毛”了，又不愿意买的理财产品“踩雷”，担心被“套路”；既想了解金融市场的投资机会，又对理财基础知识缺乏了解的耐心，更容易被“阴谋论”说服，忘却是非对错，沉浸在情绪化语言带来的酣畅淋漓之中。

另一方面，是挥之不去的迷茫：近些年，我们面临着太多新问题，未来怎么走？尚没有明确答案。中美贸易战是新课题，大家同样第一次经历，虽说有阶段性妥协的可能，但是双方心里明白，甜蜜时光一去难返，超越“贸易”范畴的较量才刚刚开始，“战火纷飞”的边界在哪里？一时半会儿怕是给不出答案；面对国际国内的复杂形势，部分政策难免出现摇摆，联想到监管对于影子银行的数次表态：“影子银行既是重大金融风险隐患，又是资金脱实向虚的罪魁祸首，还是金融市场的必要补充”，难免一头雾水。上面若想不明白，下面会无所适从；2018年12月13日中共中央政治局会议强调“必须提高党领导经济工作的能力和水平”，其中的内涵非常丰富，值得品味。

当然，未来还有更加现实的问题需要面对，裁员屡见不鲜，降薪稀松平常，家庭收入中断/减少的隐患始终存在，这会带来一系列连锁反应。作为拉动经济的三驾马车之一，国内消费的增长步履维艰，突出体现在国内乘用车销量的颓势。

表3.1　2019年国内汽车销量

单位：万辆、%

	9月	1-9月累计	环比增长	同比增长	同比累计增长
汽车	227.1	1837.1	16.0	-5.2	-10.3
乘用车	193.1	1524.9	16.8	-6.3	-11.7
轿车	93.2	742.1	19.9	-7.7	-12.0
MPV	12.7	98.2	29.4	-13.3	-22.1
SUV	84.1	656.0	12.5	-3.3	-9.3
交叉型乘用车	3.1	28.6	2.2	-12.5	-15.1
商用车	34.0	312.2	11.6	1.9	-3.4
客车	3.8	32.6	-1.3	-7.5	-2.0
其中:客车非完整车辆	0.2	2.1	-33.4	-34.5	-9.4
货车	30.2	279.5	13.5	3.3	-3.5
其中:半挂牵引车	3.9	41.8	18.5	14.7	16.1
货车非完整车辆	4.5	43.6	9.5	16.8	6.6

与“心累”相对应的是“小确幸”，快乐来自于微小而确实的满足：想买的东西刚好打折促销，便宜了两块钱；孩子的考试成绩，从班级倒数第一荣升倒数第二；出差赶高铁，在临关门前，一脚踩进了车厢等等。

未来的幸福指数大概率来自于“小确幸”，来源于“边际改善”，而非大环境的突然好转。与其追求市井繁华，不如放下执念，心生欢喜。

一套方法

近些年，发生了太多违约、跑路、崩盘，泡沫盛宴终结，杯盘狼藉。面对一地鸡毛，投资人更要保持冷静，谩骂不解决问题，怨天、怨地、怨政府毫无意义。我们需要反思的是，自己的投资方法是不是出了问题？单纯看期限长短、收益高低的“傻瓜式理财法”应该丢进垃圾桶。

面对波云诡谲的未来，我们更需要寻求确定性。理财产品看似复杂，部分条款写得正如天书一般：每个字都认识，但是连起来就是看不懂。其实，理财产品是可以具象化的，和做生意道理一样。“实业投资法”的内涵包括一个视角和三个方面：

一个视角就是从做生意的角度看待理财产品，比如某款理财产品的“年化收益率”号称15%，看了别急着开心，先思考一下：现在做什么生意能有这么高的收益，如果有的话，这样的好事为什么能轮得到自己，是自己有独特的资源么？还是有特殊的能力？如果答案都是否定的，结论只有一个，那就是人家想割韭菜，给您点甜头再下刀。

三个方面具体包括平台、产品和理财顾问：

平台，通俗地说您的理财产品是哪里来的，谁生产出来的，就和您平时买酱油一样。如果是散装酱油肯定要打问号，就算卖酱油的人吹得再牛，形容是“御用”酱油都要提高警惕，还是选大酱油厂生产的、有品牌的更靠谱：一方面，大厂生产劣质酱油无异于自毁前程，后面的酱油就难卖了，故意使坏的动力很小；另一方面，大酱油厂的谈判能力强，所用原料的品质能得到保障，最好的大豆当然是先供给大厂，这些大豆商也不敢以次充好，从上下游链条来看比较放心；

产品，涉及具体的投资用途，理财产品简单理解就是投资人把钱借给别人用，既然拿了钱，总要干点事，不然怎么增值呢？产品就是具体要干的事，比如同样是借了钱去盖房子卖楼，在南京周边肯定比沈阳周边好卖，买理财产品就要假设自己是拿钱办事的老板，评估下这生意能不能成，做出来的东西有没有人愿意买？其实，有了这条思路很容易发现币圈的破绽，各种币最大的功能是洗钱，甚至是击鼓传花的游戏，不值得一般投资人去冒险；

理财顾问，是您重要的商业合作伙伴，正如搭伙做生意：第一，人品要过关，别忙活半天，最后发现钱被人“黑”了，碰上卷款跑路，自己欲哭无泪。至于那些爱马仕的腰带、巴宝莉的风衣之类“行头”根本不重要，真想看美女、型男，不如去看模特大赛；第二，经验要丰富，很多理财产品的“坑”比较隐蔽，需要积累足够经验才能辨别，同样是一类理财，它的风险点在哪里？如何控制？关键环节在哪里？这些都有门道，无论是谁想合伙开餐馆，总不愿意找刚学了一个月的厨子来掌勺；第三，学习要加强，金融行业变化太快，新政策层出不穷，新潮流不断涌现，新玩法目不暇接，光吃老本是没用的，需要时刻保持学习的热情，各行各业均是如此。

“实业投资法”的一个视角和三个方面是融会贯通的，正如古人形容美味佳肴是“色、香、味”俱全，不可偏废。按照这套标准筛选下来，大概率不会受骗。

一片希望

改革开放四十年来，国内变化翻天覆地，一路走来非常不易。即使在黑夜中，“黑色的眼睛”仍能寻得光明。

人总要活在希望当中，面对未来的重重迷雾，心有所向，心有所持，感受小确幸，方能体会小温暖，积累起来便是生命的温度。

为什么南京人喜欢用硬币，北京人喜欢用纸币？

关键词：硬币 纸币 流通 铸币厂

一元钱，既有纸币，也有硬币。在北京城里来份卤煮火烧，店家找零通常是给纸币，一张张票子叠一块，瞬间有种“万元户”的感觉。若是在南京城，来碗鸭血粉丝汤，老板找零一般是硬币，一摞子“钢镚儿”攥在手里仿佛是一串铜钱，有一种梦回大明的错觉。

在微信、支付宝等电子支付手段日益普及的今天，传统货币依然占有不可或缺的地位，一元纸币和一元硬币的王者之争尚未有公论，但是不同地域的差异却也是不争的事实。

穿越千年的硬币

硬币历史源远流长，秦始皇统一六国之后发行过“半两钱”，汉代诞生了著名的“五铢钱”，近代银币“袁大头”也是众多收藏爱好者的挚爱，穿越数千年历史，硬币依然熠熠生辉，仍然在使用。相较纸币，硬币流通次数可达3万次，流通时间平均30年，而1张纸币平均流通300次，仅是其百分之一。从流通成本考虑，显然硬币更划算。

硬币的材质有很多，值钱的当属金币和银币，常见材质也有铜的、铝合金的、不锈钢的等等，共同特点是容易储存，不易破损，结实耐用。

但是，硬币的缺点也很明显，造假难度低。纸币制造中会引入大量先进工艺，比如专用油墨、防伪线、隐形图文等，硬币的工艺更传统，特别是1元硬币，出现过不少仿造的案件，相对来说，5角硬币的造假成本要高不少，特别是那层金色的膜很难伪造。当然，造假难度低并不意味着干了就划算，比如，媒体曾报道临沂有三位“大师”，好不容易买好设备、学了技术，结果前后花了18万，才造出了16万只一元硬币，最后被抓了判刑。

骄傲的纸币

纸币脱胎于经济极其发达的历史时期宋朝，时称“交子”，据考证在成都万佛寺内印制，诞生之初就比硬币高一等，并非一张“交子”换一枚铜钱，比如“交子”上注明了“一贯”，就可以换一千个铜钱。等到了大清朝，银票的使用已经很普遍，比如在电视剧《乔家大院》中，商家谈妥了生意，往往会从袖口里掏出几张银票来，又如在电视剧《铁齿铜牙纪晓岚》中，和珅大人袖口里的银票很少低于一万两。只有在下馆子吃饭时，才会看到碎银子、铜钱粉量登场。两者在使用场景上的差异，未免让人感觉硬币难登大雅之堂，纸币自始至终难掩“主角”光环。

纸币的“傲娇”还体现在实际使用中，容易出现磨损、撕扯，“身子骨”太娇嫩，使用条件也比较苛刻：出现缺角人家不收，万一裂开了拿透明胶粘上也不会收，更悲催的是一百元不小心撕破只剩一半，拿到银行也只能换到一半面值的钱。

北京人的面儿

皇城脚下，自然气度不凡，面子是很重要的，只要给足了面子，什么事都好谈。之前有劫匪想打劫北京的出租车，没想到北京的哥太能聊了，换了四辆车都不忍下手，为嘛呀？和北京的哥聊天，明显感到人家给的面儿就是足，让您心里怎么舒服他就怎么聊，高山流水遇知音的感觉油然而生。

同样是揣在口袋里，纸币悄无声息，但是硬币多了难免会发出乒乒乓乓的声音，容易联想到乞丐端着破碗，上下颠簸，索取钱财，碗里留着的硬币也会撞击出同样的声音。在不少北京人的眼里，揣着硬币在口袋里和要饭的差不多，哪怕是在店家找零给钱的一瞬间，顾客也会感觉自己是在要饭，没面儿的事自然不愿意干。

南京人的范儿

“金陵城上西楼，倚清秋。万里夕阳垂地，大江流”。自古以来，江南多有才子佳人，独特的文人气质和诗情画意早已注入城市的灵魂，江南贡院的金字招牌天下皆知。寄情山水之下，南京人淳朴热情，被称为“大萝卜”，意指没什么心眼，不会像北京人收硬币那般尴尬，南京人收硬币是真的在收硬币，就是数数多少钱，看看有没有少给，不会胡思乱想。

不同于北京的干燥，南京的潮湿出了名，盛夏之际，经常会看到手拿一条毛巾的南京人边走边擦汗。如果在兜里恰好揣了一张一元纸币，回家一看准是湿透了，反复几次，纸币都快成“纸浆”了，如果是急性子的南京人，掏钱时一扯，撕坏一沓纸币都不稀奇，使用起来并不方便。

1元硬币化是大势所趋

从环保来看，制造纸币需要消耗大量木材、淡水等资源，使用一段时间还得回收市场上的残破旧币，集中清理。对于硬币来说，几乎能一直流通，不必考虑回收再造，成本低廉。

从功能来看，1元硬币有不少特定场景，比如自动售货机、地铁和公交购票，甚至去欧尚超市购物，手推车都需要嵌入一枚1元硬币才能使用，这些场景下纸币并不好使，即使您往自动售货机里塞了一张十元纸币买矿泉水，会发现机器找零的钱也全是1元硬币。

20世纪90年代开始，中国人民银行就开启了小面额货币硬币化的试点，涵盖了上海、江苏、浙江等地。从国内印钞厂分布来看，生产硬币的有四家：南京、上海、沈阳、深圳（主要生产纪念币，并非流通硬币），生产纸币的有六家：北京、成都、西安、石家庄、上海、南昌。南京既是铸币重镇，又是1元硬币化试点城市，还没有天然的成见，自然成了1元硬币的忠实拥趸。

传说“没有一只鸭子可以活着离开京城”，北京城里的大厨会做成外焦里嫩的烤鸭，南京城里的伙计会烹饪为皮白肉嫩的盐水鸭，不同的做法，相同的美味。纸币也好，硬币也罢，不都是钱嘛。随着电子支付的普及，无论是硬币，还是纸币，都好似老古董一般难得一见，这是时代的进步，也是历史的必然。

巧用“第二层思维”，避开理财陷阱

关键词：教条标准 第二层思维 反身理论

随着国内金融市场的发展，理财产品的丰富度与日俱增，选择困难症成了不少朋友的心头之患，不少理财的本来面目被刻意遮掩，教条式的选择标准反倒成了跌入陷阱的导火索。信息超载之下，思维方式就有了更重要的含义，如何看待某起事件、某款理财，是带着阴谋论的想法、还是客观理性面对，抑或是祈祷式的顺应天命，成为大家各自的选择。

当然，我们更希望与大家探讨一些简单实用的方法和技巧，譬如第二层思维的运用。

脑筋急转弯

何为第二层思维？

曾有这样的实验：在某个大学课堂，老师要求班里的同学们从1到100随意猜一个数字，所有答案平均数的三分之二是多少？

按照正常的思维，大家随机选一个数字，1到100平均数是50，50的三分之二是33。然而，你能猜到是33，别人也可以猜得到。如果大家都写了33，那么33的三分之二，答案其实是22。当然，实际案例中，结果会有所偏差，从过往案例来看，实验者越是偏向理性，数值通常会越小。这就是第二层思维在数学游戏中的应用。

在投资领域，也有类似的描述，譬如大名鼎鼎的索罗斯，创造性地提出了“反身理论”：简单来说，反身理论是指投资人与市场之间的互动影响。索罗斯认为，投资人根据掌握的资讯和对市场的了解，来预期市场走势并据此行动，而其行动事实上也反过来影响、改变了市场原来可能出现的走势，二者不断地相互影响。

如果用通俗的语言来说明，第一层思维是“我知道”，第二层思维是“我知道你知道我知道”，第二层思维正如棋坛高手，总能算计于七步之外。

为何骗子得“人心”

这些年出现了不少金融诈骗犯，他们对于投资者心态和思路的拿捏令人叹为观止：有的善于大手笔，客户活动搞得风生水起，情绪渲染到位，投资人跟风购买；有的善于包装自己，公司荣誉、慈善捐赠，甚至还有政府人员站台，让人不得不信服；有的善于贩卖情怀，或是老板的创业经历，或是“人间大爱”的家国情怀，买理财成了交朋友。

这些精心编织的假象背后，是认定投资人抵不住反复劝说、看不清重重包装、经不住一时冲动。找到投资人关注的焦点，然后围绕焦点竭力“表演”，从投资人“痛点”出发反倒成了骗子口中的秘诀。

然而，狐狸模仿得再像，尾巴总会不经意间漏出来。

换一套思路

曾经我向一位朋友请教书法作品的鉴别方法，特别是一些大师的字画，临摹很多，赝品泛滥，甚至有不少机器作画，想要分辨真伪着实困难。朋友坦言，打假的第一步不是看字，而是看纸，即使书画容易被临摹，但是所用纸张很少能做到和原作相差无几，甚至有不少作品选择日本进口纸，仔细拿放大镜看，纸张的纤维细孔不一样，这就是骗子最容易忽视的“狐狸尾巴”。

正所谓外行看热闹，内行看门道。例如，沸沸扬扬的香港安盛保险事件之中，投资者看来一团糨糊，甚至有自媒体恶意曲解，认为香港人欺负大陆人，盲目煽动仇恨。其实并不复杂，从两点来看：一方面，事件的焦点产品是投资连结险，在任何国家买到这类产品都会面临亏损的可能，不止是香港，在大陆也一样，2002年就曾发生过某保险公司投资连结险风波，也是给客户亏了钱；另一方面，有传言香港安盛保险随意更改投资范围，才导致了亏损，这个可能性并不高，香港的法制相对健全，合同更加严丝合缝，很少有低级失误，真是肆意妄为一定会赔到倾家荡产。

关键原因是销售香港安盛保险的代理人没有如实告知，误导了投资人。难道事前一点迹象都没有么？并非如此，至今仍然能通过百度等搜索软件，查询到这款产品的PPT推介资料，不必看内容，单看字体是简体字，这就不对劲了。来自香港的宣导资料通常是用繁体字的。如果资料是简体字，内容会不会存在删减呢？带着这个疑问，投资者可以登录香港安盛的网站查阅资料或是拨打香港客服电话，进一步做出求证，真相便一目了然。

再如，昔日叱咤风云的永柏资本，有一系列光环加持，还参与了许多明星项目的股权投资，譬如大众点评、360、药明康德等，在业界可谓是金融新贵，但是由于深陷66亿兑付危机，上海警方以涉嫌非法吸收公众存款罪将永柏资本实控人金某抓捕归案。

谈到股权投资，不少朋友直呼看不懂，涉及重组、并购、上市，IRR、MOC、DPI等一系列衡量指标就能把人绕晕。但是，具体到这类投资，有两大特点：一方面是风险较高，不确定性相比传统固定收益产品会更大；另一方面是期限较长，特别是企业股权类投资，企业的成长需要时间，就算生活中朋友们搭伙做生意，也需要一段时间磨合，这更容易理解。

当我们再次审视永柏资本的产品，发现有诡异之处，旗下的睿信私募股权投资基金，投资期限在3个月到36个月不等，产品说明中明确提到这类基金属于地产类股权投资，地产股权的流动性不好，并非像债券、股票一样容易买卖，连三个月的期限都有，并不合理，反而说明这家公司的资金链很紧张，所以才会对短期资金极度饥渴。

金融市场幻象重重，有假象、有鬼魅、有欺骗，如果理财方法不能与时俱进，如果筛选标准不能多维分析，如果宣传推介不能有效甄别，我们还是会在理财陷阱的周边游走，是否踩雷全凭运气，岂不荒唐？

面对纷繁复杂的金融市场，我们更应该超越理财投资的一般认知，汲取书本概念的同时，不忘学习理财思维，从更加细微的角度考量、筛选理财产品，抓住隐藏在背后的“狐狸尾巴”。

大肉包一口咬不到肉的日子还会多久？

关键词：猪肉价格 大肉包 CPI 猪脸识别

如果吴承恩穿越至今，《西游记》一定会被改写，一路上被妖怪们争抢的恐怕不是“唐僧肉”，而是“呆萌”的二师兄。

2019年生猪价格不断突破新高，丝毫不见回头，引发网友热议。要说2019年最成功的投资，不在波云诡谲的资本市场，也不在心跳加速的新房摇号，而是在各位读者的冰箱里，那些过年吃剩的猪肉，冷冻起来放到年底，价格早已翻番，而最喜欢冷冻猪肉的，当属中国大妈。华尔街精英在大妈们100%+收益的面前，不得不“甘拜下风”。

金陵大肉包可安好？

肉价上涨引发的是连锁反应，毕竟猪肉是中国人饮食信仰里的“图腾”。饭店里的青椒炒肉丝，超市里卤制的猪头肉，都是餐桌上的“常客”。中国人的食谱里，还有一样主食必不可少，那就是大肉包，无论是早餐搭配牛奶，还是晚饭就着稀饭，都是一顿简单却充实的“盛宴”。

在南京人的心目当中，大肉包里的“爱马仕”，当属金陵大肉包，出自南京最早的五星级酒店——金陵大饭店。

面对“二师兄”身价的扶摇直上，金陵大肉包是否安好呢？

抽空探店，发现价格没变，还是稳稳的四块五，连忙请阿姨拿了两只金陵大肉包，个头依然霸气十足，几乎有半张A4纸那么大，包子皮还破了一道小口，乍看感觉肉馅即将喷薄而出，一想到店家还这么实诚，还很感动。

然而，一口咬下去，更加泪如泉涌！

竟然都没能咬到肉？在吃了一半包子皮之后，一颗猪肉丸子映入眼帘，还好，丸子虽小了点，但是味道没变。

擦干眼泪继续吃完，我已经忘了吃的是包子，还是馒头。

在众多投资客眼中，金陵大肉包不仅是一种美食，更是南京房价的风向标。不少朋友戏言，要想知道南京主城优质小区的房价均价，只要在肉包价格后面加上“万”就行。通过“安居客”网站，查询到近年南京房价均价，在与金陵大肉包的价格数据拟合之后，发现走势也算神同步。

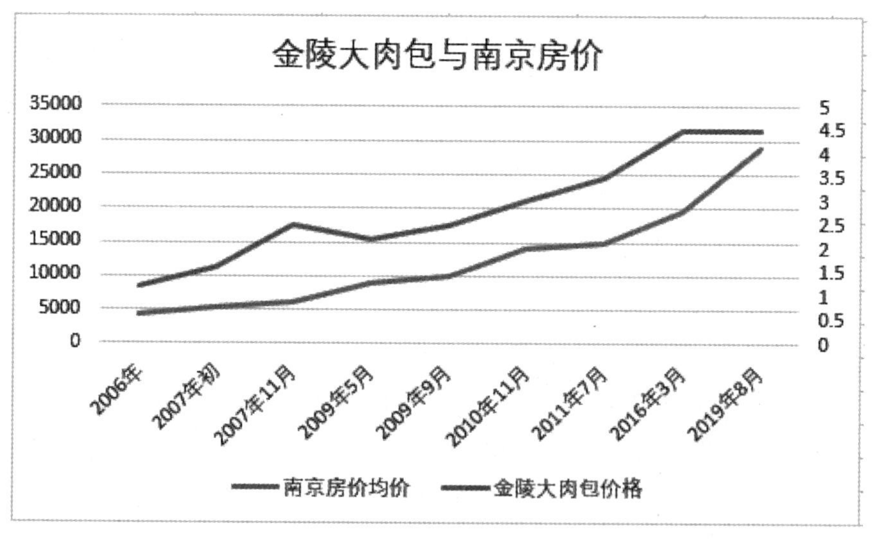

图3.4　金陵大肉包与南京房价走势图（单位：元）

如今，南京房价和金陵大肉包的价格似乎都面临“限价”难题。无论是房地产开发商，还是包子铺，毕竟不是做慈善的，面对不断上涨的各类成本，若不能涨价，只好“偷工减料”，新房验收引发的各类“吐槽”与肉丸越来越小的大肉包，是不是一对“难兄难弟”呢？更令人哭笑不得的是，面对日益上涨的猪肉价格，金陵大肉包并未选择涨价，而是祭出了“限购”大招，联想到楼市限购政策，总有一种“师出同门”的错觉。

朋友圈中热议，如果猪肉价格持续上涨，为什么大家不改成吃牛肉包、羊肉包呢？这主要是和老百姓的饮食习惯有关。当然，还有根植于这片土地的“产肉特色”。国家统计局网站数据显示，肉类产量中，占据主导地位的是猪肉，牛肉和羊肉产量有限。如果大量改食牛肉，只能依赖拼命进口，否则，短期内无法缓解，牛肉价格也会被“带飞”。此外，国内禽蛋产量也不小，可以说猪肉和鸡蛋的价格直接决定了老百姓在餐桌上的幸福感。

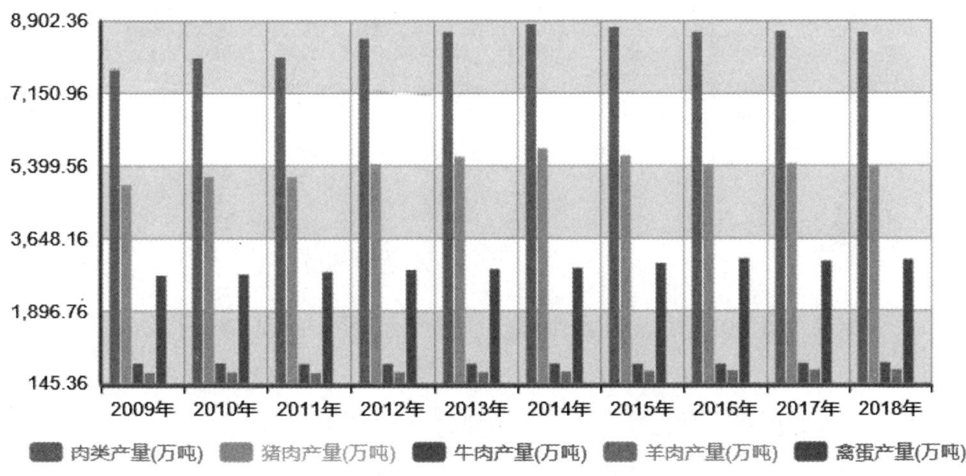

图3.5 禽蛋肉类产量走势图

为什么CPI波澜不惊？

曾经猪肉价格的快速上涨被解读为“通胀”的前兆，引发CPI大幅攀升，众所周知，CPI数据是调整货币政策的重要参考。然而，2019年7月公布的CPI数据显示同比上涨2.8%，未来CPI涨幅是否破“3”，成为各界关注的焦点。

通过国家统计局网站下载的数据可以拆解CPI，研究其中各板块的变动。毫无疑问，食品烟酒类居民消费价格指数在2019年年后大幅攀升，即下图的“第二根柱形图”，显然，猪肉价格上涨是重要因素。

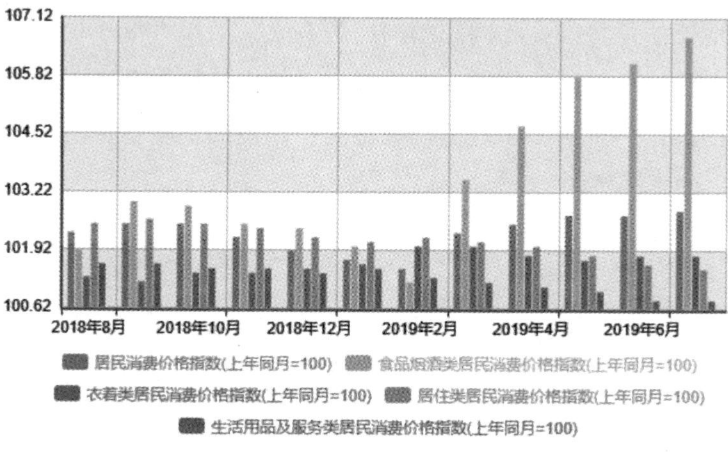

图3.6　居民消费价格指数分解

按照统计制度要求，我国CPI每五年进行一次基期轮换。2016年1月开始使用2015年作为新一轮的对比基期，前三轮基期分别为2000年、2005年和2010年，这也是国际惯例。猪肉价格涨幅不小，但是CPI却没和以前一样飙涨，原因就在于2016年对CPI权重的调整，削弱了猪肉价格的影响力。

中国建设银行曾在2016年3月，发布统计局CPI权重调整情况预估报告：新的食品权重从原有的31.42%被大幅下调至25.97%，相应非食品权重则由原有的68.58%上调至74.03%，以适应新阶段居民消费结构。

表3.2 2016年CPI权重调整情况

推算步骤	原类别	食品	烟酒及用品	衣着	家庭设备用品及维修服务	医疗保健及个人用品	交通和通信	娱乐教育文化用品及服务	居住	—
1	基期权重	31.42%	3.95%	8.50%	5.83%	9.04%	9.38%	14.12%	17.80%	—
	新类别	食品烟酒		衣着	生活用品及服务	医疗保健	交通和通信	教育文化和娱乐	居住	其他用品和服务
2	官方公布变化	-3.4%		-0.05%**	-1.10%	1.30%	1.10%	-0.05%**	2.20%	—
		-3.2%*	-0.2%							
3	据基期及变化推算		3.75%	8.45%	4.73%	10.34%	10.48%	14.07%	20.00%	—
4	据1月数据倒算	29.72%								2.21%
5	**初步匡算结果**	**25.97%**	**3.75%**	**8.45%**	**4.73%**	**10.34%**	**10.48%**	**14.07%**	**20.00%**	**2.21%**

上表展示了CPI各权重板块的变动情况，“基期权重”是原有CPI计算方式下各板块的占比，“初步匡算结果”是调整后的各权重板块占比。

探寻猪肉凶猛的原因

面对猪肉价格飞涨，原因众说纷纭，大致可以归纳为两类：

货币超发

有网友指出猪肉价格上涨与货币超发有关，货币发行量大了，自然容易引起通货膨胀，钱当然就“不值钱”了。从逻辑上看，如果货币超发，价格都会上涨，但是，这次猪肉涨价“一骑绝尘”，有点太突出了，所以这个理由比较牵强。国家统计局官网显示，货币和准货币（M2）供应量一直在稳步上升，2018年的供应量也并未“暴增”。

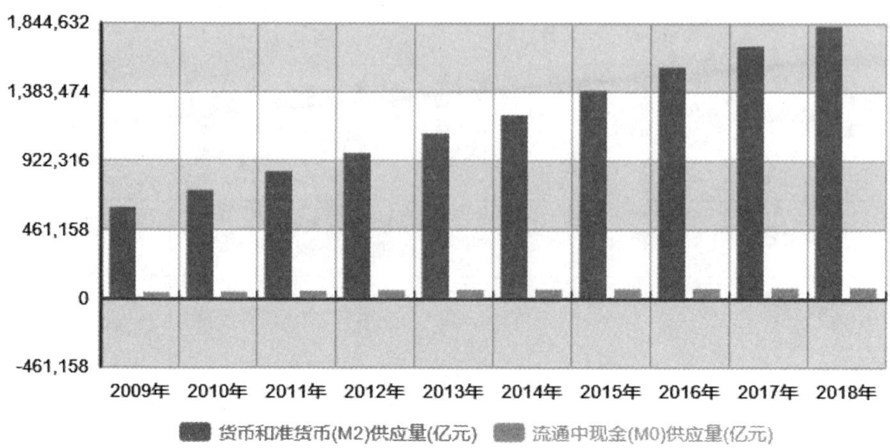

图3.7 货币供应量走势图

彰显“货币超发”现象的，与其说是“二师兄”，不如说是这首新的儿歌：“我在马路边，捡到一元钱”。至少在“80后”的记忆里，这首歌不是这么唱的，歌词明明是“我在马路边，捡到一分钱”。不少朋友信誓旦旦要跑赢通胀，殊不知实现财富保值已殊为不易，与其想着赢，不如想着如何能跟得上，不然急功近利更容易掉坑里。

农业灾害

期盼风调雨顺是根植于农业文明的基因，旱灾、涝灾之类总是挥之不去的阴影，国家统计局官网显示，过去几年，还算相对太平，受灾面积相比2009年左右少了许多。同时，得益于农业基础设施建设，旱灾危害也得到了缓解。

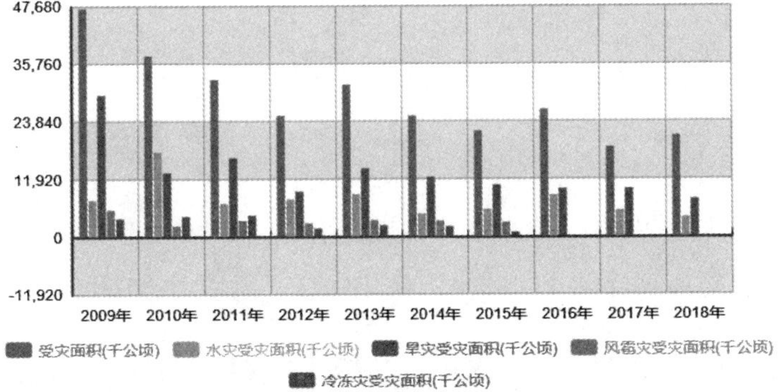

图3.8　受灾面积走势图

农业生产有太多不确定性，即使天公作美，也难逃过命运的捉弄。何况非洲猪瘟来势汹汹，席卷大半个中国，传染力极强，“二师兄”抵挡不住，纷纷减员。如果“身板”硬，还能扛过去，可惜近些年来的生猪养殖并不容乐观。

国家统计局官网显示，自2013年开始，生猪养殖的规模一直在萎缩，猪年底头数持续减少：一方面是环保督查、城市规划等政策压力下中小养猪场被迫关停，另一方面是养殖户的主动退出，这类辛苦活不愿意再干了。这次叠加非洲猪瘟的影响，情况自然更加糟糕。

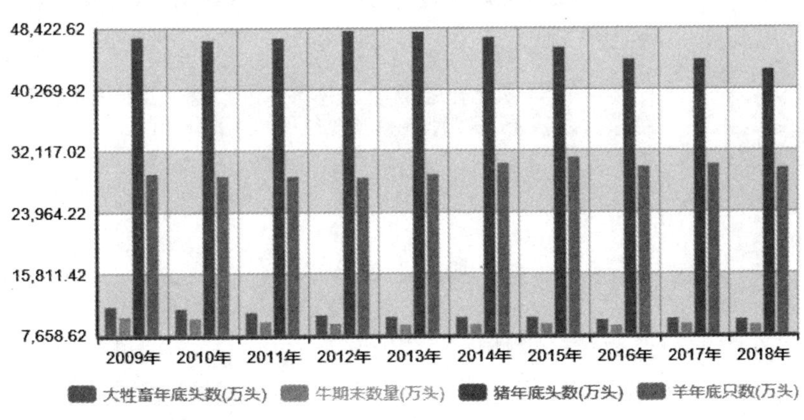

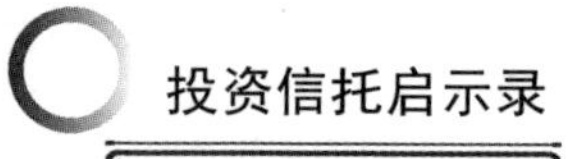

图3.9 猪/牛/羊数量走势图

措施多管齐下

面对日益上涨的猪肉价格，各地政府、上市公司等也在积极努力，尽最大可能平抑物价，“二师兄”从未像今天这般万众瞩目。

数读各地政府平抑猪价措施

12部门联合出台“猪十条”划定生产红线，明确有证的规模猪场贷款贴息比例不超过2%。

规模养殖场引进种猪，每头临时补贴500元。力争明后年实现新增生猪存栏300万头以上、自给率70%的目标。

15部门联合出台“猪九条”，确定全年4008万头的基本保障任务。

安排400万元用于种猪场生产救助补助。确保今年完成438.1亿斤粮食总产量，生猪净调出量达1000万头以上。

已下达2.61亿元补助资金，并将能繁母猪、育肥猪保险金额分别提高200元/头到1200元/头和800元/头。

图3.10 部分地方政府平抑猪价措施

令人拍案称奇的是，银保监会提出开始生猪活体抵押贷款试点。众所周知，实体企业融资难，这些养猪企业原来想贷款，要拿厂房之类作抵押，金融机构还未必认可。现在直接用活猪也能抵押贷款，目的就是支持养猪企业尽快获取资金克服“猪瘟”，努力扩大再生产。

当然，不少朋友担心，活体生猪如何鉴别呢？总不能让“金融民工”们天天泡在臭烘烘的养猪场里一头一头数吧。多亏了科学技术的进步，猪脸识别技术重磅登场，商界大咖们喜上眉梢，群雄逐鹿。

例如2018年11月，京东就携带猪脸识别等智能化设备跨界杀入养猪业，不仅可以识别猪是不是活的，健康状况如何，还能判断猪猪们今天心情怎么样？不过身价涨了这么多，应该高兴才是。

然而，即便措施再给力，生猪生产的恢复依然需要时间，一头猪从出生到出栏需要180天左右，不可能像变戏法一样，瞬间改观。扩大进口看似是缓解窘境的灵丹妙药，但是我们毕竟不是弹丸小国，中国人一年要吃掉七亿头猪，全球一半的猪都进了我们的胃，进口猪肉占国内猪肉产量的比重不超过3%。如此恐怖的“战斗力”，任何一个猪肉出口国看了都会闻风丧胆，就算把全世界贸易出口的猪都运到中国依然不够。

那猪肉贵了到底有没有好处呢？

当然也有，至少可以帮您减肥。

“美男子”行情，何时戛然而止？

关键词：美男子 光环效应 四驾马车 自我封闭

要论当今美男子，灿若繁星，有风流倜傥的“发哥”周润发，有“影坛常青树”刘德华，还有“TFboys”三大帅哥王俊凯、王源、易烊千玺，新生代偶像蔡徐坤。

俗话说：弱水三千，只取一瓢饮，美男遍地，与一人结缘。他会是谁呢？

光环效应

国内岗位千万个，其中证监会主席和国足主教练是两大火山口，谁来干都难免落下骂名。不过人总是活在希望中的，即使股民们再伤心，依然会对下一任证监会主席充满期待。正如谈恋爱的少女，总以为下一个会更好：“幻想一位盖世英雄，身披金甲圣衣、驾着七彩祥云来娶我。”

为何有人一上任就能赢得大家好感？光环效应是绕不开的话题，由美国心理学家桑戴克于20世纪20年代提出，含义很简单：人们对人的认知和判断往往只从局部出发，像日晕一样，由一个中心点逐步向外扩散成越来越大的圆圈，并由此得出整体印象，和老话说的“以偏概全”差不多。比如，现在有不少男生喜欢涂口红，会有朋友感觉太娘，没有男人味；又如，女孩子留个短发、穿戴中性一些，有时会被认为是异类。这些略显肤浅的认识也属于“光环效应”。

新任证监会主席易会满博士曾是“第六届银行综合评选”行业精英年度“卓越银行家”，2016年接棒工商银行，带领这头“大象”全面拥抱互联网，资产规模突破20万亿，区别于很多高管的自带光环，易主席是一步步从基层干上去的，过往形象更加亲民。同时，前任主席留给市场的伤疤太过明显，“妖精论”、政策指导之类让市场无所适从，减少行政对市场的干预居然成为后期的主旋律。资本市场毕竟是交易场所，有着市场自发规律，维护交易公平比显示“存在感”更有价值。至少，单从履历来看，易主席让股民更有想象空间。

驱动上涨的四架马车

当然，监管部门领导的变迁并非决定市场走势的唯一变量，资本市场的牵涉因素众多，新旧更替、互相交织。然而，我们并非无迹可寻，在2018年三季度，A股迎来“至暗时刻”，悲观氛围浓郁，重阳投资的报告成为难得的一抹亮色，它按照“紧信用”“贸易战”两个维度的不同组合，将市场走势划分为四大情景。其中，“紧信用”指的是国内一系列去杠杆的宏观调控政策，大家的直观印象就是资金很宝贵，到处都缺钱；“贸易战”指的是中美贸易争端，对于特朗普的反复无常，想必大家印象深刻。

在2018年，四大情景轮流登台：一季度“贸易战”尚未发动，“紧信用”已经发生；最惨的是二季度，内外双重压力，两大维度接连承压，股市跌得也很惨，三季度“紧信用”逐渐松绑，但是“贸易战”似乎愈演愈烈，市场情绪跌入谷底；真正的转机是第四季度，特别是11月1日，习近平主席在民营企业座谈会上一锤定音，12月1日中美两国元首在阿根廷会晤，“紧信用”和“贸易战”双重压力开始缓解。次年春节后，中美谈判紧锣密鼓，政策暖风徐徐不断，双重压力缓解不少，A股难得松了口气。

2019年2月22日，中共中央政治局展开第十三次集体学习，主题为“完善金融服务、防范金融风险”，会议指出“金融是国家重要的核心竞争力，金融安全是国家安全的重要组成部分，金融制度是经济社会发展中重要的基础性制度。”市场心领神会，有一种“差等生”突然被重视了的感觉，等到周一（25日）开盘，上证指数暴涨5.6%，给出了一根锃光瓦亮的大阳线。曾经被误解为“投机分子”的资本市场，重新定位到国家高度，昔日“难受待见”的“牛夫人”摇身一变成了“小甜甜”。

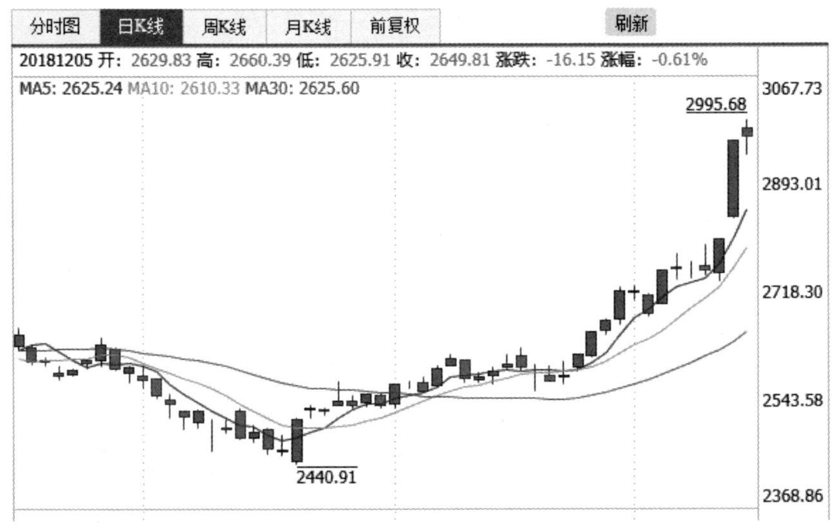

图3.11　2019年初A股走势图

当然，还有最直接的原因：便宜！当2019年1月4日，A股的点位下探到2440.91点，万千股民顿时有一种恍然如梦的错觉，十年弹指一挥间，A股依旧运行在三千点下方，这与国内经济高速发展的现实完全不符，毕竟十年之后的GDP是原来的近三倍。相比“万年不变”的三千点，2500点左右的A股估值并不高，值得“赌一把”。

“紧信用”松绑，“贸易战”暂停，新定位提出，估值又便宜。这四驾马车扛起A股就冲破了三千点，压抑已久的行情终于释放。

A股并非分享经济成果的最优选择

如果将各个国家的资本市场比喻为不同的海岸，股民正如渔民一样下海捕鱼，在A股的海边捕鱼无疑是最为困难的：这里有突然掀起的惊涛骇浪，遍布海底的暗礁涡流，还有一伙专门打劫渔民的海盗，干完一票跑得贼快，官家都难说追得上。如此难以捉摸的市场，从侧面说明，A股并非分享中国经济发展的最优选择。

国内资本市场中，80%的交易时间是垃圾时间，这段时间的交易盈亏差别不大，真正决定“生死”、决定能否赚到钱的是剩下的20%时间。在这20%的时间里，一半是惊恐，一半是亢奋，比如2018年6月的单边暴跌，再如2019年开年的暴力上涨。下跌时在不在场，敢不敢补仓，上涨时在不在场，愿不愿离手，最终决定了大部分投资人80%的利润。

作为投资人，往往会经历三个阶段：

一是初步尝试阶段，这段时间大部分是垃圾行情，但是对于A股有很高的兴致，喜欢看各类股评，也喜欢进行交易，时常为了一两千块钱的盈亏纠结不已；

二是遍地抓钱阶段，这段时间行情大涨，感觉买啥啥涨，炒股咋这么容易呢？眼睛一闭一睁就赚钱了，所谓“股神遍地走”的时期；

三是自我封闭阶段，这时的市场极度悲观、灰暗，千股跌停之后大家渐渐麻木成一潭死水，开始走向自我封闭，听不进任何建议，觉得谁都在骗人，甚至会找理由自圆其说，比如，自己肯定是被市场里某个大鳄“坑”了等等，完全一副受害者的样子。这是真正决定能否赚钱的阶段，即使前面赚得再多，走向自我封闭也能亏得一干二净，而决定是否会自我封闭的因素有很多，比如性格、仓位、资金属性等等。A股如此高的散户占比，决定了它在走向第三个阶段的时候，一定会以极其惨烈的方式呈现，而大部分投资人根本无法承受这样的折磨，割肉成为常态。

大盘虐我千百遍，我待大盘如初恋

虽然在某段时期有四架“马车”护佑A股一路猛涨，但是，真正决定A股成色的，是悬在头顶的达摩克利斯之剑—经济底，经济环境、企业现状到底能不能实现有效支撑？国内外压力造成的损伤究竟有多大？这些问题至少很难在短时间之内给出答案，需要耐心等待。与此同时，理想与现实之间的反复磨合、确认、纠错，也会引起大盘的高度波动。人生艰难，不忍拆穿，希望大家都能带着赢得的筹码从容离开。

遥想2018年10月16日市场最为灰暗的时候，曾写下一段文字：

每一轮股市底部都有看似暗无天日的理由，需要时间慢慢疗伤，那些曾经无法逾越的障碍、看似走不下去的绝路，最终都会迎来峰回路转。健康运行、充满活力的资本市场是迈向强国的基石之一，贸易战重压之下，股市也是一扫阴霾的绝佳抓手，相信再见三千点不会太远。

唯一需要的是信心和耐心，盯紧自己的现金流，活下去。

谁能料到，当时看似遥不可及的三千点，四个月之后竟唾手可得，顿时感慨万千，也许，这正是A股的魅力所在。

为什么A股下跌空间有限却难赚钱？

关键词：预期差　降杠杆　政策　中美“贸易战”　加息

如果你爱一个人，请让他炒股，让他荣华富贵；

如果你恨一个人，请让他炒股，让他倾家荡产。

在2019年年初短暂的亢奋之后，伴随着美国总统先生的嘴炮，A股又迎来了急速下跌，似乎很难摆脱从物极必反、到均值回归、再到矫枉过正的宿命，这段行情走势成了又一值得分析思考的样板。

涨跌源于预期差

2019年一季度，不仅国内去杠杆政策转向，货币宽松回暖，而且中美贸易战在多轮谈判之后，氛围越来越暧昧。从表面来看，揣摩A股当时的小心思，中美都谈了十一轮了，也该谈出个子丑寅卯。如果双方达成协议，国内改革开放进一步扩大，结合“去杠杆”变成“稳杠杆”的政策暖风，会孕育更多投资机会，A股在完成第一步“均值回归”式上涨之后，在多重因素叠加之下，再次鼓足勇气，冲击新高。

可惜，事与愿违，在临门一脚的关键时刻，双方谈崩了，美国继续加征关税，中国不得不做出反击。A股毕竟是一位心思细腻的小姑娘，如果是大老爷们思考这个问题，更多是就事论事，换成小姑娘就会有无限遐想。例如，现在的贸易争端会不会演变成全方位的新冷战，带来地缘政治剧变，最终引发双方热战。沿着这条思路，若论市值，大盘跌幅是涉及商品关税增幅的N倍，似乎我们又迎来了另一个“预期差”时刻。

为什么A股下跌空间有限？

如果用一个特点来形容A股，那便是喜新厌旧，它更像一位花花公子，对于身边的“老情人”往往视为不见。很显然，2019年初的A股对于中美贸易争端这位新情人仍然神魂颠倒，似乎又回到了之前的至暗时刻。

任何一项投资判断，我们需要从表面的感知理解细化为分析框架，逐个分析，这样才不容易被情绪化牵引。

2018年以来与资本市场紧密相关的宏观因素具体可以分为：内部因素，降杠杆/紧信用和资本市场政策；外部因素，中美“贸易战”和美联储加息。

其中，降杠杆/紧信用影响的是企业利润和市场利率，降杠杆形象来说就是要人还钱，杠杆其实就是借来的钱，如果大家借的钱太多，一有风吹草动就容易引发资金链断裂：手里没钱就要逼迫别人尽快还钱给自己，等钱讨了回来还没捂热，就要赶紧还给上家，层层剧烈推进的结果是爆发经济危机，实力弱的直接破产或是跑路。在降杠杆的过程中，资金面更紧张，更容易引发局部金融风险，毕竟很多看起来虎背熊腰的“胖子”其实不堪一击。略显尴尬的是，若人为降杠杆哪能轻易分得清谁是真的虎背熊腰呢？在此背景下，2018年之后有很多看起来牛气冲天的上市公司或是发生资金链断裂，或是爆出财务造假，“胖子”原来只是虚胖，监管不得不祭出“纾困基金”之类大招。从这点来看，今后的政策会有很大改观，资金面很难像之前那般紧张，至少会维持松紧适度。

影响资本市场的政策层出不穷，但是投资人更多的是看表面因素，譬如上级领导是不是重视。在2018年市场最为灰暗的时候，微信朋友圈里流传着一张图片，内容大意是："资本市场搞得好就搞，搞不好可以关掉。"想必很多股民对此记忆犹新。A股爆出的众多奇葩事件让人觉得这"浓眉大眼"的家伙怎会如此不堪？但是，随着科创版为代表的"好孩子"出炉，关于要不要关的争论至少可以告一段落，当新任证监会主席说出四个敬畏：敬畏市场、敬畏法治、敬畏专业、敬畏风险，A股终于找到了高山流水遇知音的感觉，政策的徐徐暖风扑面而来。

曾有戏言：中国央行看美联储，美联储看格林斯潘。美联储对全球经济的影响无须质疑。若美联储启动加息，至少有三大路径影响A股：第一：美股跌了，华尔街大佬如果要抄底，就会卖掉其他市场的股票来补仓美股，引起A股、港股下跌；第二：美联储加息意味着美元走强，人民币会有贬值压力，引发市场焦虑，带来风险偏好下降，照样下跌；第三：美联储一旦加息，国内央行就不敢宽松，否则会带来中美息差扩大，人民币面临贬值压力，宽松空间若有限，股市也很难上涨。若预期相反，市场认为美联储会暂停加息，甚至降息，A股承受的压力自然就没那么大了。

关于"中美贸易争端"，分析评论犹如过江之鲤，一路看下来，有两点值得关注：一方面，"中美贸易争端"是一个长期过程，参考"美日贸易争端"，双方打了几十年，因此，市场预期中美快速和解是缺乏历史经验的，打打停停，停停打打，更为贴合；另一方面，A股是国内为数不多的可以用脚投票的地方，相对更加市场化，毕竟其他领域管控更严，难以发泄。A股自然而然就成为资金流出阻力最小的地方，也更容易成为极端事件的发泄口。当"闻所未闻"的新事物突如其来之时，股市的涨跌都会超出正常范围，对"中美贸易争端"的"无限"恐惧也不例外。

从以上四点因素来看，只有"中美贸易争端"难有显著改善，其他三项都或多或少会迎来曙光。因此，未来资本市场的下跌空间也有限。

很难赚钱的A股

在2018年惨烈的股市行情中，亏损40%稀松平常，再加上次年急涨之后的暴跌，不少朋友又亏了钱。提及A股，一番抱头痛哭之后，我也会像安抚失恋青年一样对他说：这不是你的错。

当我们回顾2000年以来中美两国股市走势图，会发现美国股市的上涨比较稳定，即使出现2008年大幅下跌，依然能在2013年修复亏损，实现长期上涨，用一首歌来形容就是汪峰老师的《飞得更高》。如果您看A股走势图，会发现，在6100点之后，我们再也没能冲破六千点，用一首歌来形容就是李宗盛老师的《山丘》，A股的山丘实在太多了，身处其中宛如过山车一般，颠簸不平。在如此恶劣的赛道中赚钱，本来就是一件异常困难又需要运气的事情。

如果将投资A股的股民比喻为一场战斗中的士兵，由于国内散户占比远大于美股，在面临惨烈的战斗时，由机构投资者组成的美股军团更有抵抗到底的决心和实力，至少不会草木皆兵。

然而，A股阵营显然更为脆弱，散户居多，容易闻风而动，敌军还离着几百里远呢，竟然也会传言说敌人打到跟前了。如果要求A股散户们抵抗，更不现实，很多股民都是拿着私房钱、甚至借来的钱去炒股，原计划就是打一枪就跑的，哪能耗得起呢？之前有银行统计过持有本行公募基金的客户，平均持有周期只有四个月，如此短的时间，怎么会有决心坚定持有呢？如果散户们纷纷狂奔而逃，机构的抵抗有时如同孤家寡人一般，正如战斗中，自己的左翼阵地完全失守，即便驻守的右翼阵地肯定不会丢，但是又有何意义呢？还是和惊慌失措的散户们一同退却吧。

在A股做价值投资远不如在美股那么有成就感，炒作的公司好坏并不重要，只要能炒上天就行。面临关键事件，如此脆弱的结构就决定了，即使投资人有很好的理念和方法，但是跟着身边的一群“猪队友”共同杀敌，难免力不从心，这确实是令人万分头痛的问题。

鉴于A股不是一锤子买卖，是多次交易的。与其追求消息、技术，不如扪心自问，如果亏了30%，还能不能正常吃饭、睡觉，如果不能，还是远离为好，即使赚钱了，多半也只是过把瘾，再彻底亏回去。

况且，赚钱是为了更好地生活，没必要本末倒置，为钱所累。如果涨跌之间，一切如常，恭喜您，已经成为一颗难以割动的老韭菜。

马云传人祭出小无相功，是美味馅饼还是甜蜜陷阱？

关键词：相互保 目标群体 逆向选择 参数管理

小无相功作为武林绝学，独特之处在于能够模仿任何武学招式，然后“以彼之道，还施彼身”。遥想当年，鸠摩智单挑少林寺，凭借小无相功打出少林武功，多位高僧力战不敌，却又大惑不解：“竟然有人把少林武功练得比自己还好”？

马云接班人张勇，花名逍遥子，自然熟悉小无相功，当支付宝推出“相互保”服务，几乎未做宣传，但是参与人数很快突破千万，体现了强大的号召力，引发传统保险业连连惊叹。“相互保”看似和传统保险功能一样，背后的逻辑和打法却完全不同。

“相互保”是什么？

这是提前给付的重大疾病险，如果参与者不幸患病，且属于恶性肿瘤和其他99种重症疾病的范畴，可以一次性获得赔偿，这些重症疾病的界定标准在条款中有详细说明，凭借二级合格以上公立医院开具的诊断证书和相关材料，可以在“相互保”小程序中拍照上传，发起在线理赔申请，方便快捷。

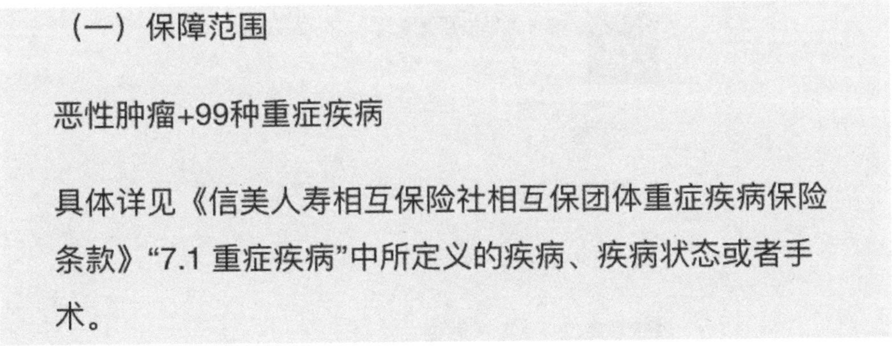

（一）保障范围

恶性肿瘤+99种重症疾病

具体详见《信美人寿相互保险社相互保团体重症疾病保险条款》“7.1 重症疾病”中所定义的疾病、疾病状态或者手术。

图3.12　“相互保”保障范围

操盘手是谁？

现在各家保险公司通过互联网销售的保险有很多，例如，微信的“微保”板块就有不少泰康人寿的产品，京东的“京小保”有不少产品是华泰财险的，这仍然属于传统保险公司的打法，只是借助了互联网流量平台作为销售渠道。不过，“相互保”的基因完全不同，属于“相互保险”，相当于另起炉灶。

“相互保”的操盘手就不是传统保险公司，而是信美人寿相互保险社，这家公司成立于2017年5月11日，从前两位股东的名称，也可以看出是一家“如假包换”的阿里系企业。

图3.13　信美人寿相互保险社注册信息

国内在“相互保险”领域的探索实践并不久，“相互保险”还曾被当成非法集资的“作案工具”：以成立“相互保险”公司名义，向参与者募集资金，然后卷款跑路，当时的保监会不得不专门发文，提示风险。直到2016年6月22日，保监会批准筹建信美人寿相互保险社、众惠财产相互保险社和汇友建工财产相互保险社，“相互保险”领域才算迎来转机，这三家公司均在2017年陆续开业。更早一家“相互保险”公司是诞生于2005年、以种植业保险为主的阳光农业相互保险公司，除了阳光农险有部分国家补贴，可以实现盈利外，其余三家仍处于亏损状态。

“相互保”是如何运作的

“相互保险”的模式类似古代军队里的同乡会，大家一起上阵杀敌，万一同袍兄弟阵亡了，家里老小总要有人照顾，必然需要一笔钱来接济，所以一场仗打完，活着的战士们会拿些钱出来，大家凑一块，把这些钱再分给牺牲战友的家属。家中老小的生活有了着落，战士们上阵杀敌的思想负担也小一些，对稳定军心起到很大作用。

同乡会以战死作为给钱条件，“相互保”则以罹患疾病是否在指定的一百种重病范围内作为赔钱标准。当然，这类“相互保险”的运作原理是相通的：大家一起参与，互相帮助，谁“倒霉”给谁钱，费用均摊，事后给钱。所以，“相互保”打出了0元加入的口号，有人生病了才需要分摊掏钱，这也是最吸引人的地方。

“相互保”如何盈利呢？秘诀在于参与者额外承担的管理费，假设有330万名参与者，其中有十位35岁的中年人不幸患病，按照每位理赔30万计算总额是300万，还要加上理赔金额（即保障金）的10%（即30万）作为管理费，共计分摊330万，每人分摊1元。单纯看收费的方式，有种庄家抽成的感觉，只要有人患病赔钱，信美人寿就能拿走赔款的10%，平时要做的只是维持体系运转，成本并不高。若是开门店还要支付房租、装修、水电、煤气之类费用，互联网的打法完全不同，线上最贵的成本是流量。不过，这对于“相互保”来说完全不是问题，阿里系最不缺的就是流量，只见马老师大笔一挥：免费！成本压力化于无形，这真是一门好生意。

成功运作的前提

“相互保险”并非新鲜事，从古罗马帝国，到地中海航运，再到丝绸之路，都曾闪现它的身影。根据国际相互合作保险组织联盟（ICMIF）统计数据，截至2017年年末，全球相互保险收入1.3万亿美元，占全球保险市场总份额的27.1%，覆盖9.2亿人。

任何一个团体都有“相互保险”萌芽的土壤，但并非都能孕育参天大树，基本的前提条件是参与人数不能太少。“相互保”条款中指出，如果运行三个月之后，参与者仍然低于330万，将会自动终止，这个数字应该是产品精算师测算之后的结论。毕竟人数达不到要求，费用分摊便成了问题，必然难以为继。例如，只有33万人参与“相互保”，一个月内却有一百位39岁以下病患需要赔钱，加上10%管理费，需要分摊3300万，平均每人承担100块。要是月月如此，一年需要分摊1200块，大伙一看这么贵，参与热情自然大打折扣，纷纷退出。

“相互保”的保障金和管理费的分摊日是每月14日和28日，直接从参与者的支付宝账号扣款，考虑到参与者有数千万，短期内分摊金额并不多，将单个病患的分摊费用控制在大家“感觉不到”的金额并不难做到。

“相互保”再厉害，也难以逃脱保险行业的魔咒，譬如逆向选择和道德风险，现实中会一些人刻意隐瞒自己的病情，带病投保。传统保险公司的应对方案是通过医院、医保卡等媒介调取关联数据，事后通过核赔团队把关。尽管如此，依然有一批人是“漏网之鱼”，保险公司甚至找不到他们“就医”的痕迹，只能以“健康体”承保，没多久便碰上理赔，真是令人头疼的问题。

阿里是怎么筛选的？

传统保险公司在筛选客户时还有两个套路：

一方面是健康告知，看看有没有疾病隐患，发现客户是容易患重病的“烫手山芋”便直接拒之门外，若是身体上的小毛病就提高保费，或是列明除外责任（发生指定类型的疾病不予理赔）；

另一方面是注意甄别高保额客户，例如，投保的重疾保额超过50万通常会要求到保险公司指定医院体检，保险公司根据体检报告来决定是否承保，另外，保障额度太高还会要求客户补充家庭财务资料，其朴素逻辑在于“有钱人很少有动力骗取保险公司的理赔金”。

作为新事物，“相互保”依然把健康告知作为筛选目标客户的第一道关，比如，要求没有向其他保险公司提交过单次赔付金额2万以上的疾病保险理赔申请，没有心脏疾病、肝硬化等病症。

同时，支付宝充分运用了自己的大数据优势，要求参与方必须为蚂蚁会员，芝麻分达到650分及以上，作为个人信用的量化指标，芝麻分体现了一个人过往的诚信程度，其朴素逻辑在于“讲信誉的人很少有动力骗取保险公司的理赔金”。与此同时，“相互保”的目标客户画像也浮出水面，芝麻分要想达到650分以上，支付宝一定玩得溜，这部分群体自然以年轻人为主，发生重病的概率自然更低。当然，在加入条件中，相互保也明确提到了年龄要求：参与者在18周岁以上，且未满59周岁。

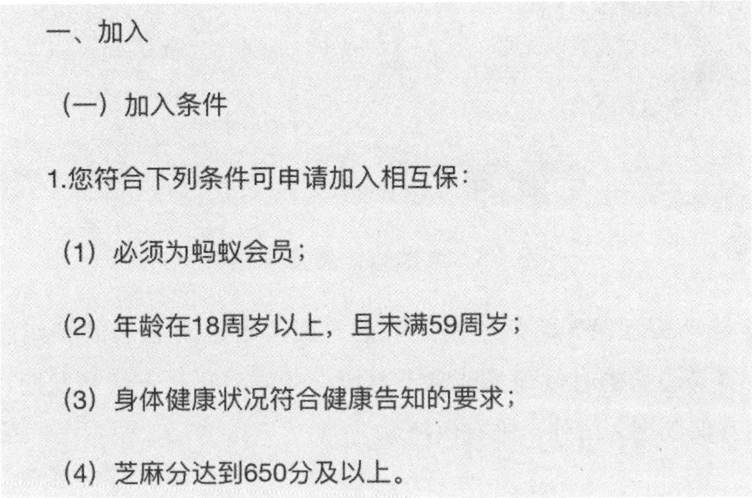

一、加入

（一）加入条件

1.您符合下列条件可申请加入相互保：

（1）必须为蚂蚁会员；

（2）年龄在18周岁以上，且未满59周岁；

（3）身体健康状况符合健康告知的要求；

（4）芝麻分达到650分及以上。

图3.14　“相互保”加入条件

不少朋友费解，为什么不同年龄段的赔款不同？30天到39周岁能拿30万，40周岁到59周岁只能拿到10万。

这和重大疾病发生概率密切相关，我们以癌症为例，40岁之前发病率不高，但是40岁之后发病率出现快速提升，保险公司理赔风险也水涨船高。

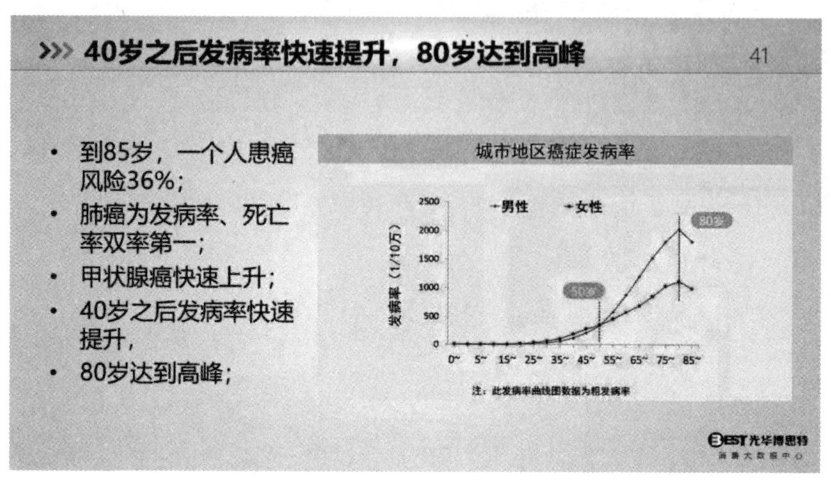

图3.15 城市地区癌症发病率

这是“相互保”略显“鸡肋”的一面，不容易患病的年纪能拿三十万，容易患病的时候却只能拿十万块，60岁后正是重病高发期，反而被“相互保”拒之门外，难有保障。

如何看待“相互保”

这是美味馅饼，还是甜蜜陷阱呢？不同的人有不同的答案，对保险公司来说，最大的问题是逆向选择，正如一位患病概率很高的参与者，向信美人寿隐瞒了病情。仅仅通过芝麻分判定一个人的诚实略显苍白无力，尽管“相互保”创立了陪审团制度，对异议案件予以集体表决，但是纯互联网化场景，仅仅依靠线上提供的资料，信息并不对称，很难保证理性公正。以轻松筹线上平台为例，虚假众筹始终是挥之不去的阴影，网友被骗的案例屡见不鲜。

对于那些身体状况不佳，想搭便车的人来说，“相互保”是美味馅饼，毕竟付出的成本低，更有甚者在重病治疗前突击参与，付出一点钱，最高金额却能拿到三十万。对于那些身体健康，年纪轻轻的参与者来说，这是甜蜜陷阱，可能参与了十年，一次理赔也没发生，到了40岁就更感觉鸡肋了，钱没少缴，理赔却只有十万，看着每月两次扣款，每次扣款金额还不一样，要是越扣越多怎么办？想一想，实在没意思，还是退出吧，健康的人退出越多，剩下的人分摊的看病钱就越多，形成恶性循环。随着中国社会逐渐迈入老龄化，分摊金额必然逐年提高。

作为家庭资产配置的重要组成部分，重疾类保险受到越来越多朋友的认可和关注，“相互保”的保障范围只有一百种重疾，并未包括更实用的轻症和中症（涵盖病种更广泛，比重疾发生概率更高，理赔后不影响重疾保额，还能豁免以后保费），每次缴费金额不确定，保障期限也并非终身，这些缺陷决定了“相互保”只能作为阶段性补充，难以作为家庭保障的柱石。

阿里的野心

“相互保”的软肋决定了它很难颠覆现有保险业的格局，更多是作为一股新兴势力的崛起，一种跑马圈地的手段。在瑞士再保险瑞再研究院《sigma》创刊50周年活动中，瑞再研究院院长Jeffrey·Bohn发表演讲《数字化社会：人机共存》，系统分享了对保险公司数字化转型的思考与判断。他认为：“如果保险行业能够集合物联网、分布式账簿及机器智能的综合能力，可以对整个保险的价值链进行转型，以客户导向的价值链方式将转化成以设备或者终端为导向的新模式。”

例如，汽车厂商在生产后，就可以跟保险公司合作，做成参数型的合同，将汽车全生命周期的事故、具体使用的情况等做参数化的管理。其实，人也是如此，现在上淘宝、京东购物，发现它们会基于过往浏览记录点对点推送广告，每位用户被贴上了各种标签、设定不同参数，人被数据化了。

随着场景越来越丰富，抓取的数据越来越多，加上可穿戴设备等新工具的应用，每位保险客户都可以被个性化定价。各人情况不一样，付出保费和保障内容也千差万别，真正做到“量体裁衣”，个性化处理。Jeffrey Bohn指出“未来，有能力过滤、挖掘、清洗及数据展示的保险公司才有更好的未来”，这恰恰是阿里所擅长的。因此，我们有理由相信，“相互保”仅仅是开胃小菜，更大的惊喜还在后面。

保险业务员何去何从

网络传言“相互保”降维打击了保险业，特别是抢了保险业务员的饭碗，虽然耸人听闻，但是值得认真思考，保险业务员未来的出路在哪里？相信各行各业都会面临新技术冲击，“相互保”只是站在保险业门口的“野蛮人”。

2018年，全国保险业务员突破了800万人，连续三年每年新增业务员超过100万人，这是非常庞大的数字。从切身感受来说，这些年加入保险业的朋友越来越多，另一个角度来看，在实体经济蹒跚前行之际，保险业承担起了解决就业的重任。

不同于投资理财的买者自负，保险产品是受法律保护的：“根据《保险法》第88条的规定，经营有人寿保险业务的保险公司被依法撤销的或者被依法宣告破产的，其持有的人寿保险合同及准备金，必须转移给其他经营有人寿保险业务的保险公司；不能同其他保险公司达成转让协议的，由保险监督管理机构指定经营有人寿保险业务的保险公司接受。在此过程中，应当维护被保险人、受益人的合法权益。”曾经帮朋友处理过保险理赔，有些保险公司重组之后连名字都改了，但是并不影响保单最终理赔。有了国家托底，对保险业务员的技能要求自然不高，很容易实现跨行转型。我们经常听说“股神”，但是很少听到“保神”，毕竟炒股是盈亏自负的，没人兜底，难度更大。

遥望远方，阿里的“个性化”保险正向我们挥手，这也会倒逼各家保险公司推出更加人性化、性价比更高的产品。当市场逐渐成熟，客户更加理性，互联网手段逐渐抹平地域差异，保险业务员的价值在于能够从不同的保险公司中，遴选出优势产品，为客户量身定制一套保险方案，王婆卖瓜、自卖自夸式的套路行不通了。未来将真正以客户为中心，而非以某家公司的产品推介为中心。这对于人的专业素养和学习能力要求更高，同时，也更能体现一个人的价值。相信阿里引领的“个性化”保险时代，还需要一段漫长的历程才会降临，保险业务员有着足够的时间应对挑战。

世界上唯一不变的就是变，拥抱变化，顺势而为，这是属于有心人的时代。

没想到口罩成了必备年货，莫慌！

关键词：口罩 需求曲线 需求价格弹性 外部性

百节年为首，春节是中华民族最隆重的传统佳节，家家户户张灯结彩，喜迎远方游子，祈愿国泰民安。2020年临近大年三十，家里置办的年货也差不多了。然而，万万没想到新型冠状病毒肺炎蔓延开来，从一开始的毫不在乎，逐渐变得惊慌失措，口罩也成了必备年货，药房售罄，网商断货，在极短时间内爆发出巨量需求，终端库存不足，令人措手不及。

口罩该涨价么？

尽管有一些药房、淘宝卖家宣称价格不变，但是，从实际情况来看，的确存在涨价，甚至标价翻了两三倍，关键还不容易买到。适逢春节假期，大部分快递已经歇业，网购远水难解近渴，去大药房排队成了无奈的选择。

有网友质疑，为什么口罩不能涨价呢？在经济学中，有需求曲线模型，如图所示：D是需求曲线，当商品价格从P2上涨到P1时，商品的需求量会从Q2下降到Q1，这时的市场会达成一个新的供给均衡。这个模型的假设在于老百姓是理性的，看到价格上涨了，比如原来打算买十个的，就会选择买五个，这样市场上需要的口罩数量自然就降低了，自然会减少排队买口罩依然买不到的情况。

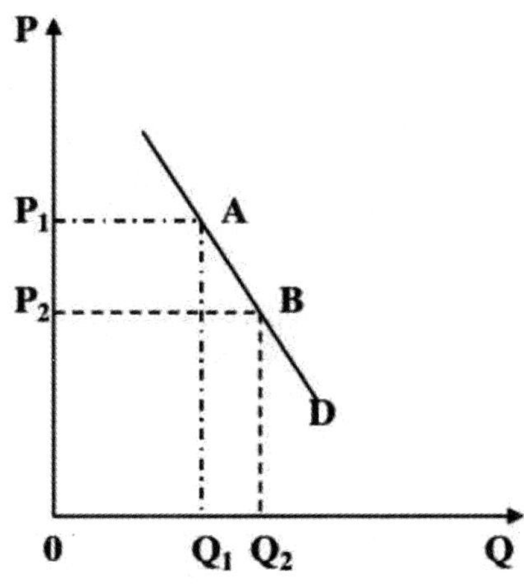

图3.16 需求曲线模型

然而，仅看需求曲线模型是不够的，还要考虑需求价格弹性，它是指市场商品需求量对于价格变动做出反应的敏感程度，通常用需求量变动的百分比对价格变动的百分比比值，即以需求价格弹性系数来表示。这读起来会有点拗口，没关系，下面我们举例说明。在商场逛街时，我们有时会发现一些大牌专柜的门前会排起长队，这些奢侈品动辄几万、几十万，怎么也会有菜市场买菜的感觉呢？原因在于这些奢侈品的需求价格弹性系数很高。以下图为例，富有弹性的直观印象就是当价格从3万降低到2万时，销量能从20万迅速提高到50万。对于热衷“包治百病”的白领丽人来说，好不容易碰上打折季，不血拼、砸银子都对不起自己的信用卡。

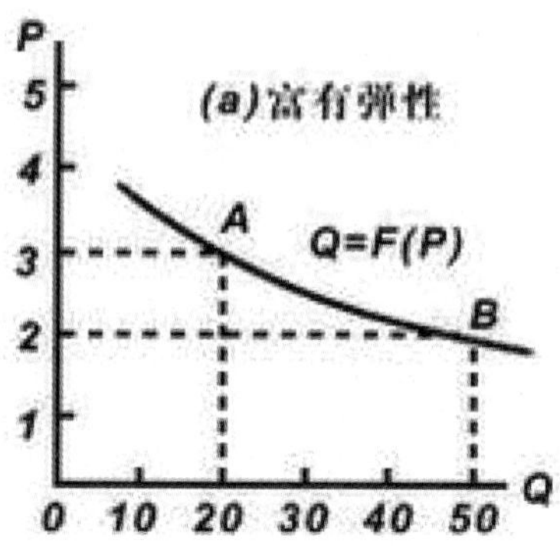

图3.17 需求价格弹性

与奢侈品正好相反，生活必需品的需求价格弹性很低，当疫情来临时，口罩自然也成了生活必需品。以下图为例，即使口罩价格从2元上涨到3元，需求量也只是从26万降低到20万，依然强劲，涨价难以解决问题。医用外科口罩原本价格也就一元左右，市面上推崇的N95系列口罩价格也就十几元，即使翻倍，甚至涨到100元一个，对于不少家庭来说，第一选择依然是买买买，钱财都是身外之物，要是没戴口罩导致感染把命丢了，那才是真的得不偿失。

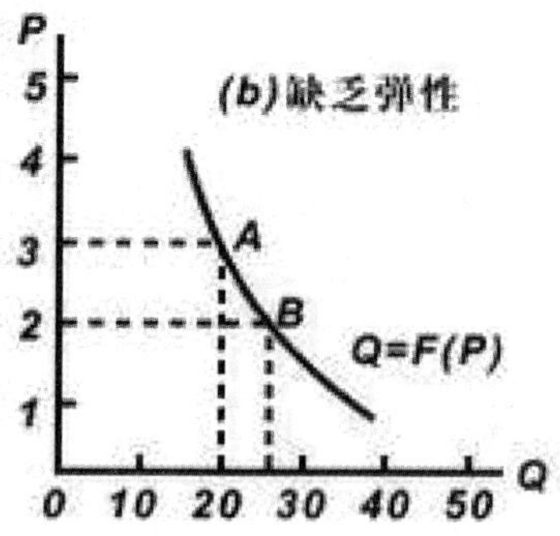

图3.18 需求价格弹性

口罩需要囤货么？

不少朋友一买口罩就是上百个，生怕过几天就买不到了，其实大可不必，目前口罩紧缺的原因在于短期之内需求量暴增，但是以中国工厂享誉世界的工业制造能力，一定会在短时间内填上缺口，对于这点深信不疑。相对于西方国家，中国的体制优势便是“集中力量办大事”，能够迸发出巨大能量。

当然，无论是哪一国家，面临新型冠状病毒肺炎，都会采取积极措施，努力控制疫情。这源于经济学中的“外部性”，又称为溢出效应，是指一个人或一群人的行动和决策使另一个人或一群人受损或受益的情况，积极的影响被称为正的外部性，消极的影响被称为负的外部性。

例如，在本次疫情中涉及疫苗研发，市场化的企业很少有动力做这方面的事情，前期的研发成本很高，万一研制失败了便是血本无归，必须由政府来牵头，毕竟疫苗试制成功之后，受益的是全社会；又如，新型肺炎诊疗费用高昂，不少患者难以支付，广州医保局等已经宣布，新型肺炎诊疗全部临时纳入医保支付，自己并不需要掏多少钱，如果不免治疗费，患者眼看医治无望，自然不会去医院，无论是在家待着，还是到处闲逛，对于公共卫生都是巨大隐患，这便是负的外部性；再如，政府对于生产口罩、酒精棉片、护目镜等工厂给予补贴，这些卫生用品供应及时便会大大削弱疫情，社会秩序更容易恢复，这便是正的外部性。

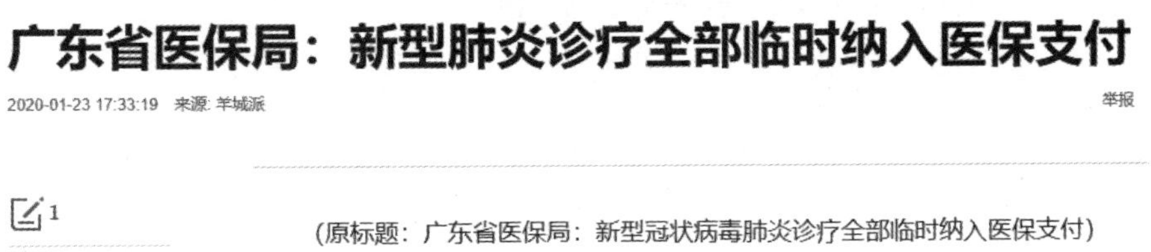

广东省医保局：新型肺炎诊疗全部临时纳入医保支付

2020-01-23 17:33:19　来源: 羊城派　　举报

1

（原标题：广东省医保局：新型冠状病毒肺炎诊疗全部临时纳入医保支付）

图3.19　广东医保局通告

庇古是提出利用政府征税和补贴来应对外部性的首位经济学家，在存在外部性的情况下，政府为了带来有效产出水平而实施的税收或补贴，也被称作庇古税与补贴。

个人如何应对疫情？

这次新型冠状病毒可谓来势汹汹，甚至连九省通衢的武汉都被迫封城，已经付出了巨大代价。对于普通老百姓，最需要做的就是尽量减少不必要的外出，安心宅在家里，别再给疫情防治增加额外负担。

万一需要出门，口罩自然必不可少，此外，还需要注意勤洗手、远离活禽等。世界卫生组织给出的建议值得参考：

五点小常识

1. 用肥皂和清水洗手或使用无水酒精类免洗液揉搓。
2. 在咳嗽和打喷嚏时，要使用纸巾等捂住鼻子和嘴。
3. 避免跟感冒或类似流感症状的人士近距离接触。
4. 肉、蛋类食物要彻底煮熟后食用。
5. 避免跟野生或农场动物无防护接触。

怎么洗手才算干净？

如果用香皂和水洗手，务必揉搓时间在40-60秒以上。

如果用酒精免洗液洗手，务必揉搓时间在20-30秒。

在潮湿的市场买菜怎么才安全？

1. 在接触动物和动物制品后，要用肥皂和清水洗手。
2. 避免接触眼睛、鼻子以及嘴巴。
3. 避免接触生病的动物和变质的肉。
4. 避免在市场上接触流浪动物、废弃物和废水。

在潮湿的市场工作怎样才安全？

1. 在接触动物和动物制品后，频繁使用肥皂和清水洗手。
2. 每天至少消毒一次设备和工作区域。

3. 处理动物和动物产品时，穿防护服、戴手套并戴上面部防护罩。
4. 下班后脱下防护服，每天清洗完毕后留在工作现场。
5. 避免家人接触弄脏的工作服和鞋子。

黑暗变局之下，如何稳健投资？

关键词：证明题 评估概率 马太效应 龙头

2020年，新冠病毒成为世界各国共同面对的难题，国内抢口罩，海外屯厕纸，各有各的无奈；一向被视为乖乖虎的“美股”最近兽性大发，巨震连连，暴躁异常，川普毫无办法；澳大利亚山火、古巴与土耳其地震、亚非蝗灾，大自然毫不吝啬地展示着“肌肉”，警告谁才是地球主宰；当沙特掀起原油价格战，布伦特原油期货大跌超过30%，全球股市应声而下，美股触发罕见熔断，连巴菲特都感慨活了大半辈子没见过这阵势。我们渴望告别黑天鹅，现实却越来越深陷其中难以自拔。

此刻体会“百年未有之大变局”的论断，更加感同身受，也许越来越多的不确定性，正是大变局的内涵所在。面对接二连三的冲击，焦虑和茫然成为投资人的普遍心态，稳健投资也成了不少朋友的口头禅。然而，稳健投资并非某款理财的代名词，而是一种思维方式。

这是一道证明题

提及稳健投资，很多朋友的第一反应是追问身边的财富顾问：“我买的这款理财到底够不够稳健？没问题吧？”大家希望这是一道判断题，直接回答是或否。然而，这其实是一道证明题，关注“解题”过程更甚于答案。

当然，这与大多数投资人的理财习惯相悖，愿意花心思研究的毕竟在少数。2020年3月，最高人民法院的一则判例再次敲醒警钟：投资人曹某在建设银行山西分行的营业网点购买了一款理财产品，逾期未能兑付，五千万打了水漂，便将建设银行告上法庭要求赔偿。法院经审理后认为，签署理财产品合同的主体是曹某与吉林信托，建设银行只是代理销售并收取手续费，并非涉案理财产品的管理人，不必承担兑付责任。

复盘这则案例，我们发现曹某挑选理财的思路非常简单，甚至可以说有些荒诞：理财经理极力鼓吹该产品收益和安全性高，并且承诺12%的年化收益，说“赶快购买，晚了就买不上了”。稍有金融常识的朋友应该明白，监管部门不允许金融机构承诺理财产品保本保息。曹某太在意结果，对方也给了，结果却是空中楼阁，也许他觉得在建设银行买理财能有什么问题？遗憾的是，他忽视了金融的复杂性，这个行当绝不是只会“搬砖”、会拍胸脯那么简单。

选择的关键在于评估概率

这道题如何证明呢？自然需要一系列逻辑分析，评估出不同理财产品发生风险的概率，作为投资决策的依据。不同理财品种有不同的判断逻辑，不可能简单套用。当然，我们首先应该了解不同理财品种的运行模式。例如房地产信托理财，由信托公司将投资人手中的钱募集起来，借给房地产公司用于楼盘的开发建设，等房子卖给购房者，再把钱连本带利收回来，返还给投资人。

其中，最大的风险就是房子卖不掉，指望负债率普遍偏高的房企提供担保并不踏实。什么房子不容易卖呢？影响因素有很多，例如楼盘所处区位，在北上广深、省会城市或人口净流入区域，老百姓兜里有钱，涌入城市的“接盘侠”也不少；又如区位配套，如果周边有相对成熟的学校、医院、购物中心，交通相对便利，自然容易获得购房者的青睐；再如，楼盘的开发成本，特别是楼面价，如果项目楼盘楼面价比周边更便宜，会有足够厚的“安全垫”，遇上行情不好，降价销售，迅速回笼资金更有优势。

俗话说事在人为，手里牌再好，打牌的水平不行还是白搭。信托公司作为受托人，它的能力和信誉直接关系到投资成败，为了保障投资人的本息安全，风控措施必不可少。例如，楼盘在建工程和土地抵押率不超过70%，即发放了7亿信托贷款，但是抵押的货值有10亿，粗略来看，当房价下跌30%的时候，才会影响到投资人的本息。又如，信托公司派驻现场监管人员，确保募集的资金能够被合理的分配和使用等。

假设项目楼盘位于上海，新房价格与周边老旧二手房价格还存在倒挂（由于限价因素，新房价格低于二手房），同时，周边配套也相对成熟，吃喝玩乐医学景一条龙。在一年或两年投资期之内，上海的房价下跌30%的概率有多大？结合当时各地的土拍讯息，以南京为例，一些地块的土拍价格下限涨幅在10%左右，北京、广州等地的土地拍卖均创出地价新高。相信您的心中，已经有了答案。

有朋友说，现在经济动荡，房价会暴跌。其实真到了那一步，买什么理财都没用，买黄金放家里还怕被人抢呢？当然，这不妨碍我们思考：是什么托起了中国房地产的天量市值，又是什么因素会让天量市值归于破灭。购房者的现金流无疑是刺破“气球”的那根针。回头来看，LPR的推出，最大意义在于购房利率与基准利率实现了某种程度的脱钩，为日后的定向调控埋下伏笔。除此之外，政府手里的牌还有很多。

拥抱龙头，着眼未来

经济形势不容乐观，但是眼前并非一片黑暗，对于龙头企业来说有着更好的发展机会。东方港湾管理人但斌先生曾在演讲中提到：“每一次危机来临的时候，提高的都是龙头企业的地位，它会让龙头企业变得更强，过去是这样，这次也不会例外。”

其中牵涉因素有不少，直观来看，龙头企业更容易获得关注，正如西贝董事长贾国龙早前向媒体披露：两万多员工待业，贷款发工资只能撑到3月。话音刚落，西贝便获得了浦发银行给予的4.3亿元授信支持，餐饮豪门海底捞则获得了中信银行21亿元授信额度。但是，我们都清楚地明白，餐饮业不是只有西贝、海底捞，很多龙头之外的企业消失的无声无息，沉默地无人吹哨。

从企业生产经营来看，行情越差，越追求稳定，之所以愿意和大企业或者国企打交道，就是因为它很难倒闭、跑路，无论是作为自己的供应商，还是服务的大客户，绝对是一种稳稳地幸福。不少民企愿意挂靠龙头，甚至把自己卖给国企也是同样的道理，局势突变企业很难扛得住，还不如早点卖了换钱。对于龙头企业来说，它自然可以挑挑拣拣，选择更为有利的方式展开合作，变局之下，资源、资金向头部集聚的过程几乎是不可逆的。

这在理财投资中同样重要，选择金融细分行业中的龙头企业更为稳妥，原因同样在于它能拿到更好的项目资源、更好的风控条款，形成良性循环，发生违约的风险也更低。与之相反，很难拿到优质项目就容易积聚风险，一旦出现问题便会接二连三爆发，很难控制。

理财投资正如下棋，走一步看三步是常态。2020年初的“新基建”政策刷爆了不少朋友的眼球，5G基站、特高压、城际高速铁路和城际轨道交通、充电桩、大数据中心等悉数登场，除了这些新面孔，自然还有老熟人，传统基建依然占有一席之地。有朋友解读为“政信类信托理财可以闭着眼睛买了”，恰恰相反，此时更应该精挑细选。

回想当年PPP（Public-Private Partnership）横空出世，鼓励私营企业、民营资本与政府进行合作，也是一种基础设施项目运作模式。政策出台之际，同样轰轰烈烈，我仍然记得同行交流时，大家眉飞色舞的神采。然而，当潮水退去之后才发现，冲着PPP牌子开展的基建项目，不少成了烂尾。投资人不做选择、盲目跟风的代价异常惨痛。俗话说鱼的记忆只有七秒，人也一样健忘。每当我们遇到那些异常新颖的概念时，不必惊喜，那不过是曾经的轮回，依然是熟悉的配方，熟悉的味道。

每次概念炒作都预示着一次大的涨潮，尽情遨游固然欢喜，但是身在顶点往往高处不胜寒。远的正如PPP的诞生，近的正如半导体的疯狂。

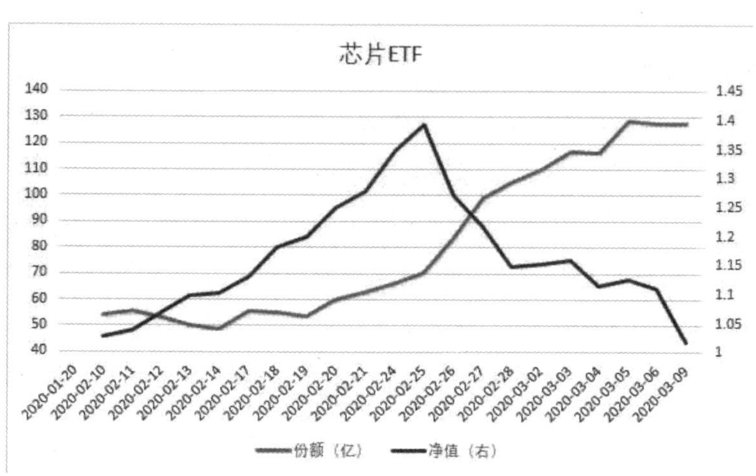

图3.20　芯片ETF份额与净值走势对比

投资人的每一笔钱，并非立即产生回报，它往往需要一个周期，一年、两年甚至更久。要想实现稳健投资，必须有超前眼光，尽可能预判未来会发生的变化，想到理财产品到期时的境况。对于那些红极一时的热点，怎能只闻新人笑，不闻旧人哭？

这些年来，黑天鹅层出不穷，对于投资人而言，不应再单纯寻求某个简单答案，而是在不断求证之中做出选择。在投资组合中，能够提供稳定付息和收入的信托理财、绩优股、分红险，甚至房租、工作机会等都值得重点关注，权益类资产投资更要预留足够的补仓资金，并且谨慎使用手里的“子弹”，当股市的波动更加剧烈，保持观望是更明智的选择。当然，尸横遍野之后，一定会有嗅觉灵敏的“秃鹫”赚得盆满钵满，资本市场永远不乏刀尖上的舞者，那是万里挑一的枭雄。

这是现金流为王的时代，真正击垮我们的不是负债，而是资金链断裂，企业如此，家庭亦然。

第四章 扫描财经热点名词

什么是技术性违约？对我们理财有何影响

关键词：技术性违约 信用债 债券基金 流动性贷款 政信项目

媒体上有时会发布“技术性违约”的新闻，不少朋友看了一脸困惑，违约就违约，怎么还扯上技术性了，到底是什么情况呢？

博大精深的汉语

每当一头雾水之时，总要感慨一番：老祖宗的语言艺术真是博大精深。技术性违约的直观理解是由于出现技术性问题导致的违约，比如隔壁老王借了楼上老赵一百万元应急，约好了下周四还钱，双方写好字据。等到下周四那天，隔壁老王打算转账还钱了，突然发现自己的银行动态口令牌坏了，没办法操作，银行网点又下班了，只能等到第二天上班时，跑到银行柜台转钱过去。如果按照事先约定来看，隔壁老王肯定是违约了，没有在约定期限还钱。但是站在楼上老赵的角度，他也能表示理解，毕竟是客观原因，自己的钱又不是没了。

生活中不仅有技术性违约，还有技术性变美，比如，不少朋友喜欢拍照之后，用“美图秀秀”等软件美化照片，加上各种滤镜效果，甚至直接购买有美颜功能的手机，拍出来的照片全是帅哥靓妹。这可苦了正值相亲的朋友，以前看照片就能决定见与不见，省心省力，现在必须得跑一趟，一睹真容，谁让照片变成了“照骗”呢？

被玩坏了的技术性违约

技术性违约本身还是挺单纯的，然而，在纷繁复杂、波云诡谲的金融市场，总能演绎出谍战片的惊心动魄、宫斗片的心机重重，甚至蜕变为企业资金链紧张时的遮羞布，其中亦真亦假，需要细细琢磨。

从目前披露的成因来看，技术性违约主要有三类：第一类是“临时工”干的，由于工作人员失误，没有在指定时间划款，比如安庆城投发行的07宜城投债；第二类是系统原因导致划款时出了问题，比如波鸿集团发行的14波鸿CP001，碰上人行大额支付系统关闭，部分资金没转出去；第三类是资金没衔接好，平日里忙着其他事，等到回过神来才发现：马上要还钱了，兜里却没银子。

差一口气就完了

虽然市场上依然存在纯粹的技术性违约，但是对于资金链紧张的企业而言，即使搬出“技术性违约”这样冠冕堂皇的理由，市场也会被吓得半死。例如，曾经叱咤风云的中国民生投资股份有限公司（以下简称中民投），注册资本五百亿，股东中不乏民营企业大佬，在2019年1月29日，之前发行的30亿元债券“16民生投资PPN001”到期，投资者却未能按时收款。尽管事后申明是错过了银行转账时间，然而，市场依然有自己的认知，中民投公开发行的债券“17中民G1”接连发生暴跌，单看跌幅还以为是哪只股票，谁能想到债券跌起来也这么狠。

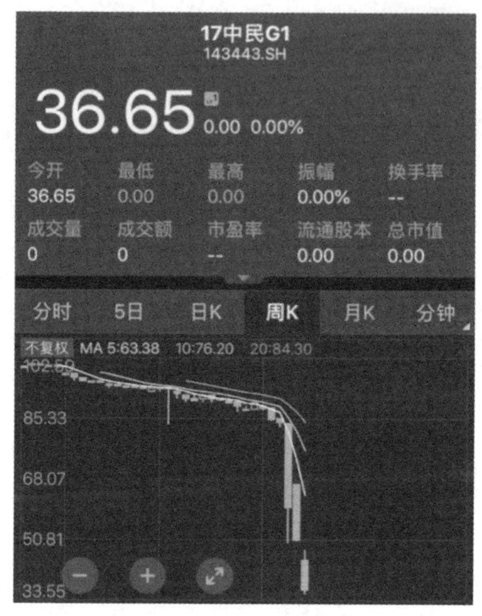

图4.1 “17中民G1”债券走势图

早在本次“技术性违约”之前，中民投的债券价格就经历了一轮暴跌，市场对于中民投的印象就是差一口气就歇菜了，从之前披露的三季度报中，流动负债合计约1443亿，负债合计约2328亿，占比62%。其中，流动负债是指在1年或1年以内，一个营业周期内偿还的债务，占比突破60%侧面反映出公司的资金链十分紧张。此后，中民投将董家渡地块出售给绿地集团，换来121亿救命钱，当年中民投的拿地价格在250亿左右，此时半价兜售，其中滋味正如周华健的那首歌：“其实不想走，其实我想留，留下来陪你每个春夏秋冬。”

为什么是债券？

回顾近期“技术性违约”事件，很多是公司债券到期未能兑付，引发社会关注，甚至导致存续债券价格的暴跌，这类债券以信用债为主，一般没有任何公司财产做担保，完全凭借自身信用发行的债券。投资人也可怜，手里没有任何东西作抵押，除了到媒体上哭爹喊娘，就是跑到观音菩萨那边烧香磕头求平安，事后只能看发债公司的“人品”了。

当年刘德华创业开公司，没任何经验，结果五年亏了四千万港币，是向华强出手借了他四千万还债，这笔钱华仔没有任何东西可以抵押给向华强，也可以看作信用债。这么多年过去，华仔对事业尽善尽美、对后辈努力提携，如果用评级机构的等级来衡量华仔的信用、人品，绝对是AAA（最高评级）。

除了信用债，还有一类债券就是抵押债，顾名思义，隔壁老王的公司要想发行抵押债，还要拿出公司的部分财产作抵押，如果哪天资金周转不畅崩盘了，至少投资者手里还有隔壁老王公司的一部分财产，变卖之后也不至于血本无归。这类抵押债，如果抵押给投资者的货值足够，是不会引发市场大风大浪的，处理起来也更加轻松。

债券通常是公开发行的，如果是非公开发行的，和抵押债类似的就是抵押贷款。2019年开年之后，不少信托公司的理财产品销量翻番，甚至有些类型的产品还卖脱销了，火热的背后，其实是投资者的冷静思考：信用不一定靠得住，还是手里有货踏实，毕竟大多数信托理财产品都是有抵押的。

密切关注三类投资

把技术性违约当成挡箭牌，也是企业在资金链趋紧情况下的无奈之举，在经济尚未好转的情况之下，挑选理财仍然要考虑这层因素。

首先，要关注债券基金的持仓，很多朋友误以为债券基金比股票基金风险小，可以不用关注。其实不然，当年中国华信董事长叶简明被查，引发股债双杀，一天债券价格的跌幅就超过了30%，波及一大片债券基金，损失惨重。

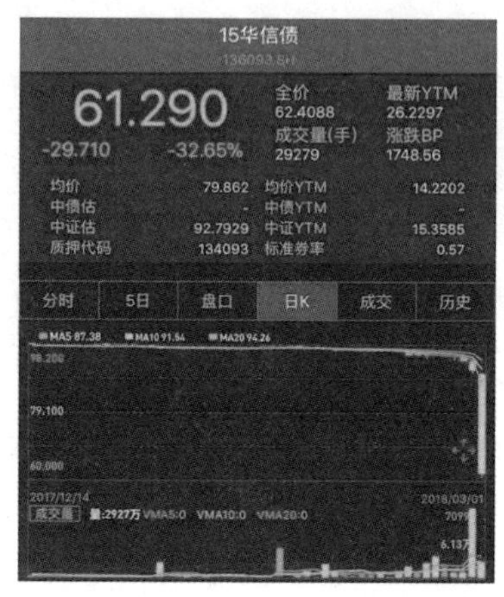

图4.2　中国华信债券走势图

对于那些在香港离岸账户存有美金的投资人而言，海外理财与内地不同，很少有所谓的固定收益理财，大多是各类基金。如果投资债券型基金，一定要看它的十大持仓债券，包括持仓结构，若单一债券占比过高，融资人又乏善可陈，还是远离为妙，万一摊上事就跑不掉了；

其次，要关注“流动性贷款”类理财。例如，信托类理财产品中，针对某家工商企业发放一年期流动性贷款，用于改善企业生产经营，由于期限较短，若是融资人实力很强，信托公司通常不会要求融资人提供额外抵押物。那些被“被玩坏”的“流动性贷款”类理财，融资人的资质通常差强人意，如果期限超过了一年，担保人也上不了台面，还是别买了；

最后，对于政信项目要保持清醒，这类理财通过向投资人募集资金，用于地方政府的市政建设，某种程度上有着地方政府的信用背书，表面看起来万无一失。然而，若是片面吹捧，认为无论什么政信项目都能闭着眼睛买，实在是误人子弟，也被现实无情打脸。

这类产品至少要看三个维度：

一是地方政府的经济实力，并非看哪家政府的大楼气派，业内通常会用“一般预算收入”来衡量，包括当地各项工商收入、税收、国有资产经营收益、纳入预算的行政性收费、罚没收入等，这些才是地方政府的保底收入，水分少更实在；

二是融资人和担保人的信用评级，起码公开评级在AA，最好发行过债券，只有评级够了才能获得多元化的融资渠道，比如发行债券、银行贷款等，万一暂时没钱，也能凭借积累的信用出去“化缘”、东拼西凑，不至于两眼一抹黑；

三是看抵押，政信项目通常会用应收账款作质押，但是这里面也有学问，比如同样是应收账款，一个是对地方政府新区管委会的，另一个是对地方政府平台企业的，显然前者的质量要更高，即使政府在拨款时，通常也是先到园区管委会，再往平台企业投放。通常情况下，投融资的中间环节越多，变数越多，距离还款来源越近，资金越安全。当然，还有政信项目会增加土地、在建工程等抵押物，这类增信措施是加分项。

不少朋友反馈，最近政策文件越来越多、市场变化越来越快，有点眼花缭乱，投资理财更像是奥数题，已经告别简单几条标准就能选择的阶段。其实，各行各业概莫能外，随着时间的推移，行业壁垒逐渐提高，越来越需要专业的沉淀，知识也在持续更新换代。

如何理解“资产”：找准会下蛋的鸡

关键词：下限 周期 署名资产

常言道：“你不理财，财不理你”，但不少朋友的体会是：“费心理财，更不理你”，财越理越少，越理越累。提到理财投资，内容庞杂，种类众多，常见的有国债、股票、定期存款、信托计划等不一而足。俗话说：提纲挈领，纲举目张，再复杂的事情都应有相对简单的标准，毕竟大道至简，据此推论，什么才是理财的大道呢？

回归本源，理财的目标是找到合适的资产，让钱生钱。由此看来，一切能够实现财富增长的合法方式都可以被称之为资产，文玩字画、房产楼宇、黄金原油之类概莫能外。通俗得说，选择好资产正如找准会下蛋的鸡。

资产下限在哪里？

如果买了一只鸡，结果拎回家发现天天生病，别说下蛋了，连医药费还得倒贴，心中万分郁闷。由此可见，那些看起来能够产生收益的资产并不都是好资产，对普通投资者来说，选择资产的第一步是看准“下限”，即资产的抗风险能力。比如A股股票和南京的房子，若买的股票在2018年跌去50%，实属正常，但是南京房子一年跌去一半的概率比较低。

如果把备选资产按照“下限”的高低排序，对于可能出现的最差结果就能做到心中有数。

随着年龄的增长，资产的“下限”应该不断抬高，例如，三十多岁时投资可以激进一些，即使亏光了，好在还年轻，依然有机会翻身，等到过了四十岁，特别是接近五十岁之后，高风险的投资占比就应该逐步减少，以更加稳健的固定收益理财为主，这就是人的不同生命周期对于不同资产“下限”的理性选择。

莫把公鸡当母鸡

近些年，少不了看到P2P公司、财富公司崩盘跑路的新闻，值得反思。单从“外表”来看，它们和银行也差不多，都是在销售理财，而且办公地点更加“高大上”，纷纷在城市的高档写字楼花费巨资装修，投资人一进门就容易被公司实力“震”住。理财产品常有的要素，例如期限、利率、付息方式等，这些公司的产品同样一应俱全，实在看不出少点什么。正如您到养鸡场，本想买一只会下蛋的母鸡，但是，若简单地按图索骥：看看是不是有两只脚、有没有鸡冠、有没有羽毛之类，发现公鸡也完全符合，外形确实差不多嘛！

然而，母鸡最重要的本事是会下蛋，公鸡就算长得再像，下蛋的活也干不了。对于投资人来说，不必纠结于表象，只要抓住一点：这些公司拿了客户的钱之后打算干什么？它干的事是不是足以支付投资人的本金和利息。例如，某公司发行的理财产品，约定年化收益是12%，然而，投资人发现它拿钱之后投入到一些很烧钱的高科技项目上，可能成功，也可能失败，这又如何能保证投资人获取12%的稳定回报呢？想到这里，估计投资人心里也犯嘀咕。与之相反，如果是银行销售的国债，期限三年，年化收益4%左右，尽管利率不高，但是有国家信用，不必担心国家不还钱，利率水平也合理，自然放心。

尊敬的客户：

根据财政部和中国人民银行的国债发行计划和要求，2018年第九期和第十期储蓄国债（电子式）部分额度将于10月10日起在我行网银销售，其中10月10日网银销售额度不得超过我行承销额度的40%。

您可通过我行个人网银进行购买、查询等操作，并可在线开立国债托管账户。

国债简称	国债代码	国债期限	国债收益
18储蓄09	181709	三年期	4.0%
18储蓄10	181710	五年期	4.27%

特此公告

中国银行股份有限公司

2018年10月8日

图4.3　银行国债发行公告示意图

当然，凡是不能想当然，有朋友觉得自己企业的利润只有3%，从而推导出3%以上的理财都不靠谱，这类刻舟求剑的做法也很荒唐。

杀鸡取卵不可取

俗话说：母鸡下蛋，急也急不来，杀鸡取卵更不可取。在选择资产时，要特别关注不同资产体现出的周期性。例如，纽约原油价格在2008年时曾接近150美金/桶，目前油价才二十多美金/桶。

原油是不可再生资源、地球资源是有限的，这些内容连小学生都耳熟能详，如果我们只关注到资源的“有限性”，曾经在100美金/桶以上的价位买入挂钩原油的金融产品，现在怕是要“哭晕”在厕所了。因此，资产自身的“质地”是一方面，它的周期性又是另外一回事，正确做法是在合适的时间选择合适的资产。

不少朋友炒股都有这样的体会，刚买了股票没几天就大跌了，刚把股票卖掉就发现行情大涨，为此郁闷不已。其实，这是没有意识到股票市场同样具有周期性，在行情堪忧时，需要有足够的耐心熬过去，容忍持有的资产“表现不佳”，在行情到来时，特别是面对“连猪都会飞”

的时刻，选择逐步卖出更为明智。

写上名字的资产

随着年龄的增长，对于资产的迅速增值渐渐失去兴趣，资产的保值和传承显得更加重要。资产的类别有很多种，但是能够写上名字的屈指可数。

正如隔壁老王辛辛苦苦攒下一群老母鸡，个个都是下蛋能手，但是面对两个孩子：小王和王小，如何分配这群老母鸡就成了隔壁老王最为头疼的问题。若是偏袒能力最弱的王小，很容易变成《都挺好》中的苏大强，孩子在温室中越来越缺乏进取心，逐渐沉沦；若是公平分配，又担心能力更强的小王以后不帮着小兄弟，独自闷声发大财。左右为难之际，可怜天下父母心！

房子作为过去十年当之无愧的热门资产，在增值方面赢得交口称赞，炒房一族赚得盆满钵满，然而，房子在传承方面却有天然劣势，显得力不从心。例如，隔壁老王有四套房子，分布在南京的仙林、河西奥体、东山镇和浦口，应该如何划分给两个儿子更为合理呢？不同区位、物业、户型等因素让此事变得异常复杂，不论怎么分，能力更弱的王小都有理由愤愤不平。

能够写上名字的资产无外乎指定受益人的人寿保单和家族信托两种方式，它们可以明确得表示这部分钱就是交给小王或是王小的，不必像房子一样经历继承权公证才算心里踏实。此外，遗嘱、协议等也可以起到类似作用，对于高净值人群而言，多重传承工具的组合使用才能实现最佳效果。

如何评价资产好坏呢？

正如一千个人眼中有一千个哈姆雷特，对于普通投资人来说，满足自己需求的都算好资产，不必人云亦云。盲目跟风不可取，理财做熟不做生。

比较优势理论，美国挑起贸易争端的紧箍咒

关键词：田忌赛马 比较优势 中国制造 供应链集聚

中美贸易争端在短暂沉寂之后，又被“推特总统”顶上风口浪尖，一时间传闻四起，真假消息满天飞，不少朋友沉不住气了，显得异常焦虑。当然，我们的A股再次发扬了“搞不清楚状况就先跌为敬”的“优良”传统。

身处信息爆炸时代，过分关注于各类内幕消息、大师预测之类，并不会愈辩愈明，反而容易自乱阵脚。越是关键时刻，越要有定力、养静气，立足于大的思维框架，从万千先贤的智慧中汲取营养，比较优势理论就是一把解开谜题的钥匙。

田忌如何赛马？

孙膑，战国时期大军事家，史诗级大片“围魏救赵”的“总导演”，助力齐威王“一鸣惊人”成就一番霸业。当年，被同学庞涓陷害，出走齐国，成为大将田忌的谋士。一天，田忌与齐王约定赛马，试跑阶段，孙膑发现田将军的赛马与齐王的名驹实力差距不大，又发现三轮比赛中，是按照赛马实力分成了上中下不同等级的捉对比拼。

孙膑对田将军说：“待会儿用您的下等马对付他们的上等马，用您

的上等马对付他们的中等马，最后用您的中等马对付他们的下等马。”这一策略，放弃了胜算最低的下等马，成功地将原来的全面劣势转化成了局部优势。最终结果自然是田忌获胜，齐威王也是一代雄主，了解到孙膑的谋略之后，赶紧迎为座上宾，成就一段佳话。

在竞技比赛中，发挥比较优势、扬长避短，才会更有希望赢得胜利果实，人与人的比拼如此，国与国的相处也不例外。

比较优势理论

我们可以将一匹匹赛马看作是一个个行业，在国与国的贸易中，很少有一个国家可以在各个行业的国际竞争中取得领先，理性的选择是相互合作，各取所长。大卫•李嘉图在其代表作《政治经济学及赋税原理》中提出了比较成本贸易理论（又称“比较优势贸易理论”）。

比较优势贸易理论认为，国际贸易的基础是生产技术的相对差别（而非绝对差别），以及由此产生的相对成本的差别。每个国家都应该从“两利相权取其重，两弊相权取其轻”的角度出发，集中生产并出口具有“比较优势”的产品，进口具有“比较劣势”的产品。

在漫长的国际贸易中，各个国家形成了自己独特的品牌优势：比如一提到车厘子，大家第一反应是新西兰的；又如郁金香，荷兰品质最为出众，北京国际鲜花港曾有400万株郁金香同期绽放，但是媒体依然称之为“北京小荷兰”；再如，喜欢烹饪的朋友总会关注锅好不好用，如果产自德国，往往是品质的象征。不同国家积累的优势形成了各自的壁垒，如果放着自己的优势不干，偏要抢他人的饭碗，难免成了东施效颦。

无处不在的全球化

如果是停留在大航海时代的货物贸易，你卖一斤香蕉，他卖一吨煤炭，其实关系并不紧密，强行切割也很容易。但是，当时间的指针定格全球化，我们已经很难分清楚，一件商品究竟是中国货，还是美国货。

以波音飞机为例，五百多家供应商，分布在全球六个国家，您可以说这是一家美国公司的飞机，但是却很难定义这是美国的飞机。

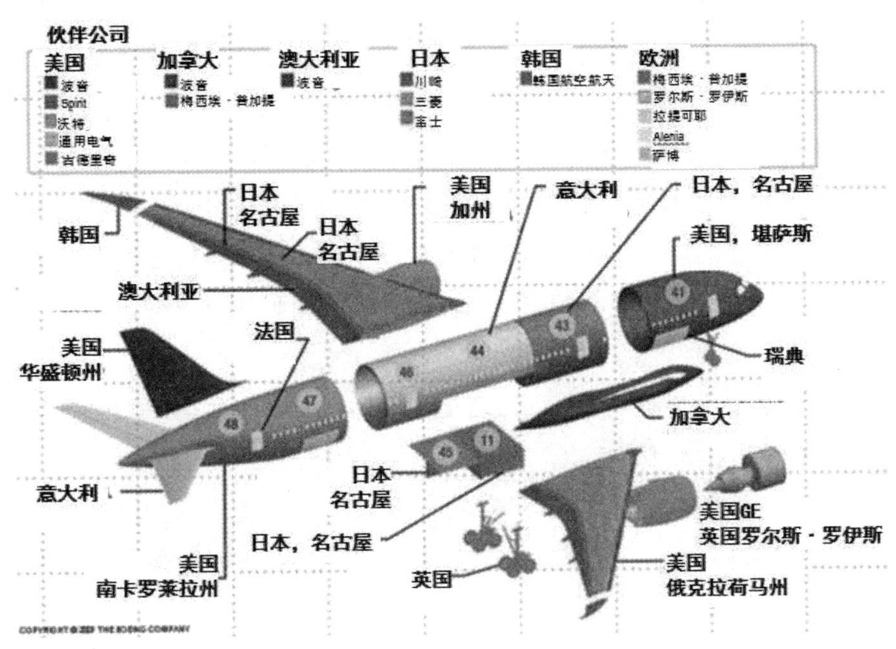

图4.4　波音飞机的全球伙伴

再以三星电子为例，作为三星集团最大的钱袋子，它的股权结构却很有意思，登录官网查询获知，三星电子有55%的股份归韩国以外的投资人所有，来自美国的投资人占据主导地位。在我们的传统印象中，三星是韩国企业，然而，从股权结构来看，却越来越像美国的“纯爷们儿”。“你中有我，我中有你”不仅体现在商品背后的各国供应链中，同样也出现了不同国家背景的股东相互穿插、互相持股的情形，企业的国家属性也不再唯一。

离不开的中国制造

当比较优势理论遇上了全球化，地球越来越像一座小山村，相互联系更加紧密，在此背景之下爆发的大国贸易争端，绝对不存在一方对另一方展现出绝对优势的碾压，杀敌一千自损八百是常态。更何况，中国制造作为世界工厂，已经与全球生态紧密相连。

曾经，一位叫Sara·Bongiorn的美国女作家，出版过一本名为*A Year Without MADE IN CHINA*（《没有中国制造的一年》）的畅销书，她决定让自己的家人一年内不再购买任何中国商品，结果发现生活成本陡然上升，一双10美元的中国产童鞋，产地如果换成意大利，要额外增加60美金，这仅仅是一双鞋就贵了六倍。如果是蜡烛、扳手之类生活日用品，几乎找不到非中国产的，我们的产品质优价廉，早逼着很多国家的同行转行了。当然，这也是让美国总统倍感焦虑的一点。

如果说这些生活日用品显得有点低端，那么，奥巴马2013年在迈阿密港口的演讲则更具说服力，当他趾高气杨地鼓吹振兴美国制造，正说得起劲呢，突然刮起一阵大风，吹掉了盖在头顶横梁上的星条旗，露出了“振华”字样，在这场引人注目的电视直播中，免费给中国企业打了广告。

我们曾经非常羡慕德国，有很多行业的隐形冠军企业，但是中国版的隐形冠军同样在崛起：江苏泰兴的黄桥镇是世界出口西洋乐器的最大基地；辽宁葫芦岛兴城市出产的泳衣占全世界四分之一；浙江诸暨的淡水珍珠占世界淡水珍珠总产量73%；一次性打火机中国的产量占全球90%；中国出口美国自行车占美国进口的94%。

如果您突发奇想，特别想拼凑一部专属自己的手机，只要去深圳就行，庞大的供应链星罗棋布，浮夸一点，配上大喇叭、大屏幕、大电池之类，想要什么都可以，这样的供应链集聚水平全球罕见，其他国家要跑几座城市办成的事，在国内跑一条街就够了。所以，中国制造席卷全球绝不仅仅是采取低价策略那么简单。

只要中国继续保持改革开放，基于比较优势理论，美国也成不了横扫千军又毫发无损的“灭霸”，妄图通过贸易争端拆散中国供应链的图谋也注定不会得逞。

如何用最短时间先赚上一个亿，再全部亏光？

关键词：杠杆 交易结构 劣后 涡轮 结构化

如何快速赚取一个亿的“小目标”，再亏得分文不剩呢？2019年2月25日，50ETF购2月2800合约大涨192倍，理论上可以做到五十万投进去，一个亿拿出来。

四两如何能拨千斤？杠杆给了我们答案。

谈到“杠杆”，很多朋友脑海里的第一反应是一根长棍子，常见的有木棍、竹竿，也有铁棍、钢条。比如在修路现场，工人们正哼着小曲、开着压路机压马路呢，突然发现山上掉落了一块大石头，确认安全后，再想推到路边还挺费劲的。这时有经验的老师傅会找来一根钢筋，再找一块结实的小石头，找准合适的位置，小石头上支起钢条，只要费不大的力气就能把大石头撬开，钢条越长需要的力气越小。

图4.5 最原始的杠杆

这就是“杠杆”在实际生活中的应用，常见的还有跷跷板、天平、指甲钳、开瓶器、订书机等等，不胜枚举。当年阿基米德曾放出豪言：给我一根杠杆，可以撬动整个地球。杠杆的鲜明特点是用较小的力就可以撬动更大的东西，但是，前提条件是找准一个合适的支点和一根合适的杠杆：支点放得离人太近，费半天劲也撬不动，应该离东西更近。杠杆强度不够也不行，万一撬起来，东西纹丝不动，杠杆却断了岂不尴尬。

在金融投资当中，杠杆同样无处不在，只不过与有形的铁棍、木棍相比，金融投资中的杠杆，更多是通过“交易结构”的不同设计来实现的。

最简单的杠杆

“交易结构”看起来复杂，其实很简单，主要涉及资金是什么性质的？是如何来规划的？功能有哪些？需要承担什么后果？比如，苏大强想炒股，但是，他手里只有十万块，突然有一天，他得到所谓“内幕消息”：某只股票未来会翻很多倍，苏大强一听鬼迷心窍，毕竟想发财都想瞎了心。跑到苏明哲家里磨叽了半天，想借四十万，苏明哲毕竟好面子，实在拗不过就借给他了。这类场景在生活中很常见，苏大强拿着自己的十万块和借来的四十万投入了股市，其实就是给自己的投资加了杠杆，十万的本金撬动起五十万的资金盘，支点就选在了“神奇”的A股。若是借钱去炒股，借钱的人未必会说实话，比如他可能会说自己买房的首付差点钱，要苏明哲支援一下，两个月之后，按照年化收益4%连本带息还上，这时苏明哲难免会被蒙在鼓里。

这时的苏大强是股市新手，即使短期赚钱，时间久了必然赔钱。如果苏大强的“段位”再高点，会和苏明哲沟通：同样是借四十万，约定一年之后，按照年化收益10%连本带息还钱，炒股的事也不必藏着掖着，同时，还会明确说明：如果亏钱，先亏苏大强自己的钱，等十万亏光了就及时收手，不会再买股票了，万一有了窟窿，苏大强会从自己兜里掏钱还。苏明哲相信苏大强不会骗人，同时也相信他不是股市里的嫩韭菜，而是久经沙场的老将，如此这般，还是愿意借钱的。在这个资金盘中，苏明哲投入资金得到的是固定收益的利息，又有下跌保护，通常被称为“优先级”，苏大强的资金承担风险最大，当然可能的收益也很高，如果赚钱了，扣除需要支付给苏明哲的10%利息和本金，剩下的利润都是自己的，通常被称为“劣后级”。

生存还是死亡，这是个问题

哈姆雷特淡淡地说：“生存还是死亡，这是个问题。”

加杠杆投资无异于刀尖上跳舞，这是投机者的天堂，也是名副其实的地狱。然而，有人却善于营造鬼魅的画影，将瘆人的獠牙隐匿背后，华尔街即是其中的佼佼者。华尔街有多厉害呢？它能够把你的钱，变戏法一样变到连它自己都找不到的地方去，手起刀落，韭菜成段，技艺极其纯熟。

很多朋友会问，如果平常买理财，会接触到这些“高杠杆”类理财么？其实有不少，以三类理财示例，值得警惕：

第一类，各类“劣后级”产品：如果您买了这类理财，可以理解为买了一只放大镜，正常市场的涨跌对于您的影响都会放大，它很像“优先级”的保镖，亏起来先亏自己，为“优先级”保驾护航。相对成熟的投资者会挑选波动尽可能小的投资品种，放大自己的收益，同时保存自己的实力，如果直接投入股市、汇市，或者商品市场，一只黑天鹅飞过来就“挂”掉了、钱就亏光了。在2014年，当时国内对冲基金刚刚兴起，相比股票基金，对冲基金波动幅度更小，比如股票基金跌10%，对冲基金往往只跌3%。当时，资金盘中做“优先”和“劣后”划分的还不多，有不少投资人是先借了钱，然后直接认购，这可吓坏了不少华尔街回来的交易员，得知了赶紧劝退，既是对投资人负责，也是对自己负责。经历过数次千股跌停后，很多朋友也有所感悟：悬崖边的金子不能捡，投资中再小的概率都有可能发生。想想美国长期资本管理公司（LTCM）是怎么破产的，再精密的计算、再豪华的投资团队，都经不起杠杆破裂之后的地动山摇。

第二类，“涡轮”（即权证warrant的音译）：在香港市场曾创造出无数人或暴富或破产的神话。简单来看，隔壁老王喜欢吃金陵大肉包，现在是4.5元一个，老王看着猪肉价格上涨，判断两个月之后，金陵大肉包会涨到5元以上，老王想着这中间至少有五毛钱的差价呢，不赚白不赚，自己掏出两毛钱来，找到楼上老赵，约定如果两个月之后涨到了五块以上，那五块以上的利润都归老王，但是如果涨不到五块以上，那老王的两毛钱就白给老赵了。老王用两毛钱代价订立的合约其实就是权证，合同约定可以是涨了赚钱，也可以是跌了赚钱，最大的风险是血本无归，如果您投资了“涡轮”，就像老王拿着两毛钱去搏一把，亏得一干二净是很正常的。如果某项投资最大的代价是一切归零，那么无论获胜的果实有多么诱人，理性的选择是和它拜拜。实际操作中，权证的运用，更多是机构投资者持有现货情况下采取的对冲手段，如果没有现货只玩权证，就是赤裸裸的投机，一脚已经踏进了鬼门关。

也许香港对一些朋友来说，显得有些遥远，然而，“涡轮”在国内资本市场并不鲜见，在2019年3月27日，高达24.41万手50ETF购3000期权持仓灰飞烟灭，要想行权，标的价格就要涨到3.0，但是26日标的价格才2.692，一天时间很难涨那么多，几乎是提前宣判“死刑”，就算手握一个亿，照样赔光！

50 ETF购3000期权 高达24.41万手持仓将于明天全部归零

同花顺财经
03-26 21:26

中性

据券商中国报道，明日(27日)就是3月期权的到期日，市场终于尘埃落定！

截至3月26日，市场关注度最高、持仓量最大的50ETF购3000期权，随着时间价值的消耗殆尽，高达24.41万手持仓将于明天全部归零。

由于今日标的50ETF的价格为2.692，50ETF购3000期权要想行权需要标的涨至3.0，即明日50ETF要涨11.44%，显然不可能。所以50ETF购3000期权今日已提前被宣判，价格暴跌80%，变成0.0001，等待到期日来临后就正式归零。

图4.6　期权持仓清零

第三类，投资连结险：如果有一款保险，既可以给您提供保障，还可以为您赚钱，是不是很有诱惑力呢？在无良保险销售的眼中，经常将投资连结险以基金的方式销售，甚至还有所谓的“保底收益”、买基金送保障之类说辞。它的原理比较简单，投资人购买保险产品后，保险公司会将投资人每年交的钱划分为两部分，一部分用于支付保障功能的成本，另一部分资金则进入投资账户，通过投入基金、挂钩指数等方式进行投资。在欧美国家，投资连结险已经成为主流：一方面保险公司原来普遍采取固定预定利率，为了招揽客户，固定利率一再调高，反倒成了负担，如果采取投资连结险，由于收益是浮动的，自然把利率高低变化的风险转嫁给了客户；另一方面，除了极个别年份，海外成熟市场走势以稳步上扬为主，以美国为例，2008年金融危机之后依然一路走高，仅在2018年和2020年有所回调，如果是挂钩美股来投资，这么多年持续增长之后的收益也很可观。

单单是有了杠杆还不够，更重要的是找寻合适的支点，与美国的十年长牛相比，A股走势显得有些随心所欲，涨到醉生梦死，跌到底裤输光，挂钩如此癫狂的市场自然很难获取稳定收益，中途离场的投资人大有人在。因此，对国内这类保险的态度还是慎重为好，保险就是保险，投资就是投资，最好分开。

杠杆并不总是凶神恶煞

金融投资中的杠杆无处不在，并非总以狰狞的面目出现，例如大妈们的最爱--结构化理财。乍看起来，结构化理财是一位“好好先生”，和“杠杆”这样的“坏孩子”不搭边，其实，结构化理财同样也用到了杠杆。直观来看，它包括本金+约定的固定利息+挂钩浮动收益。

举个例子，投资人买了一百万元结构化理财，金融机构会把这一百万元分为两部分：一部分买靠谱的固定收益理财，比如年化收益是6%，即一年能赚六万块；另一部分则投资于挂钩某类ETF指数、商品合约等标的，这类投资当然会用到杠杆，不然产生的收益太少就没意思了，具体投资多少钱呢？通常不会超过固定收益理财产生的利息，比如上限是赚来的六万块，则可以投资五万块（用于支付保证金），如果按照1：20的杠杆来看，就能撬动100万元的资金盘，但是从另一个角度来看，如果这100万资金盘跌了5%，这五万块就亏光了。最终投资人拿到手的收益就是一百万本金加上剩余没投出去的一万块，总共101万。实际操作中，由于这类结构化理财存在着多层嵌套、交易环节比较多，刨除相关费用，实际能够用于杠杆投资的资金并不多，所以很多朋友才会感觉结构化理财的收益偏低，难以恭维。

当我们聚焦保险产品，同样会发现其中也隐含着杠杆，比如保障类保险，约定十年缴费，每年缴费10万块，如果被保险人去世了，受益人能拿到300万元，总投入100万元，但是理赔款有300万，实际也是1：3

的杠杆；杠杆利用率最高的是意外险，比如投入50元，如果在一年之内因意外去世了，可以拿到10万元理赔款，杠杆比率1:2000；至于重大疾病类保险，其实也一样，特别是2013年保险业施行“费率市场化改革”之后，产品性价比越来越高，重疾险还包括了中度疾病、轻度疾病等内容，杠杆撬动的保障越来越多.当然，对于普通投资人而言，也越来越眼花缭乱。

随着国内金融市场的发展，杠杆的范畴更加广泛，杠杆介入的领域也越来越多。很多看似“乖宝宝”的金融理财，其实已有杠杆穿插其间。作为投资人，了解杠杆，并非仅从字面意思来判断，而是要深入分析：理财产品是如何设计的？立足的市场怎么样？风险点在哪里？收益逻辑是什么？只有明白了这些，才不会陷入茫然与误区。

认识“预期差”，看透未来的“水晶球”

关键词：南京初雪 预期差 事件驱动 浑水

在2019年伊始，南京下了第一场雪，俗话说瑞雪兆丰年，丰盈的大雪预示着收获的年景。在金融市场的投资中，也会有很多预判可供借鉴，正如“在什么情况下大概率会发生什么事情”，这被称为预期，和预期不符的情况，我们就称之为预期差，即实际和预想的差距。例如，“喜出望外”形容实际情况比预期得要好，“大失所望”则意味着当前实情比预想得要差。大周期受经济、技术、地缘政治等宏观因素的影响，在小周期里，“预期差”成为主导市场运行的力量之一。

国内经济会好吗？

在2018年展望2019年的中国经济，很多专家学者给出了各种各样的预测，有专业的图表分析，也有详实的数据说明。若是抛开学术观点，2019年的经济一定比2018年要好，判断依据就在于预期差的存在。

不少朋友对于2018年的印象，可以概括为惨烈、悲催、无语，甚至壮烈……黑天鹅取代了白天鹅，成为年度吉祥物。无论是买A股、美股，港股，还是买黄金、原油、天然气，均免不了当头棒喝，难有正收益，更遑论比特币之流遭遇了毁灭性冲击。

近些年来，面对急剧变化的市场，甚至专业投资人也会不知所措。某金融机构曾在2017年底发布了2018年十大预测，事实证明错了九条半，只有“美股波动明显放大”勉强对了一半。

2018年1月2日中金发的<中金2018年十大预测>

1.中国增长将至少持平或加速。
2.A股将实现双位数收益。
3.港股全年取得正收益。
4.一线地产成交见底回升。
5.债市长端收益率高位震荡难下滑。
6.大宗商品小牛市。
7.低市盈率、低市净率策略将有超额收益，尤其在港股和海外市场。
8.资本账户重启开放节奏。
9.混合所有制改革成“星火燎原”之势。
10.美股走强，但波动将明显放大。

图4.7　某金融机构2018年十大预测

也许是发现预测内容说得太直白让人看懂了不好，2019年券商发布的报告中，很多写得更加晦涩难懂，投资人看完了也是一脸蒙圈，考验的不仅是金融知识，还有语文水平，甚至有不少“大神”拿出易经八卦作为预测市场的理论依据，投资策略分析会摇身一变成为“传统国学课堂”。

表4.1 2019年券商报告标题节选

证券公司	主题
招商证券	冯虚御风、踏浪前行
长城证券	天式惟竖，政道以横
渤海证券	石以砥焉，化钝为利
东北证券	安内攘外，利民为本，令行为上
华创证券	来者犹可追
广发证券	冰与火之歌
西南证券	心动先于帆动

● 来源：各券商研报、吴晓波频道整理

我们似乎明白了为什么大师说的话都是对的，这并非是指大师说的内容一定正确，而是大家听不懂大师说的话，最终解释权却归大师所有，因此，无论怎么解释，大师都是对的。

告别满是灰暗的2018年，刚踏入2019年新年就迎来了瑞雪，中国自古以来讲究天降祥瑞，大家心里感觉舒服多了。2018年如此惨烈，在没有发生极端风险的情况下，2019年的国内经济大概率会好于2018年。

预期差的实际运用

在金融投资中，预期差有很多应用场景。最常见的策略被称之为事件驱动，如何理解呢？例如，雄安新区设立的政策一经出台，和雄安沾边的股票轮番涨停，很多嗅觉灵敏的资金意识到这类炒作可持续性差，在散户们一片亢奋的预期中，迅速抛光股票，成功逃顶，落袋为安。

预期差可以用来逃顶，也能抄底。2018年8月30日晚间，教育部等八部门关于印发《综合防控儿童青少年近视实施方案》，显示国家新闻出版署将对网络游戏实施总量调控。消息一出，腾讯应声大跌，股价一路从三百五滑到二百五，如果认定腾讯的基本面依然值得投资，当大部分投资者夺路而逃时，抄底的机会便来了。

是不是看准了预期差就能百战百胜呢？那倒未必，詹姆斯•科迪是华尔街的金融大佬，牛到什么程度呢？很多交易员是看着他写的《期权出售完全指南》入门的，在2018年诡异的天然气行情中，他爆仓了。

图4.8 2018年底天然气走势

从图中可以看到，天然气经历了一波暴涨行情，然后迅速暴跌，事后诸葛亮来看，年末赌天然气下跌是对的。然而，谁都没有想到在暴跌之前，十一月天然气价格会先暴涨，由于詹姆斯在交易中使用了数倍杠杆，暴涨行情之下，他的本金很快损失殆尽，即使后期如愿下跌，但是，他已亏光出局，只能望洋兴叹了。所以，即使看对了未来趋势，活不到市场佐证的那一天，还是没用。

翻手为云覆手为雨

能够敏锐地捕捉预期差，并成功加以运用，已经是高段位选手了，更牛的是制造出预期差，获得翻手为云覆手为雨的神力。

作为其中的佼佼者，浑水研究公司（Muddy Waters Research）不可小觑，老外取名也很讲究，浑水一词很符合浑水摸鱼的气质。这是一家研究机构，看到哪家公司有问题，就公开出报告，号召市场做空它，当然它也能从中渔利。俗话说，苍蝇不叮无缝的蛋，浑水公司就是市场上嗅觉最好的苍蝇，只要它的小手一挥，无数大鳄都会紧盯而来。当年发布报告直指辉山乳业业绩造假，不仅数据详实，论证严密，还派出了无人机侦查辉山乳业的厂房，情况摸得一清二楚。当市场上的投资人都将辉山乳业看做白马股时，浑水公司如同点破皇帝新装的男孩，剑锋所指，所向披靡，辉山乳业当即暴跌85%。

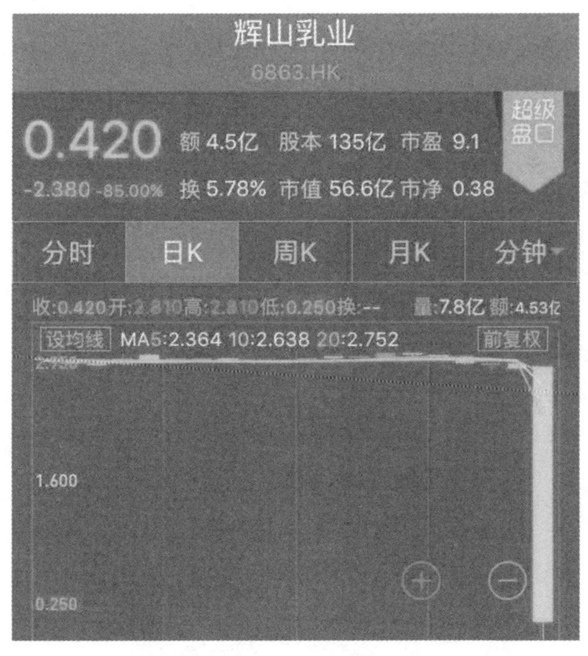

图4.9 辉山乳业股价暴跌

和研究机构能够比肩的还有评级机构，标普、穆迪和惠誉正是扬名世界的三巨头，手指一捏，哪家企业都吃不消，甚至国家都要礼让三分。穆迪曾下调土耳其的信用评级为“垃圾级”，土耳其里拉兑美元汇率应声下跌5%，此前里拉已经暴跌超过40%，土耳其要恢复元气怕是要等好久。

当然，说到神力比拼也有道行深浅的区别，曾经做空人民币的一帮华尔街大佬们不少亏得连底裤也不剩，任凭嗓门喊得再响，中国崩溃论说得多恐怖，最后还是没用。毕竟我们国家的资本是不能自由流动的，政府手中也有足够的底牌可以应对，比如外汇风险准备金的运用，有远期售汇的银行，每售出一笔，要缴纳一定比例的准备金（比如设定为20%），这笔钱会被冻结一年，是没有利息的，能够抑制境内企业远期购汇。在2017年9月11日，外汇风险准备金率从20%调整为0，远期购汇的成本低了，美元需求量增加，政策一出就抑制了人民币升值；自2018年8月6日起，又将远期售汇业务的外汇风险准备金率从0调整为20%，提高换美元成本，缓解了此前人民币汇率贬值趋势，稳定在6.9元附近。因此，即使看到了预期差，也要掂量一下，这段行情能不能吃到，和强势政府对垒是很不明智的。

无论是发现市场存在预期差，还是主动制造预期差，背后依靠的绝非个人直觉，而是对大量数据、资料的反复推演，运用不同事件发生的概率来辅助决策，这正是专业投资人的价值所在。

当2020年新冠疫情席卷全球，市场再一次迎来了至暗时刻，当悲观氛围到了顶点，“预期差”又将成为获取收益的来源，毕竟在偌大的市场之中，不可能没有一点光亮，我们所要做的就是克服恐惧，找到它。

城市发展战略调整，老家房子该卖么？

关键词：黑洞效应 城市群 都市圈 信托计划 资管计划

当南京至淮安的高铁宣布动工，引发网友热议，这段铁路简称“宁淮城际铁路”，设计时速350公里，预计2023年前竣工，届时南京到淮安可实现1小时内通达，北部宿迁、连云港，甚至邻省的日照、青岛等城市均将获益，南京的“1小时都市圈”再度扩容。

隔壁老王忍不住发问：淮安老家的房子该不该卖呢？

老家房子该卖么？

隔壁老王的疑问并非一时兴起，回顾城市的发展进程，中心城市对于周边城市有天然的“黑洞效应”，会将周边弱势城市的人口、资本、技术吸纳进来，高铁的开通，无疑会进一步加剧。

当然，“黑洞效应”的另一面是“扩散效应”。经过多年发展，中心城市的部分产业有外迁需求，周边城市也有机会承接，同样能获得人才和资本；对个人来说，中心城市在基础设施、医疗卫生、教育资源等方面投入的资金是天文数字，生活更有吸引力，为什么北上广深等一线城市的房价居高难下，部分原因在于那边的房子不仅是钢筋水泥的堆砌，还附着了天量资金沉淀出来的城市红利。

交通瓶颈一旦打破，更有利于周边居民加深对中心城市的了解，人脉也更容易重新建立，若经济压力可以承受，卖掉老家房子来中心城市发展自然水到渠成。

不过，能够保留一处老家房子留个念想也是乡土中国的特色。

城市发展新局面

然而，不可否认，隔壁老王的提问也是城市变迁的一个缩影。

原来的中学课堂，地理考试必选内容就是国内三大城市群姓甚名谁？京津冀、长三角、珠三角雄霸多年。据2019年《中国城市群一体化报告》显示，它们占全国经济总量40%以上，北京、上海、深圳是各自集群的绝对主力。

火车跑得快，全靠车头带。但是，车头也有疲惫不堪的时候，龙头城市的高速扩张同样带来了一系列问题，交通拥挤、住房紧张、环境污染等大城市病不胜枚举。

《国家新型城镇化规划（2014-2020年）》和“十三五”规划中，明确以城市群作为推进城镇化的主体形态。党的十九大指出，以城市群为主体构建大中小城市和小城镇协调发展的城镇格局，同时要建立健全城乡融合发展体制机制和政策体系，实施乡村振兴战略。另一方面，国务院在相关城市群规划批复中，明确了若干城市承担国家中心城市职能，进一步强化中心城市代表国家参与国际竞争和辐射带动周边区域发展的要求。我国高质量城镇化将逐步形成“城市群-都市圈-中心城市-大中小城市协同发展-特色小镇-乡村振兴”统筹发展的总体战略格局和全尺度空间组合链条。

根据“十三五”规划，我国将建设19个城市群，即东部地区的珠三角城市群（粤港澳大湾区）、海峡西岸城市群、长三角城市群、山东半岛城市群和京津冀城市群；中部地区的长江中游城市群、中原城市群和山西中部城市群；西部地区的成渝城市群、北部湾城市群、黔中城市群、滇中城市群、关中平原城市群、兰西城市群、宁夏沿黄城市群、呼包鄂榆城市群和天山北坡城市群，以及东北地区的辽中南城市群和哈长城市群。其中，珠三角、长三角和京津冀的城市群发展最为成熟，特别是长三角，区域一体化程度很高，当然，高铁的发展功不可没。

城市离得近并不意味着一定产生“化学反应”，这就有了都市圈的概念，能否“1小时通勤”成了试金石，宁淮城际铁路的开通意味着淮安被南京收入了自己的都市圈。

中国城市化的半场哨声已经响起，根据恒大研究院的预测，在2030年，我国城镇人口将达10.3亿，实现70%的城镇化率。与之对照，截至2019年1月，国家统计局数据显示中国的城镇化率为59.58%。

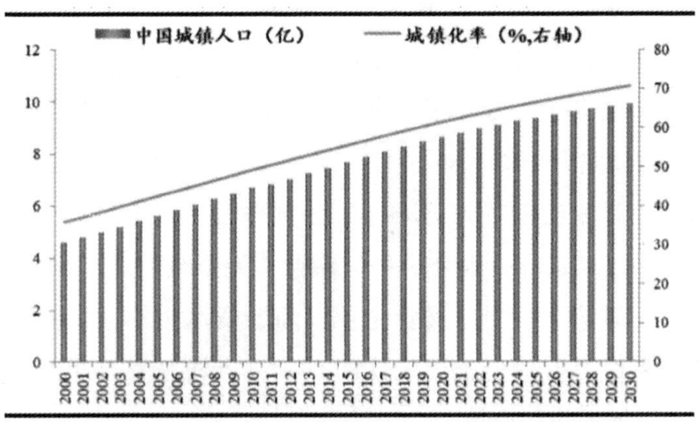

图4.10　中国城镇化率走势图

城市化的下半场，注定不一样，人口的集聚与区域的分化将是主旋律，选择在哪里奋斗不光是事业发展的差异，更是家庭财富的不同，城市之间的鸿沟也会越拉越大。

人人都有隔壁老王的影子

城市变迁之际，每个人都面临着选择，村里的到镇里买房置业，镇里的到县城里安家落户，县城的到城市里寻找机会，周边城市去省会，省会城市去北上深，北上深的居民有些还会选择移民出国，这其中既有一级一级地稳扎稳打，步步为营，也有从村里出来直接扎根北上深，上演一步登天的惊人逆袭。从这个角度来看，其实每个人身上都有隔壁老王的影子：在城市发展孕育的机会与挑战中，不断发问与抉择，并不是说哪个更好，只是看哪种选择更适合自己。

有朋友说："我已经居住在了心仪的城市，关心城市变迁又有什么意义呢？"这句话只说对了一半，城市变迁作为社会发展的底层代码，影响体现在方方面面，金融投资即是其中一例。

不少朋友会在银行、信托公司、证券公司等渠道选购发售的资管计划、信托计划、私募基金等固定收益产品，这类产品的门道有不少，某些专业名词也生涩，一时不容易看得懂，但是，关键筛选标准并不复杂，城市区位就是其中的一条。

以山西信托违约的"信远36号"为例，这款房地产类信托的融资人为"山西沃德建筑工程有限公司"，通过"天眼查"APP查询这家公司的股权结构图，显然这是一家民营企业，注册资本也不大，实力并不强，如果碰到这类情况，我们就要关注两点：一方面是看担保人实力如何，另一方面是看抵押物的质地怎么样。

图4.11　山西沃德建筑工程有限公司股权结构图

下图为这款产品的风控措施，看完的直观印象是拿来抵押的“东西”还挺丰富的，涉及担保的只有公司“非实际控制人”的庞秋菊提供的连带责任保证担保，这个担保效力就偏弱了。通常是由企业实际控制人提供连带责任担保，再找一家实力更强的企业作为担保人，如果融资人借钱还不了，担保人就要替它还钱。

风险控制	1、开平富琳裕邦房地产开发有限公司以开平新外滩项目1-4幢、8-10幢在建工程、超市、地下车库抵押 2、开平富琳裕邦房地产开发有限公司以开平市三埠区土地抵押 3、山西裕邦房地产开发有限公司以鑫大国际广场抵押 4、山西裕邦房地产开发有限公司以迎新西街在建工程抵押 5、开平卓开投资合伙企业(有限合伙)以开平富琳裕邦房地产开发有限公司股权质押 6、庞秋菊提供连带责任保证担保

图4.12 信远36号信托计划风险控制措施

风控措施中，涉及的抵押物有两类，一类是质押“开平富琳裕邦房地产开发有限公司”的股权，还有一类是以土地、在建工程等作为抵押物。

企业股权在理论上可以一文不值，股权质押的作用在于通过持有某家公司的股权，进而控制这家公司名下的资产，甚至掌控企业的运营。这款产品的蹊跷之处在于“开平富琳裕邦房地产开发有限公司”的股东名单中还有山西信托的身影，难免让人生疑：这中间会有什么故事么？

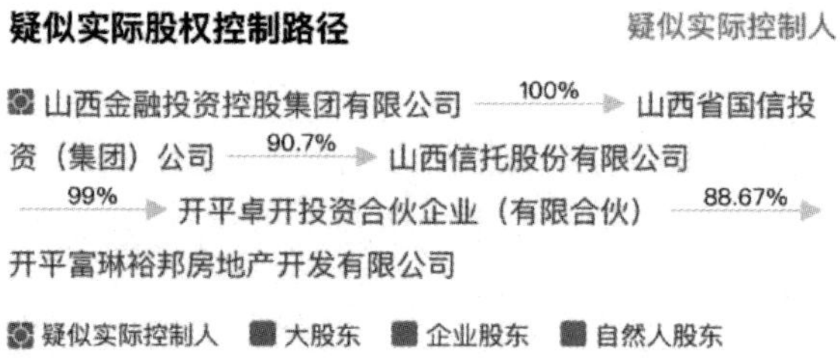

疑似实际股权控制路径　　疑似实际控制人

山西金融投资控股集团有限公司 —100%→ 山西省国信投资（集团）公司 —90.7%→ 山西信托股份有限公司 —99%→ 开平卓开投资合伙企业（有限合伙） —88.67%→ 开平富琳裕邦房地产开发有限公司

疑似实际控制人　大股东　企业股东　自然人股东

图4.13 开平富琳裕邦房地产开发有限公司疑似实控人

既然担保效力弱，质押的公司股权也有疑点，重点就要看抵押物了，房地产项目的抵押物有两大要点：一是货值充足，二是抵押物容易变现。

从这款产品的抵押物清单来看，初步印象是太零碎了，再看分布区域，基本是在广东省江门市的开平市和山西省运城市的永济市，这两个地方如果不查资料估计大部分人都没概念，从行政级别来看均是县级市，从经济发展来看，也想不到有“拿得出手”的企业。

抵押物	开平新外滩项目1-4幢、8-10幢在建工程、超市、地下车库，位于广东省江门市开平市金钊路1号。其中1幢铺位530㎡，估值1403万；1幢住宅1929㎡，估值1135万；2幢铺位378㎡，估值1001万；2幢住宅1535㎡，估值903万；3幢住宅18649㎡，估值8860万；4幢铺位3032㎡，估值5698万；4幢住宅8631㎡，估值4101万；8幢铺位1217㎡，估值2309万；8幢住宅2967㎡，估值1247万；9幢32283㎡，估值33651万；10幢5213㎡，估值2191万；地下超市6024㎡，估值5607万；车位估值3792万。估值合计71899万 开平市三埠区土地，位于广东省江门市开平市三埠区，面积95.48亩，估值22780万 鑫大国际广场，位于山西省运城市永济市舜都大道中端，商业、住宅，面积11413㎡，估值7748万，合6789元/㎡ 迎新西街在建工程，位于山西省运城市永济市迎新西街北侧，容积率4.6，面积33934㎡，估值22088万，合6509元/㎡ 抵押物合计估值124516万

图4.14　信远36号信托计划抵押物

“信远36号”的第一期是在2017年8月29日成立的，至今发行多期，第十一期是2018年7月发行的，期限两年，投资三百万以上收益达9.5%，比同类信托产品高一个百分点左右。目前，融资人“山西沃德建筑工程有限公司”已经失去了还款能力，出具股权质押的“开平富琳裕邦房地产开发有限公司”破产重组，还款的唯一希望寄托在抵押物的变现上，但是所处城市并非一线，也无特色，唯有一声叹息，钱要不回来难不成要分房子吗？可惜这些房子并不在热点城市，吸引力着实不足。

再以联储证券发行的“政融1号集合资产管理计划”为例，这款政信类项目在到期之后未能按时还本付息，投资人万分焦急。

这款资管计划的融资人是“内蒙古科尔沁城市建设投资集团有限公司”，是通辽市科尔沁区国资委全资设立的子公司，担保人是“通辽市城市投资集团有限公司”“科尔沁建设投资”持有的对科尔沁区政府约5亿元应收账款会转让给该资管计划，“科尔沁建设投资”与科尔沁区财

政局签署《债权债务确认书》。

从产品结构设计来看，的确是传统的政信类理财（一定程度上有政府信用做背书），融资人、担保人是百分百国企，也有政府应收账款转让作为风控条件。令人遗憾的是，这“浓眉大眼的家伙”依然违约了。

考虑政信类理财，还款意愿和还款能力两者缺一不可：从还款意愿来看，科尔沁区也不愿意当“老赖”，不然签了《债权债务确认书》又还不上钱，其实也不光彩；从还款能力来看，2018年科尔沁区一般公共预算收入才16.5亿元，目前，很多信托公司对一般公共预算收入的起点要求在30亿元以上，科尔沁区几乎只有一半，难堪大任。况且，大部分朋友对科尔沁的了解仅限于科尔沁牛肉干。

从百度地图可以看到，通辽市距离长春市和沈阳市在三百公里左右，这里经济发达程度远不如长三角一带，“1小时都市圈”很难实现，就是想被隔壁的城市群“带着一起玩”，也是心有余而力不足。

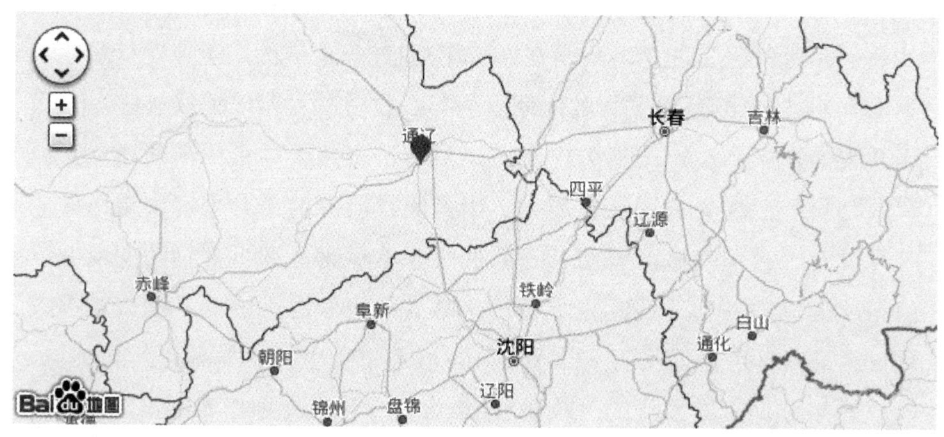

图4.15　通辽市的“都市圈”

这类政信项目：一是地域偏远，经济欠发达；二是融资人又在区一级政府，效力更弱；三是与热火朝天的“城市群”“都市圈”很难沾边，似乎被遗忘在角落。哪怕在长三角、珠三角、京津冀的城市圈里稍微弱一点的地方也行，好歹有“大哥哥、大姐姐们”带着跑。

未来，国内城市化的脚步依然不会停歇，还会孕育出大量的投资机会。但是，对于投资人而言，此一时彼一时，循着国家政策的脉络，加上相关知识的学习，总结适合自己的方法，才不会跌落于历史的车轮。

在此之前，不要轻易地评判自己并不熟悉的领域，现在金融似乎成了门槛最低的行当，看过几篇报道、听过几堂网课，很容易变成理财“愤青”。站在道德制高点上评头论足是最简单的，埋怨监管和骂街是最轻松的，但是，把问题本身梳理清楚却成了最难的，这反而是更重要的。

未来金融投资的机会在哪里呢？城市群就是筛选答案的第一道筛子。

一条“推特”抵万金

关键词：蝴蝶效应 手表定律 破窗理论 鳄鱼法则

一条推特能值几个钱？

火箭队总经理莫雷给出了答案，因在推特发表不恰当言论，引发轩然大波。

扇动翅膀的蝴蝶

“一只穿梭在亚马逊河畔的蝴蝶，偶尔扇动几下翅膀，会在两周之后引发美国得克萨斯州的一场龙卷风”。原因在于蝴蝶扇动翅膀，会导致它身边的空气系统发生变化，产生微弱的气流，进而又会引起四周空气或其他系统产生相应的变化，一系列连锁反应，最终结果令人瞠目结舌。

在混沌学中，被称之为“蝴蝶效应”，混沌学就是研究系统的长期行为对初始条件的敏感性。

莫雷的推特内容之前从未发生过，他成了第一个吃螃蟹的人，也成为了在NBA扇动翅膀的第一只蝴蝶。

事态发展并未如莫雷们设想地那样转眼风平浪静，不痛不痒的后续声明，未能平息事态，反而愈演愈烈：央视宣布暂停转播NBA，腾讯体育、虎扑篮球等媒体相继跟进；李宁、匹克、VIVO手机、瑞幸咖啡等赞助商暂停合作；李易峰、范丞丞等明星相继发声，同时退出上海NBA球迷之夜。

上百亿的银子转眼灰飞烟灭，前NBA总裁大卫•斯特恩苦心经营的中国市场眼看毁于一旦，国内NBA生态圈里的企业、个人备受牵连。

被逼到墙角的NBA

作为一次失败的公关案例，莫雷们做得很成功。当蝴蝶挥动翅膀的一瞬间，最容易平息事态，然而，久拖未决，事情经过发酵已然超出了控制。此刻，莫雷们还一脸困惑：“我做错了什么？”。

当年，快船队老板斯特林的女友在网络上晒出与魔术师约翰逊的合影，鉴于此前女友没少上传与黑人球员的合影，斯特林在一次吵架中怒了，脱口而出：“别把黑人带到我的比赛中。”这并非在公开场合，也不是社交媒体，而是私下吵架的录音被曝光。转眼间，整个NBA都炸锅了，连时任美国总统奥巴马都直言这是种族主义言论。

图4.16　斯特林处罚内容

伴着一曲《凉凉》的背景音乐，快船老板斯特林四面楚歌，不仅交了罚款，还被赶出了NBA，贱卖了球队。

如果真的有言论自由，甚至可以口无遮拦，这次保住了莫雷，那当年灰头土脸的斯特林岂不是太冤枉了，双重标准的直接结果是反应迟钝的NBA被逼到了墙角，两边不讨好。

在心理学中，存在着手表定律：当一个人有一只手表时，可以知道现在是几点钟，然而，当他同时拥有两只手表时，却无法判定时间，两只表并不能告诉一个人更准确的时间，反而会使看表的人失去对准确时间的信心。

它的另一层含义在于，任何一家企业，不能同时采用两种不同的管理方法，价值观也是一样。两个人都在打嘴炮，一个被驱逐，一个被挽留，所谓不干涉个人言论成了“双重标准”，到底哪一块手表上的时间才是正确的？这引发了所有人的质疑。

国人表现过激了么？

莫雷和NBA高层的观点在于每个人都有言论自由的权利，与此同时，私人观点并不代表官方态度。不同价值观之下，自由的边界其实并不相同。

在美国，可以用力去骂特朗普，但是不能去骂黑人；在英国，可以侮辱首相鲍里斯，但是绝不允许侮辱女王；在中国，可以满嘴“地图炮”，但是不能对先烈说三道四。这是不同国家和民族在历史长河中积淀而成的底线。

就算合伙去饭馆吃饭，点餐时还要问一下旁人有没有忌口，譬如吃不吃辣，要不要香菜，这是起码的礼貌。回顾事件，悲哀地看到莫雷们既缺乏对中国的了解，也缺乏了解的动力。对那些掏心掏肺把火箭队当成自家人的球迷来说，无异于吃了一记闷棍，原来多年感情的付出只是一厢情愿。

犯罪学中，“破窗理论”是经典之一，一扇窗户如果破了，没有人及时去修补，相隔不久，其它的窗户也会莫名其妙地被人打破。它认为环境中的不良现象如果被放任存在，会诱使人们仿效，甚至变本加厉。

国人的担忧在于，如果这次让莫雷们不痛不痒地顺利过关，未来会不会有接二连三的“莫雷”出现？在社交媒体上毫无顾忌地指手画脚，给国人的伤口上撒盐。

解铃还须系铃人

尽管NBA总裁肖华已经赶赴中国磋商，但是，解铃还须系铃人，莫雷是注定无法绕开的一环。

在野外，万一被一只鳄鱼咬住你的脚，千万别用自己的手去试图挣脱你的脚，因为鳄鱼会同时咬住你的脚与手，愈是挣扎，被咬住得越多。最终的选择是，被鳄鱼咬住了脚，唯一的办法就是牺牲一只脚，这就是经济学中的“鳄鱼法则”。

莫雷的道歉，甚至辞职，是挽回局面的唯一方法。

莫雷离场，并非单纯因为他信口开河，莫雷的职务是火箭队的总经理，一支球队的大当家。当年姚明加入火箭，球队估值是2.55亿美金，2019年的最新估值是23亿美金，爆发式增长的背后，离不开中国市场的鼎力支持。如今，自己的大嘴巴惹了祸，老板30亿美金市值的春秋大梦破碎，火箭队的中方赞助全部停摆，损失无法估量，连带着NBA联盟一起受累，未来经营业绩料将大不如前，作为一名职业经理人需要承担后果。

翻看这片土地承载的历史，莫雷们终将明白，在如此敏感的时期，发表如此荒唐的评论，中国球迷会与祖国站在一起。如果NBA的经理们还想从中国市场赚钱，尊重民族感情是最基本的要求。

金融过度娱乐化

关键词：金融 八卦 贴标签

伴随着各类财经自媒体的兴起，金融话题逐渐走下“神坛”、褪去神秘面纱，成为大家茶余饭后的谈资，资本大鳄、庞氏骗局、金融战争之类名词夺人眼球，言语之间血脉偾张。当金融和娱乐八卦一样，成为全民大联欢的“消费品”，普通投资人反而糊涂了，到底谁说得对？谁说得错呢？

金融过度娱乐化

金融作为经济的血脉，生活之中无处不在，任谁谈论起来也毫不费力，特别是高管花边新闻、公司不同背景、不同派系划分、宣扬道德审判之类，这些信息在网上铺天盖地，也没有晦涩难懂的条文，再加上猎奇心理，更容易被广泛接受。在饭桌上谈起，大家都能插上一两句话，既活跃了氛围，也有广泛参与的机会，皆大欢喜。

然而，这类信息的价值几乎为零，正如垃圾食品，看得多了，反而脑袋一团糨糊，若以此作为投资依据，那便离悲剧不远了。金融过度娱乐化，至少应当警惕两方面：

一方面，是抛弃常识，直接收割智商税。

曾有一张图片刷爆了朋友圈，在某金融机构会议的现场，一位自称哈佛大学毕业、加入过海豹突击队、前往叙利亚解救过人质、获得诺贝尔奖提名、参选过美国总统、被提名全球最有影响力大咖的嘉宾“横空出世”。这一系列头衔随便拎一个出来都足以镇住场面，遇到这类大神，听众的第一反应是：“哇，太牛了！他这么牛，讲的内容一定没错，要好好听听。”先别急着赞叹，简单分析，参选美国总统有什么条件呢？至少有五点：

1. 必须出生在美国

2. 必须是美国公民

3. 最低年龄必须达到35岁

4. 在美国居住的年限必须达到14年

5. 必须缴纳一定的保证金

再结合嘉宾的自我介绍注明是汉族，这是中国户口的特色，怎么可能符合美国总统的参选条件呢？我们甚至不需要查证这段履历，仅从描述来看便已自相矛盾。

尽管该金融机构紧急辟谣，声称这页介绍只是玩笑，下一页是正式简历，纯粹是网友断章取义引发的误会罢了。然而，金融业的底色本该是严谨审慎，被过度娱乐化之后，必然留下一地鸡毛。这类介绍竟然堂而皇之搬上荧屏，早已不是玩笑，而是随意挑逗听众的智商。

另一方面，是醉心于贴标签。

金融业本身是有门槛的，里面门道不少，体系庞杂，内容繁多。然而，时代发展越来越快，快餐式的信息分享成为主流。金融投资之中的假设前提被拆得七零八落，分析太多反而会被认为是骗子，直接给出答案才会令人心悦诚服。至于最终对错与否，反倒没人会记得，如果说鱼的记忆是七秒，那么，信息时代的热点很难超过七天。快餐财经的必然结果便是“标签党”盛行，所谓：国企就一定没问题；民企迟早要倒闭；华尔街精英站台就靠谱；广告多一定实力强；公司背后有靠山之类。

贴起标签来简单明快，感觉又爽又嗨，无意中为眼花缭乱的金融骗局培养了大批韭菜，看到对路的“标签”“旗子”就一窝蜂买单了。这种裹挟的力量异常强大，独立判断成为奢侈品，甚至连很多高学历人士都难以逃脱。例如，知乎20万粉丝大V、中国科学院在读遗传学博士李雷在币圈照样被收割，略显黑色幽默的是在杭州卷走十亿的“金融才女”朱丽丽仅是高中毕业，一个被高大上的“标签”蛊惑，一个热衷自贴“标签”，正如周瑜打黄盖，一个愿打一个愿挨。

金融民工的随波逐流

金融骗局之所以屡次上演，造成大面积“杀伤”，与这类金融八卦之风密切相关，甚至连行业内也不能免俗。有朋友会问：为什么金融行业不做好投资者教育、多宣传科普，反而眼睁睁看着众多“镰刀”飞来舞去呢？这至少牵涉两点：

一方面，金融民工们也要“吃饭”。大部分投资人没有接受过金融通识教育，信息渠道也少，日常接触最多的是理财顾问，然而理财顾问也有销售任务，愿意苦口婆心交流的凤毛麟角，万一碰到了，且行且珍惜。从部分理财顾问的角度来看，既然大部分投资人喜欢金融八卦、阴谋论，与其费力沟通，不如投其所好：碰上生性胆子小的，就说现在风险太大，其他家都要倒闭了，只有我们家理财最稳妥；碰上喜欢阴谋论的，就说隔壁金融机构站错队了，后面政府要收拾它，还是我们家政治觉悟高；碰上爱贪小便宜的，就说再买十万理财就有免费鸡蛋拿了，现在只剩下十盒还不赶紧下手？简单粗暴的语言更容易促成销售，理性客观的分析反而会让投资人一头雾水，敬而远之。金融业的“行格”被不少从业者拉低到街边小卖铺的水平，也是无奈的现实。

有没有纯粹的投资者教育呢？至少有一个半：譬如每逢315消费者权益保护日之类“黄道吉日”总要出来摆个摊、送个传单、发条信息，刷刷存在感，只不过这些内容太过阳春白雪，投资人看了也是一脸懵圈；

还有半个是各类金融机构举办的理财讲座，这类讲座的前半部分的确能提供不少金融资讯，值得参考，但是后半部分转而会引向产品销售，投资人被忽悠几次之后也不愿意来了，或是听一半就走，如何才能让投资人听完全场呢？不如讲座结尾安排一次抽奖，皆大欢喜。

另一方面，金融同行们不愿“多事”。前些年金融行业乱象频频，钱宝、E租宝之类牛鬼蛇神害人不浅。然而，难以否认的是前期投资它们确实也赚钱了，还有不少人成功“逃顶”。如果第一年隔壁老王想投资钱宝被好言相劝，眼睁睁看着别人赚得盆满钵满，自己被理财经理们“忽悠”买的理财才四个点收益，心中能不怨恨么？毕竟钱宝在南京扛了八年，至于崩盘，隔壁老王心想要是买几年就取出来，就算倒霉也轮不到自己，怎么会亏钱呢？这正是很多投资人的内心写照。对于金融同行们而言，遇上投资人前来咨询，多一事不如少一事，敷衍了之也是一种选择。毕竟，很少有人会记得好言相劝避开踩雷的事，反而会对错过发财机会懊恼不已。

不愿“多事”的另一层原因在于底气不足。投资人理财是为了赚钱，但是金融市场的风云诡谲让每一位信誓旦旦能赚钱的理财经理都灰头土脸。例如2015年股市高点正是基金销售火热之际，银行、券商等“正规军”更是主力销售渠道，当年听信入市的投资人如今大多损失惨重。不少投资人心想：反正在哪儿都是亏钱，还不如去P2P搏一把。尽管理财经理们据理力争，但是投资人只要咬定一条他们立马就怂：“你要说的都那么对，当年怎么会让我亏钱？要说赚钱，为什么最后赚钱的都是别人不是我？”如果平时与投资人的沟通热衷于“贴标签”式的粗放交流，碰上这类难题，就算有理也说不清了。

真正的牛市没有定语

隔壁老王有句口头禅：“你们做金融的都是骗子”。这句评语包含了万千怨愤、悔恨、无助和惆怅，却也是金融娱乐化时代的注脚。

当新财富最佳分析师评选拉票涌现出美照、靓照、辣眼照的时候，折射出金融业难以逃脱的时代难题：“信息超载之下，如何发出自己的声音？”世上最惨的事不是说错了，而是明明你说得很对，但是大家都没有听到。如果连大众都没有听到，又何谈对错呢？因此，搏出位就成了不少金融同行的选择，荒诞之下倒也顺理成章，不必急着站在道德的制高点上批判，这只是一个时代的缩影罢了。

微信圈里，各种“标题党”司空见惯，比起金融知识，金融同行们发现语文水平更加重要，单说牛市，随便百度就能得到一箩筐的牛，譬如水牛、慢牛、结构牛、改革牛、小康牛、少年牛等等。隔壁老王最无法接受的就是，明明说了这么多次牛市，为什么买进去还是亏钱呢？牛市不应该赚钱么？其实，真正的牛市是没有定语的，就叫牛市，有时加上一系列定语，恰如给熊披上五彩斑斓的牛皮，这样“老乡”们看了总不至于跑得太快。

被这些夺人眼球的新闻摧残多了，就算一个正常人都会觉得做金融的都是骗子。但是，从另一个角度来看，当我们的兴奋点被吊的越来越高，越来越关注那些“耸人听闻”的内容，反而会愈加麻木，对真正有价值的信息视而不见，毕竟那些含金量更高的“一手”信息往往更加平淡无奇。

我国金融市场受政策影响很大，对于政策文件、会议纪要的解读是非常重要的。但是，这些政治化语言的“弹性”很小，辞藻变幻没有那么华丽。如果看惯了“标题党”和各类情绪亢奋的檄文，再反过头来看这些政策文件，正如喝白开水一样索然无味，像是说了什么，又像是什么都没说。当我们沉湎于追逐各类金融娱乐化热点，反而会离真正的金融愈加遥远。例如，2019年12月1日中国人民银行行长易纲在《求是》发文《坚守币值稳定目标　实施稳健货币政策》，文章对货币政策的本源、目标、着力点等做了相对系统的阐述，然而，不少财经短新闻的标题改成了《不能让百姓手中票子变“毛”了》，几千字被浓缩成了几十字，效果大打折扣，再加上留言区键盘侠们的“冷嘲热讽”，读者看了难免心灰意冷，甚至会觉得连金融监管部门也不可信。

谈论金融的角度有不少，金融八卦是第一重，理财产品是第二重，公司治理是第三重，政策解读是第四重，市场研判是第五重。每一重之下都涵盖了无数细节逻辑、历史渊源、博弈平衡、社会演变，对这些内容的探讨才会距离本源更近。

抗击疫情，应担心的不是肺，而是肾

关键词：双黄连口服液 机会成本 损失厌恶 博弈论

步入2020年，新型冠状病毒疫情席卷全国，各方严阵以待，风声鹤唳。

人民日报官方微博曾发布消息称：中国科学院上海药物所最新研究表明：中成药双黄连口服液可以抑制新型冠状病毒。消息一出京东商城、淘宝网等各大网络平台的双黄连口服液被抢购一空，甚至连名为双黄连的兽药都未能幸免，只留下双黄莲蓉月饼躲在角落里瑟瑟发抖。

抢购风潮袭来

疫情发展至今，其实应该担心的不是大家的肺，而是肾。这次新型冠状病毒肺炎来势汹汹，传染力很强，有不少网友留言，被病毒感染之后，看片发现肺部全白，惨不忍睹。肺是受了大罪，但是大家的肾也不好过。早在疫情发端之初，网上就掀起了抵抗新型冠状病毒的各种神药，比如板蓝根、藿香正气水、维c泡腾片之类。前不久，某高校研究表明金银花、绿茶也有防控功能，再加上被人民日报“加冕”的双黄连口服液，可谓神药荟萃、济济一堂。会不会有好事的网友把这么多药都吃个遍呢？还真难说，不过吃了这么多药，肾怎么能受得了。

只要做好个人防护，尽量不出门，出门戴口罩，疫情是可以得到初步控制的，办法简单有效。然而，如果大家听信传言，乱买药、乱吃药，那么，最终会发现，感染疫情的也就几万人。但是，跟风吃药吃坏肾的，可能有几十万，甚至上百万，这就得不偿失了。

抢购风潮，我们向来不陌生，早在多年之前，我们已经领教过抢购食盐、抢购醋的人潮汹涌，当然，每次疫情也少不了板蓝根颗粒的倾力加盟。人民日报的官方微博完全低估了群体性疯狂，未曾料到乌合之众的威力。也许人民日报的小编还觉得委屈，微博里明明写的是可以抑制新型冠状病毒，抑制的意思是，人要先得了这个病，然后再服用双黄连口服液，可以缓解病情，对于那些没有得病的老百姓而言，为什么要去买双黄连口服液呢？

当然，我们可以批评抢购双黄连口服液的老百姓，语文水平不过关，但是，在这一次又一次抢购风潮的背后，其实有着经济学的影子。

机会成本在作祟

顾名思义，机会成本是指做一件事情要放弃另外一件事情作为代价。当我们回顾这些抢购风潮时发现，无论是双黄连口服液、板蓝根颗粒，还是食盐、醋，这些商品的价格都不高，也就十几块钱，甚至几十块钱，对于大多数老百姓而言，这样的价格可以负担得起。可以设想如果某一天，人民日报的官方微博说，某研究所发现某款治疗其他疾病的仪器也可以用于新型冠状病毒的防治，但是这台仪器的价格是2000万。相信这条微博披露出来，是很难引发抢购风潮的，因为它的机会成本太高了。如果买下它，要花2000万，这在南京可以买到核心地段的大平层，或者品质不错的独栋别墅，更何况这台仪器的功用不一定对所有人奏效。

然而，如果要买一盒双黄连口服液，价格只有几十块钱，效果虽然模棱两可，但是很便宜呀？不买药也就能买几个烤串吃，更何况这次用不上还能备在家里，说不定以后头疼脑热。

这时，又会选择哪一样呢？不同的机会成本带来不同的选择结果，双黄连口服液容易形成抢购风潮，关键在于它的机会成本很低，对于老百姓来说付出的代价无关痛痒。

损失厌恶的纠葛

损失厌恶，即人们在面对同等程度的收益和损失时，损失带来的痛苦感，要高于收益带来的幸福感。

这样的案例不胜枚举，早在十几年前，我刚来南京不久，有一天去夫子庙逛街，发现一家服装店的橱窗上写着“最后一天营业”“亏本大甩卖”“全场跳楼价”。看到之后，我心想这家商场明天就要倒闭了，如果在倒闭之前这些货卖不出去，那就全砸老板手里了，亏得更惨，赶紧进去看看，100块钱买了三条皮带，老板还送了两条领带，顿时有一种占了大便宜的感觉。

虽然便宜，但是东西质量真心差，一条皮带只能用一个多礼拜。当时以为这家商店真的倒闭了，所以也就没再去找老板。直到近一年之后，再次路过商店，发现橱窗上还是写着“最后一天营业”，当时就愣住了，问了商店对面摊位的大姐，大姐坦言这家店天天都写着最后一天倒闭。

这家商店的老板卖那么多假货，固然要谴责，但是人家深谙损失厌恶，又不得不服。当一件商品摆在面前，就这个价，就这个货，你要不买，很快就没有了，对于大多数人而言，第一反应是要买。如果这次没有下手买，错过了，在心里留下的阴影和感伤，要远大于买了这件商品之后，它的使用带来的快感，这便是损失厌恶在作祟。当经历过口罩、消毒液抢购的人们发现，人民日报官微披露了双黄连口服液可以抑制病毒，每一个人心里都很清楚，如果再不买，可能几分钟，甚至几十秒，就再也买不到了，必须在一瞬间作决断。由于机会成本很小，再考虑到损失厌恶，参与抢购是相对理性的选择。

这些抢购双黄连口服液的朋友，其实经济学学得不错，但是语文没有学好，没有看懂“抑制”两个字的含义。

博弈论下的抉择

在某座城市的警察局，分别关押了两个小偷，是一起盗窃案的共犯。警官和这两个案犯分别说：如果两人都坦白罪行，交出赃物，由于证据确凿，两人会被判有罪，刑期8年；如果只有一个人坦白，另一个人抵赖，则抵赖的人要判10年，坦白的人功过相抵，立即释放；如果两人都抵赖，则警方因证据不足，不能判偷窃罪，只能按照私闯民宅将两人各判入狱1年。

表4.2 “囚徒困境”

A\B	坦白	抵赖
坦白	8，8	0，10
抵赖	10，0	1，1

对于两位小偷来说，他们并不知道对方是如何选择的，此时，自己坦白是最好的选择，这便是经典的囚徒困境，双方坦白是纳什均衡，双方抵赖则是帕累托最优。

面对抢购潮，一家超市贴出了告示，呼吁大家不要抢购蔬菜，文中写道：“蔬菜不缺，但是，你一抢，就缺了，我们只好成倍调货……过几天，菜囤多了吃不完坏了，进货太多卖不掉烂了。我们不要相互折磨好不好？”

抢蔬菜也是一种囚徒困境，如果大家都不去抢，自然是最优选择：菜价不会涨，超市不必担心进货太多菜卖不掉烂了，老百姓不用去抢购，最多只是过几天吃完菜再跑一趟而已。但是，如果有人抢蔬菜、有人不抢，那么，那些不抢的人就惨了，正如囚徒困境中选择抵赖的人一样，家里没菜就断炊了，最终的选择就是大家一起哄抢蔬菜，和囚徒一起坦白一样。

回想报班参加学而思的家长，其实也一样，重要的不是自己的孩子学不学，而是其他孩子学了、自己孩子没学就悲催了。

经济学并不是万能的，一旦失灵，就需要政府出手调控。比如，近期南京政府有关部门在“我的南京”APP上开放了预约购买口罩的功能，每人限购20只，可以凭借预约成功的短信去指定药店购买。

尽管我们不知道疫情还要持续多久，但是，相信疫情最终一定会得到控制，双黄连口服液之后，不知道还会出来多少所谓的神药，提醒大家不要抢、不要乱吃药。面对类似新型冠状病毒肺炎这样的新事物，认知有一个过程，指望很快推出特效药是不现实的。疫情肆虐之际，最好的做法正是钟南山院士说的：宅在家少出门、勤洗手、出门戴口罩。

第五章 不同人群如何理财

孩子春节压岁钱怎么办？快来整理衣柜吧

关键词：衣柜 理财思维 功能 复盘

新春佳节，自然少不了走亲访友，压岁钱成了交流情感的纽带，孩子们的腰包也在“恭喜发财，红包拿来”的戏谑中，越来越鼓。

让人既爱又恨的压岁钱

压岁钱起源于汉代，明清时期开始流行，传说压岁钱给了孩子，万一碰到妖魔鬼怪，孩子可以用压岁钱贿赂它们从而逢凶化吉，有着驱邪祈福的含义。

以前的压岁钱也不是真钱，只是造型接近，会有“千秋万岁”“天下太平”之类吉祥话，再印上“龙凤”之类图案，类似护身符。明清时期，开始给真钱了，当时是用红绳把铜钱串起来给，也有“串钱”的别称；民国时期，纸币开始流行，连号钞票受到热捧，有好运连连的意味，一直沿用至今。

新中国后，压岁钱的价码从几分钱涨到几毛钱，现在包上几百、几千都司空见惯，如果地方习俗中压岁钱定的价码太高，往往会造成负担，苦不堪言。

对于家长而言，孩子年龄稍大些，处理压岁钱就成了更为头疼的话题，如果开明一些，把钱都给孩子留着，会担心孩子乱花钱，大手大脚惯了变成败家子，以后生活更麻烦；如果霸道一点，把孩子的压岁钱都拿走，美其名曰以孩子的名义理财，直接买银行理财或是教育保险金之类，看着简单，但是又无法培养孩子的理财习惯，就算孩子长大了再勤俭持家，万一碰上金融诈骗，自己没有识别能力，难免会被骗得一干二净，那还不如直接败光家产“划算”；如果是孩子留一些，父母拿一些，无论比例怎么定，孩子都会感觉父母有点像黑社会，是跑到“档口”去抽成的，虽然孩子出门走亲戚的动力强了，但是亲情的味道反而变淡了。

压岁钱怎么给？

我们都希望有一种方式：既能让孩子体会到赚钱不易，又能培养孩子的理财习惯，还能增强孩子的理财思维。

其实，压岁钱可以分为两部分：一部分是自己家父母和爷爷奶奶给的，不需要还礼；另一部分是身边亲戚好友给孩子的，是需要还礼的，有资金成本。前者可以交给孩子打理，数量也不大，后者孩子想拿走，就要付出劳动。比如帮助父母整理衣柜，把春节后的一个月划分为四周，每周整理一次衣柜，把有资金成本的压岁钱划分为四等份，根据每周整理衣柜的情况再分别给压岁钱，某一周整理得好就四分之一全给，整理得一般就给四分之一的一半。最终让孩子明白，他的工作成果和“奖金”挂钩，一次做砸了也没关系，他有四次机会可以尝试。要想偷懒就只能拿自己家人给的钱，毕竟只有家人的爱是无条件的。从游戏化的视角来处理相对棘手的压岁钱问题，也是值得尝试的方法。

为什么选择衣柜？

不少朋友纳闷，整理家务的内容有很多，比如拖地、洗碗、擦灰……为什么要选择衣柜呢？

因为整理衣柜是最接近理财思维训练的方式。平时可以留心观察，如果家中衣柜凌乱不堪，理财大概率也会不如意，如果家中衣柜井井有条，理财也很少会踩雷，更不会亏得血本无归。

图5.1 衣柜示意图

首先，衣柜是有功能区的。哪些是挂衣服的、哪些是摆鞋的、哪些是放包包的，一目了然。它们有着各自不同的特点，比如挂衣服的位置通常较高，用横杆打通，衣架挂起来，方便挑选；放包包的位置通常是方形格子，摆放在上面，很少有吊着包的；放裤子的地方通常是推拉式抽屉，一根竖杆上搭一条裤子，不易发生褶皱，颜色款式也方便识别。

理财也是一样，有固定收益类理财，可以稳健增值；有股票投资，承担风险更高，当然收益也可期待；有保险产品，可以弥补一部分疾病、意外等风险带来的损失。有了功能上的划分，我们会对那些看起来收益又高又安全、产品又好又紧俏的金融诈骗保持天然的警惕，每款理财承载不同的功能，不可能有一款“包治百病”的理财值得我们押上身家，这就避免了理财“踩大坑”，回顾金融诈骗案例，不少人是一朝翻船便一无所有，只留下一声叹息；

其次，我们的衣物也是丰富多彩、类型多样。以裤子为例，有用于正式场合的西裤，有用于体育锻炼的运动裤，有御寒保暖的秋裤、棉裤，有平时外出穿的牛仔裤。这就像我们买理财一样，同样是买固定收益类产品，可以选择流动性好，想赎回就能赎回的货币基金，也可以选择短期限的银行理财，如果资金量超过三百万，还能选择收益更高的信托理财。如果脑海里有多种裤子的思维框架，买理财时也能触类旁通，选择功能类似，但是更适合自己的理财品种，不要在“一棵树上吊死”。现在都21世纪了，还有投资人只买银行2%不到的定期存款，也是一种遗憾；

再次，衣柜内的衣服并非一成不变。比如孩子整理春节期间的衣物，一方面，自然是把衣服裤子放到该放的位置上，另一方面，也会考虑春节后不久，天气回暖，一些御寒衣物可以适当收起来，增加夹克衫、薄毛衣之类应季服装，正所谓换季换衣服。

我们买理财也是随行就市，如果股市未来机会多可以考虑参与，如果未来前景不明朗，经济又在筑底，自然要找靠谱机构发行的固定收益理财。衣柜里的同类衣服多了要考虑更替淘汰，市场上的金融机构这么多、理财产品眼花缭乱，自然也有更替轮换的过程。对于男人来说，衣柜里一定要有一类适合自己的经典款，理财也一样，经过遴选后，每类理财确定相对固定的理财渠道，可以省去很多麻烦。

最后，不断整理衣柜的过程也是一种复盘。哪些衣服买了结果没穿多少次，当时是什么原因买的，是一时冲动，还是有特定用途，是跟着隔壁老王买的，还是被某位明星影响的。养成的复盘习惯对于理财来说十分重要，在过去的市场中，抓住了哪些机会？避开了哪些风险？有什么失误需要警醒？有哪些决策需要反思？不断地积累和总结，是每位投资人的必修课。

整理衣柜的背后是一种“收纳思维”，体现了一一匹配的智慧和不断调整的意识，再复杂的理财方式都莫过于此。理财知识学无止境、浩如烟海，然而，理财思维却极简，需要多加训练，衣柜的整理即是其中一例。

希望压岁钱能成为培养孩子理财思维的契机，而不仅仅是一沓钞票。

大学生应该如何理财

关键词：大学生 校园贷 理财习惯

大学是非常特殊的人生阶段，是从校园生活到社会打拼的过渡，除了世界观、人生观、价值观的形成，还有不少习惯、性格的塑造，当然也有不少第一次的人生经历。对大多数朋友来说，大学生活是第一次开始自己理财，父母给的生活费、兼职赚的打工钱，成为第一笔财富，金额虽小，但是意义重大。

悬崖边的金子

大学生面临的机会太多了，几乎有无限可能，不可限量。如果拼事业，多去尝试总归是好的，但是对于理财投资，少就是好，明白“不做什么”远比明白“能做什么”更加重要。

“校园贷”的肆虐让监管部门至今心有余悸，成为社会热点，众说纷纭。曾有专家批评，不少大学生喜欢攀比，是“校园贷”横行的诱因，比如小李看到小张买了一部新款苹果手机，玩游戏的体验很棒，咬咬牙也买了一部，宿舍同学们一看：大家都换新手机了，谁也不甘落后，有的节衣缩食买，有的实在没钱就和同学借钱买，甚至还有卖肾换钱买手机的，毕竟开始要面子了。

这类消费金额不小，又属于一时冲动，想起来就买，到正规金融机构借钱不易满足，等一系列审核流程走完，黄花菜都凉了，逐渐兴起的“校园贷”就成了最适合的渠道。它有三大特点：一是放款速度快，需要钱就提交申请，很快到账，让大学生想买就能买；二是无抵押无担保，往往上传身份证就行，符合大学生“无产阶层”的特点；三是借款成本很高，主要分为两块，一方面是名义的借款利率，尚在国家法定范围内，另一方面是以“服务费”“手续费”等名目来收取的额外开支，经常被忽视。虽然它的实际成本高，但是，在宣传时往往以每天仅需***元展示，让大家误以为成本很低。

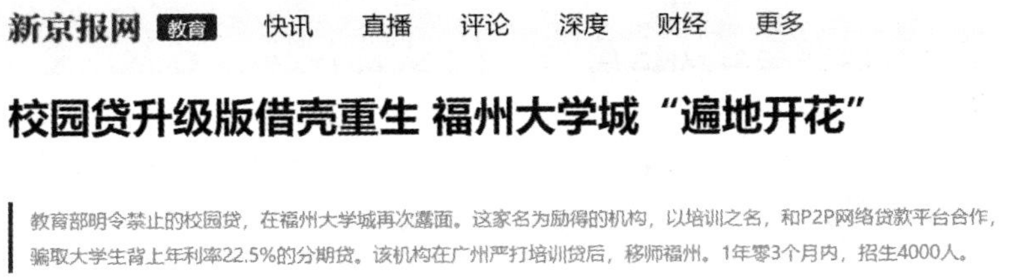

新京报网 教育 快讯 直播 评论 深度 财经 更多

校园贷升级版借壳重生 福州大学城“遍地开花”

教育部明令禁止的校园贷，在福州大学城再次露面。这家名为励得的机构，以培训之名，和P2P网络贷款平台合作，骗取大学生背上年利率22.5%的分期贷。该机构在广州严打培训贷后，移师福州。1年零3个月内，招生4000人。

图5.2 校园贷“遍地开花”

对于“校园贷”，理性的选择是不参与，然而，这并不代表大学生能轻易逃脱，它往往会嵌入到大学生活之中，令人防不胜防。比如，很多培训机构都会在学校贴广告，有学习英语的、有锻炼口才的、有辅导工作的等等，如果听了一堂课，感觉还不错，培训老师会建议你参加某项“培训计划”，再借你的身份证登记，如果你暂时没钱也没关系，可以把六千块培训费分期缴纳，每月只交五百块，再额外加点利息。在大家的传统观念中，多学习总归没坏处，更何况每月的经济压力并不大。等听了两堂课之后感觉不值得、想退钱，这时就傻眼了，原来培训机构已经以你的名义向网贷公司借了六千块，每月还的钱不是给培训机构，而是给了网贷公司，如果这笔贷款不想还，自己的信用会带着污点进入央行征信系统，将来毕业之后，找工作、买房贷款之类都有影响，真可谓“哑巴吃黄连，有苦说不出”。

互联网科技的进步，大大改善了网贷的审批流程，简化了提交手续，不少金额不大的贷款，只要一张身份证就够了。这不仅方便了借款人，同时也给了骗子们可乘之机。因此，在校大学生的个人身份信息务必保管好，看不明白的文件不要轻易签约。

大学生群体毕竟经历简单，社会经验不足，对很多事物缺乏判断力。如果对某件事没有把握，可以百度搜索相关新闻，看看有没有类似情况发生，多和父母、学长交流，学习前辈的处理经验。在信息化时代，只要我们有心，那些骗人的伎俩是藏不住的。

最好有股票亏钱的经历

很多朋友说理财要等到手里攒到几十万、甚至上百万的时候才有意义，不然就那么点钱，连一些理财产品的认购门槛都达不到，学习理财感觉意义不大。这些观念听起来蛮有道理，其实是错误的。

经常接触到一些朋友，事业很成功，也赚了不少钱，但是，理财水平实在不敢恭维，甚至在很多骗局中亏了大把的银子。有时聊起来他们会抱怨：以前没钱的时候不注意学习、掌握基本的理财知识，等到赚大钱了，发现根本没时间静下心来看书，很多概念也经常混淆，脑子里对理财的看法好似一团乱麻，后悔当初关注太少。人总不能干一辈子，我们迟早有一天会退休，那时候养老金就成了唯一的收入来源，等到垂垂老矣再去学习怎样理财会更加痛苦。

大学生活，除了必须完成的课业，还有不少时间可以自由支配，千万别荒废了。无论选修什么专业，金融理财都值得关注，这会打下一辈子的基础。我们不一定要看格雷厄姆、达里奥之类名流的著作，学习一些基本概念更实用，对于常见理财的类型、不同产品的特点、影响因素等有全面的认识，了解市场上提供理财产品的金融机构，熟悉它们的定位和各自经营的范围。最终在自己的脑海里绘制一幅“理财地图”，未来不论遇到什么样的理财，都可以在“地图”上清晰标注，有了明确的框架，自然不容易上当受骗。

一般大学生手里的钱是家长给的，少部分有打工收入，这些钱可以划分为四个部分：1.生活必要开支，特点是金额比较稳定，比如一日三餐、购买生活日用品等；2.学习充电费用，可以根据所学专业需要的必要培训，按照轻重缓急，提前排好时间表，在每月生活费中提前预留一部分；3.人情往来，平常同学聚会请客吃饭，或者谈恋爱看电影之类，开销弹性比较大，路边摊麻辣烫能吃，五星级酒店也能聚，需要量入为出，至少不要影响正常学习和生活；4.随机支出，比如想换一台新电脑，这类开销往往金额不小，大部分是冲动型消费，在前三个需求得到满足，尚有余力的情况下再予考虑。面对冲动型消费，建议大学生们不要急于做决定，让自己先睡一觉，冷静下来，第二天再做选择，会更加理智。

资金划分成不同的板块，自然也就有了不同的理财需求。比如生活必要开销，随时会用，这部分钱就放到货币基金里，闲时能够生息，另外可以买份消费型医疗险，一年才两三百块，万一不幸得了重病也不必麻烦同学们募捐；再如学习充电类，比如计划明年五月参加某项培训，就可以买定期理财，时间一到拿出来，专款专用；人情往来和随机支出的钱，可以考虑参与基金定投等权益类投资，股市行情好的时候鲍鱼海参换电脑，行情差的时候关灯吃面流眼泪，有了这样的体验，才会对市场波动保持敬畏之心。这类投资不必担心亏钱，大学时代亏得再惨，一般也就万把块钱，若没有这类惨痛经历，工作后哪天脑子发热满仓干了，亏上几十万、上百万都很正常。

不少朋友工作多年之后，仍然习惯把所有资金都做一类理财，没有划分资金用途的意识，缺乏理财组合的理念，很容易成为“月光族”，着实可惜。

积累信用，爱惜羽毛

大学是相对公平的地方，较少掺杂家庭背景、职场政治之类额外因素，大家对自己的行为负责、为自己的信用背书。若是向老师同学们借钱，一定要按时归还，承诺的事尽力做到，千万别坑老师和同学，逐步积累自己的信用，缺乏有形资产的时候，就用心经营自己的无形资产。

今后不论从事什么职业，靠谱很重要，积累的口碑、声誉是非常关键的，考虑到大学生就业存在路径依赖，往往大学在哪座城市，就业也会优先选择在这座城市的工作，现在的同学圈就是未来的事业圈。

理财爆雷潮，为何“60后”“70后”亏得最惨？

关键词：违约 金融去产能 计划经济 市场经济 碎片式理财

面对金融市场的“雷声阵阵”，很多人越来越不敢买理财了，选购的第一标准是稳健，其次才是收益，如果没有合适的产品，宁愿放在银行做活期理财。遥想三四年前，沉溺于各类高收益理财的朋友们热情高涨，很少关注风险，如今伴随着各类产品违约、公司跑路，又走向了过度保守的另一极端。

虽说投资理财的故事大多是茶余饭后的谈资，但是，真金白银的损失如人饮水、冷暖自知。近些年，情况并未好转，从投资者感受来看似乎愈演愈烈，这已经超越了单一产品、某家公司、甚至某个金融细分行业的范畴，背后是金融行业去杠杆、去产能的进一步推进，正如刮骨疗伤，愈到深处，愈加疼痛。

何为去产能？

当年读高中，课本里曾用一幅图片展现了美国经济大萧条的惨烈，不少人刚从奶牛场拿来的新鲜牛奶，不是考虑如何包装加工，而是直接倾倒在农田里，场面甚为壮观。开始误以为资本家宁愿把牛奶倒掉也不愿意送给贫困的农户，实在可恶，后来才发现，倒掉牛奶的不一定是资本家，更多的是农户自发行为，原因之一就是需求不足引发的产能过剩。

简单来说，需求不足就是大家兜里没什么钱，买不起东西了。大萧条之前的1920年到1929年，美国工人每小时的工资只上升了2%，而工厂里工人的生产率却猛增了55%（数据源于百度百科）。以牛奶为例，大家慢慢地喝不起、也用不起了，但是牛奶生产依然旺盛，更加悲催的是发现牛奶降价之后，很多消费者依然买不起，牛奶卖不出去就只能倒掉，不然库存成本同样令人苦不堪言。这就是需求不足引发的去产能，联想到我们国家几乎每年都要上调最低工资标准，背后的原因之一就是担心老百姓没钱去消费。如果碰上一些行业性危机，政府还会安排专项补贴，比如家电下乡，激发新需求，帮助家电企业去库存。

需求和供给是一枚硬币的两面，若供给出现问题，也会引起去产能。譬如改革开放初期的温州，以生产劣质鞋名震天下，特别是1987年8月8日，杭州武林门一把火烧了五千多双温州劣质鞋，在全国掀起“围剿温州鞋”的热潮，甚至还诞生了新名词：“一日鞋”，即一双鞋穿上一天就会坏掉，可见质量差到什么程度。这类伪劣产品，即使白送给朋友们，相信也没几个人愿意要，当初买也是因为不明真相，等回过神来，自然是愤愤不平。从供给的角度来看，即使这类鞋子有成千上万双，但是愿意买单的却寥寥无几，若是去产能，自然也首当其冲，不把这些劣质鞋厂打成过街老鼠，整个温州鞋业市场一定会被唾弃。事实上也是这样做的，在去掉劣质产能之后，以意尔康为代表的制鞋企业开始崛起，重塑了市场对温州制造的信心。

如今在风口浪尖的金融业，处境和当年的温州制造如出一辙，我们并不否认金融企业中也有类似“意尔康”这样兢兢业业做实事的。然而，当您看到满大街都是各类财富公司、P2P公司的时候；当您看到开饭店的、干澡堂子的也满心欢喜投身金融业的时候；当您身边充斥着大量没有多少金融背景，但是依然夸夸其谈的销售人员的时候，应当有所警觉：金融业是该去产能了。近些年来，我们看到的各类违约、跑路、崩盘，只不过是金融业去产能过程中的音符，残忍、决绝，却又不得不做、无法逆转。

经历“计划经济”的一代人亏得最惨

我们非常幸运，经历了改革开放带来翻天覆地的变化，物质财富极大增长，但是，很多朋友的思想意识却未能跟上，特别是在金融投资方面，如果用骑三轮车的方法驾驶奔驰、宝马，想不翻车都难。

以金融业去产能为例，在计划经济框架下，生产多少、卖多少，有清晰的规划，与此同时，企业基本是国企，人人端着铁饭碗，生产假冒伪劣商品着实没有必要，谁也不敢轻易丢饭碗。对于那些经历过计划经济，同时又赶上改革开放大潮的“60后”“70后”们而言，自然是幸运的，积累了可观的财富。然而，他们在投资理财方面有两大致命伤值得警醒：

一方面，过于相信国家媒体、荣誉奖项的背书。在计划经济时代，电视台、电台等媒体是党的喉舌，发出的声音极为权威，可信度很高，但是进入市场经济时代，媒体有了额外的广告收入，播出的内容更加多元化，媒体编辑不可能对每条广告分辨真伪，难免“助纣为虐”，比如，当年叱咤风云的“e租宝”，也在很多电视台播出过广告，不少投资者愿意买它的理财，和媒体广告有莫大关系，然而，电视台毕竟不是金融机构，很难为投资者的损失买单，不得不说观念不转变真是害死人。至于荣誉奖项，在计划经济时代是非常神圣的，一朵大红花、一张荣誉证书的背后，甚至是一个人付出的生命。在市场经济时代，真正客观公正的评选也有，但是凤毛麟角，对于奖项评选的运作甚至成为一条“灰色”产业链，如果还抱着老观念，看见荣誉就盲目相信，等到拿不回钱来才恍然大悟：原来自己买理财的钱，有一部分被商家拿去运作奖项，岂不可悲。

另一方面，认为金融机构和理财产品都没问题。在计划经济时代，我们的银行很单纯，中国人民银行“独霸武林”，投资者存钱闭着眼睛就行，选理财产品根本不需要费心，当然，也没有那么多理财产品供您挑选。只要能在街面上出现的金融机构，一定是经过批准的，不可能随随便便就开。但是，进入市场经济之后，金融机构百花齐放，甚至良莠不齐，开在街面上的也可能是金融诈骗公司。对于投资人来说，可选理财更加丰富固然是好事，能够制定个性化的资产配置方案，但是其中的真真假假、魑魅魍魉，更需要仔细分辨，与计划经济时代闭着眼睛买理财的“随性而为”完全不同，这种节奏的切换令人极不适应。

回顾这些年，有计划经济时代烙印的投资人往往受伤最重，很多跑路、崩盘引发的投资人集会、维权，年龄大的参与者偏多。有朋友问，那是不是说明年轻人“免疫力”强，更不容易上当呢？那倒也不是，每一代人都不容易逃脱“韭菜”的命运，只不过收割方式各不相同，割年轻人韭菜更锋利的刀，当属各类网贷、炒鞋骗局之类，手法新颖，不容易界定。

因此，对于投资人来说，理财知识的不断学习、金融观念的及时更新才是王道。

从板块式理财到碎片式理财

随着国内金融市场日趋成熟，我们面临的理财产品会更加复杂，投资者的困惑越来越多，最希望听到的建议是：哪类理财一定没问题，哪类理财彻底不要碰。很遗憾，这样“一刀切”式的建议已经过时，以板块划分理财的做法和掷骰子的结果也差不多，与之相反，靠谱理财正变得越来越破碎，需要仔细遴选。

曾有一位数学家说过，数学的魅力正如一株落尽叶子的老树，树枝在温柔阳光的怀抱下四散开来，少了叶子的柔美，倒也显得几分苍劲。选择理财也是同样的思路，正如一株老树，树干有不同的分叉，不同的分叉又有不同的枝芽。我们先看这株老树靠不靠谱，再具体到树干是否结实，再落实到枝芽是否繁茂，层层推进，环环相扣，逐步验证，标准越来越具体，最终目标自然也越来越清晰。

金融知识重要吗？当然重要，但是，更重要的是思维框架，摆脱计划经济留下的时代烙印，用更加市场化的眼光判断，我们就不容易被一则电视广告折服，被看似权威的“荣誉”迷惑，在变幻万千的金融市场中，保持一份淡定和从容。

房产投资停摆，信托理财接棒

关键词：炒房客 持有成本 信托理财

最近一些炒房的朋友发现，有的房子似乎卖不动了，按照正常价格感觉“有价无市”，更扎心的是，南京有不少小区最近两年的房价都没有涨过，似乎被遗忘了。一头是江北核心区、南部新城、河西中部、热门学区房等依旧红火，另一头是“沉寂”的房子越来越多，中间地带是两眼无神的炒房客。

表5.1 南京部分小区二手房价格对比

楼盘名称	2017年（元/平方米）	2019年（元/平方米）
东郊小镇	22919	21932
天润城	19509	18963
左邻右里	29012	28726
江岸水城	19900	19835
祥和雅苑	23913	24220
泰来苑	18115	18632

房产调控不放松

在政策确定了“房住不炒”的调控思路之后，房价“横盘”成了最理想的结果。房地产企业融资收紧、居民购房利率折扣全无，缺钱的房企遍体鳞伤，傍到“金主”的房企隔岸观火。作为投资品的房地产，似乎一夜之间被打入冷宫，对炒房客来说，无论如何盘算，顾虑始终有不少：

一方面，是持有成本凸显，体现在三点：

一是时间成本。在2017年，南京市人民政府发布了《南京市人民政府办公厅关于进一步加强房地产市场调控的通知》，明确南京新购房产权证不满3年禁卖。如果投资人选择了热门区域的新房，还需要一两年时间等楼盖起来，然后才能办理房产证，前后就有五年时间。这段时间卖不了房子，万一投资人要用钱，只能办理房产抵押贷款，利率相对较高，期限跨度上还不一定能熬到房子卖出去，用理财术语评价就是流动性变差了；

二是交易成本。在表5.2中展示了房产交易所需承担的部分税费，看过之后心里难免滴血，这一买一卖之间，稳赚不赔的只有“抽成”的“庄家”，如果房价后期横盘，熬几年发现还熬不到税费的钱，那才真是欲哭无泪；

表5.2 房产交易所需承担的部分税费

税种	纳税人	房屋类型	计算公式	
营业税	卖方	普通住宅	不足2年	房屋总价×5.6%
			超过2年	免征
		非普通住宅	不足2年	房屋总价×5.6%
			超过2年	房款差额（卖出价－买入价）×5.6%
契税	买方	普通住宅	90平米以下	房屋总价×1%
			90-140平米	房屋总价×1.5%
			140平米以上	房屋总价×3%
		非普通住宅	房屋总价×3%	
所得税	卖方	普通住宅	总房款×1%或者房款差额（卖出价－买入价）×20%	
		非普通住宅	暂免	
印花税	买卖双方		房屋总价×3%，目前暂时免予征收	

三是机会成本。如果炒房客还能像几年前一样，通过低首付，利用高“杠杆”来获取房价上涨的收益，还是值得干一票的，特别是2014年南京启动“暴涨”模式，整体房价翻了一倍。

当时，不少炒房客只用了30%甚至比例更低的自有资金就“吃下”多套房子，暴涨之后，卖掉其中一套房子就足以还清几套房子的贷款，赢得酣畅淋漓。现在房价再度暴涨确实困难，想拿到低首付的“杠杆”也难上加难，特别是热门楼盘，首付80%是标配，还要参与摇号才能买到，摇不到真是干着急，那么大一笔钱总不能一直放着等摇号吧。

不少朋友会有这样的疑问：这80%的购房资金如果用于其他投资，产生的收益会不会比持有房产更高呢？

图5.3 南京整体房价十年走势

另一方面，是专业要求的提高。房产投资的门槛正变得越来越高，资金实力只是表象，更重要的是买房子的眼光。

城市的哪一片区域未来发展更有前景？以南京为例，城市规划特别注重平衡，城市CBD遍地开花，不像其他城市有明确的侧重点，江北新区的热度尚未退却，紫东新区又横空出世，不少炒房客一脸懵圈，如果要买房子，到底选哪儿呢？哪儿的升值空间更大呢？考虑到限售，这一锤子买卖下去可是要等三五年呢。

只要买房子就赚钱的时代一去不返，未来判断需要结合区域、地段、开发商、物业、学区、交通、生活配套等多重因素，令人头痛的是，这些因素并非一成不变，也在逐步调整。譬如南京某家楼盘，隔壁的学校原来规划是九年一贯制，由于学龄儿童众多，后期就想改成纯小学学校，不少业主多年前买房子就是看中九年一贯制，家门口上学方便，听闻消息顿时两眼一抹黑。这还不是最惨的，还有当初选择了错误的开发商，结果企业崩盘，楼盘烂尾，业主的房款已经交过了，很多人手里没钱再去买一套了，只好再一起筹钱，外面找一家施工队，希望继

续把房子盖完。真是自己踩的坑，含着泪也得填完。

股市依然横盘波动

市场上的资金正如流水一般，一方受阻，必然会有新的去向，政府对于房产投资的调控底线已经非常清晰，国内居民债务杠杆也在高位，房价想再上一层楼，接盘侠们心有余而力不足。

在理财投资中，不少朋友觉得房子与股市存在跷跷板效应：房子表现好的时候股市差，房子表现差的时候股市好。其实，经验判断只能说明某些特定时期的相关性，但是，因果关系无法成立。

从图5.4展示的A股长期走势中，可以看到2007年10月16日上午10点03分，上证指数登顶6124.04点的历史高位，此后再也未能突破，4000点是牛市起点的口号至今沦为笑柄。

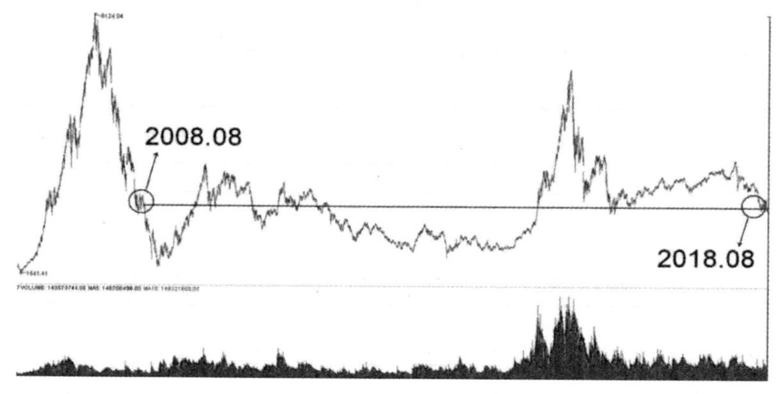

图5.4　A股十年走势

稍显黑色幽默的是，与中国房价走势更为接近的不是A股，而是美股。国内股市的波动率之高，很多投资人赚不到钱，甚至亏了大钱：一方面是选错了投资标的，另一方面在于无法承受A股的大幅波动，坚持不到曙光乍现，便赎回认栽。另外，国内资本市场制度并不完善，改革的一部分代价转嫁给了投资人，比较典型的是新三板基金，当初口号喊得震天响，仓促出台，结果现在很多产品市值腰斩，惨不忍睹。

难怪有人说中国的A股就像渣男，每一次都在你面前痛哭流涕，忏悔着要改过自新，然而，等到你真的原谅，又会再一次出轨，留下受伤的你关灯吃面。

其实，也不能埋怨A股太渣，国内股市对投资人的要求远比大多数人想象得高，并非会用炒股软件就行。这是一条看似闲庭信步，实则暗潮汹涌的“致富路”，门道太多，若是盲目尝试，只怕会变成“黄泉路”。

房产流出的资金会不会选择A股呢？看看动荡不安的海外环境，沙特油田突然被炸、英国脱欧戏码不断、总统不忘花式推特，再看看A股跟跌难跟涨的“优良传统”，心里总觉得不踏实。很多炒房客也从青春年少，变成枸杞菊花不离手的中年大叔，岁数大了还能承受得了折腾吗？对于那些并不熟悉资本市场的人而言，在A股没有持续展现“好男人”形象之前，全心投入动力不足。

信托显示相对优势

信托理财作为高净值客户的标配，已经是很成熟的投资品种。从信托理财的产品特性来看，有不少接棒房产投资的先天优势，值得炒房客们关注：

容易理解：信托理财以固定收益类型为主，投资人在签约时就已经清楚地知道，这款产品的期限多久，收益多少，付息方式怎么样，并非像股票基金一般飘忽不定，心理上更容易接受，也有利于投资人未来的资金规划。

门槛匹配：比如不少朋友好奇为什么银行理财一年期收益在4.5%左右，信托理财一年期收益在8%左右，其中一个因素在于产品起点不同，银行理财一万块就能买了，但是，监管部门规定的信托理财认购起点是一百万元，大部分信托产品的起点是三百万元，门槛的提高意味着公司运营成本的大幅降低，信托公司不必像银行一样开设那么多网点、雇佣那么多员工、服务那么多客户，省出来的钱也就成了收益的一部分。在南京这样的热点城市，一套房子出手，三百万元很容易拿到，用来投资信托理财不会有任何障碍。如果还是对股市心存“善念”，也可以拿信托理财产生的收益去炒股，亏了就亏了，至少本金还在。

身世清白：相比一些P2P爆雷、财富公司崩盘、诈骗集团跑路，信托公司作为持牌金融机构，身世相对清白，整个行业也在致力于提升主动管理能力，把项目投资的本事练好。中国信托业协会发布的《2019年中国信托业发展评析》显示，集合资金信托占比一直在提升，大部分集合资金信托都是信托公司自己找资金、找项目的，体现了一定的主动管理能力。与此相对，单一资金信托多数是通道类业务，并不承担主动管理责任，占比一直在下降。投资人买到的信托理财基本都是主动管理类的集合资金信托计划。

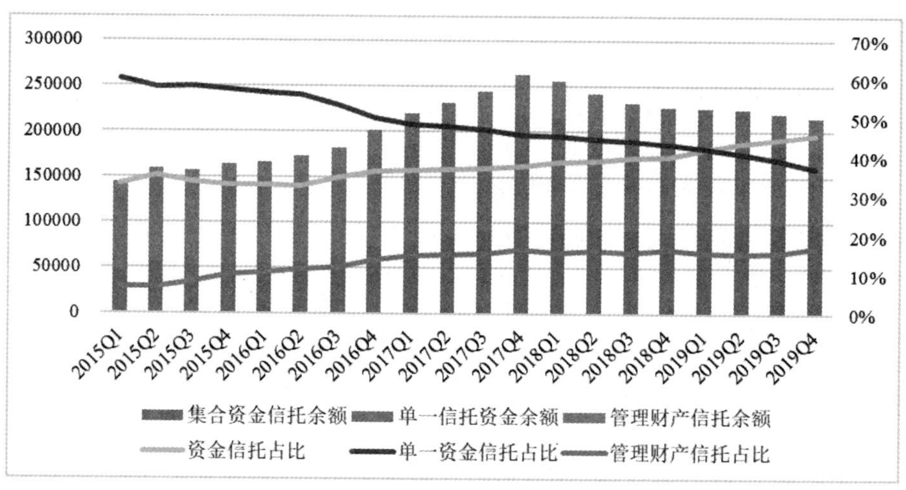

图5.5　国内信托业管理规模走势图

监管体系全面：信托行业的制度约束主要体现在“一法三规”，即《中华人民共和国信托法》和《信托公司管理办法》《信托公司集合资金信托计划管理办法》《信托公司净资本管理办法》；监管执行由国务院直属事业单位—中国银行保险监督管理委员会（简称银保监会）负责；在信托理财产品运作层面，由银保监会监督管理的中国信托登记有限责任公司对每款信托理财产品颁发“身份证”，即产品编码；针对信托公司可能出现的风险，设立了信托业保障基金，原则上按照“债务重组——外部接盘——履行恢复与处置计划——动用保障基金”的顺序进行风险处置，目前信保基金规模在1500亿左右，资金实力雄厚。

项目风险可控：根据《2019年中国信托业发展评析》报告，截至2019年4季度末，信托行业风险项目1547个，规模为5770.47亿元，信托资产风险率为2.67%，相对于信托业21.6万亿的资产管理规模，整体可控。需要说明的是，项目发生风险，并不意味着血本无归，通过抵押品的处置、担保人的追偿等措施，可以挽救部分资产，甚至全额追回本息，这样的案例并不鲜见。

行业分化严重：信托公司的处境可以说是冰火两重天，中融信托、中信信托、平安信托等老牌劲旅的表现一直是“好好先生”。然而，中泰信托、吉林信托等“坏孩子”的劣迹实在让人揪心，产品违约毫不鲜见，投资人的追偿遥遥无期。

标与非标之争：经常有朋友问，监管部门一直倡导理财产品净值化管理、做标准化产品，信托理财基本是固定收益的非标准化产品，并不是浮动收益的，后面会不会没了呢？这个问题有点书生之见，理财产品本身是“标”还是“非标”其实并不重要，那只是形态上的差异，重要的是这家信托公司能不能拿到稳定的、优质的资产，找到实力强劲的融资人。只要资产靠谱，产品形态是固定收益，还是浮动收益，又有什么关系呢？投资人需要的是保值增值，而不是文字游戏。

乱花渐欲迷人眼：虽然信托行业整体风险可控，但是也有不少投资人担心，一笔三百万的理财产品买了，对于整个行业来说九牛一毛，对于自己来说可是心头肉，万一违约了不就惨了么？这就需要好好做功课，用正确的思路认真衡量信托产品的融资人、担保人、风控措施、抵押手段等一系列因素，把最坏的情况考虑到，对此本书多有赘述。投资理财从来不轻松，要做的功课绝对少不了。

对于炒房客来说，国内房地产的黄金时代一去不返。在风云激荡的时代，唯一不变的就是变化，与其怀念过去的旧时光，不如张开双臂，拥抱新时代。

坐标南京，学区房不止考虑“公民同招”

关键词：公民同招 多校划片 学区房

教育一直是大家关注的焦点，任何一条政策的出台，不仅关乎教育行业，还会蔓延到投资市场，学区房即是其中一例，动辄数百万的资金投入绝不亚于买一款高起点的信托理财。例如，“公民同招”的消息流传已久，但是，当江苏省教育厅真的将“公民同招”的政策公之于众，还是引发了轩然大波。以往，民办学校可以提前招生，网罗众多尖子生，俗称“掐尖”，如今要和公办学校同时招生，面对热点民办学校的低录取率，不少家长心里自然嘀咕：是不是买学区房会更保险一点？

一念而起，自然要好好思量一番，然而，学区房的考虑因素却不仅是“公民同招”，还事关孩子的教育，中国父母不敢怠慢。

省教育厅调研教育热点问题回应百姓关切

公办民办同招 持续扩大普高规模

发布日期：2019-08-19 07:14　来源：新华日报　浏览次数：465次　字体：[大 中 小]

回应百姓关切，推进教育改革，省教育厅深入开展“不忘初心、牢记使命”主题教育，分赴各地教育一线展开专题调研，了解教育领域人民群众反映强烈突出问题专项治理成效，并对老百姓关心的教育热点问题进行回应。

今年专项治理违规招生

省教育厅调研组日前先后到南京、常州、连云港等市开展实地调研和暗访，推门进班级、进教师办公室，了解教育教学和招生实施情况；深入南京外国语学校外语能力面测场所内外，了解家长和考生反映的情况。

调研组指出，包括南京在内，优质教育资源不均衡的问题比较突出，“择校热”在有些城区还未降温；一些义务教育学校考试排名、变相分快慢班、有偿补课等办学现象在不同地区不同程度存在；一些民办学校“掐尖招生”、不少民办中小学招生入学考试设置门槛，造成奥数等考试内容培训热，全省中小学学科类校外培训机构一度达1.7万多家，劣质培训机构“鱼目混珠”。

图5.6　“公民同招”通知节选

思路一脉相承

翻阅近期不少政策，发现“公平”是灵魂。社会撕裂的恶果在很多地区显露，面对前车之鉴，如何弥合阶层之间的鸿沟成为不得不慎重考虑的议题。

教育，自古以来便是为数不多的上升通道。科举制度的兴起终结了世族的垄断，让寒门学子有机会“鲤鱼跃龙门”，状元及第不仅是学识的超越，更是阶层的改变。当今社会，多元化带来更多上升通道，但是教育却从未失色。一方面，家长希望借助教育跨越阶层或是固化阶层；另一方面，政府希望教育尽可能公平、雨露均沾，两者之间似乎成了一对矛盾。

单看江苏省教育厅的回应，“公民同招”固然挫伤了一部分家长的积极性。但是，它同时提到了“持续扩大普高规模”，意味着今后拿到高中录取通知书的学子会更多，试图缓解中考压力，同样也是在尽力维持天平的稳定。希望通过“抹平”进口，扩大出口，为众多学子减负。

有一次，我站在某购物中心门口等人，短短五分钟，三位家长跑过来问“学而思”在哪里、怎么走？看着这些老父亲、老母亲们挽着小朋友，背着书包，拎着水壶，问完便急匆匆奔去，真是感慨万千。

学习方面的“军备竞赛”不得不缓一缓了，这个刹车不能自己去踩，万一别人不踩刹车不就悲剧了么？因此，课业降温只能由国家政策统一发力，江苏省发布的“公民同招”政策，也是响应了国务院的号召。

政策后手有待观察

单看“公民同招”，万一热点民办学校摇号没摇上，孩子被统筹安排到并不心仪的学校，肠子怕是要悔青了。若是买学区房就成了不错的选择，至少有更加确定的未来。

但是，政策不仅有“公民同招”，呼之欲出的“多校划片”便成了达摩克利斯之剑，顾名思义，即使买了学区房，也不能确保必上，因为一个小区对应的是多所学校，这在北京、上海等地已经有了局部探索。

“多校划片”的影响体现在：一方面，鹤立鸡群的学校有被削弱的风险，即原定学区房因无法享受单一学区而跌价，原来非学区房则有机会涨价，最终，两者一涨一跌趋于一致；另一方面，结果是由点成面的整体提升或衰弱，以南京市鼓楼区为例，鼓楼无弱校已是共识，未来会面临更多学子的涌入，教育薄弱的江宁区等地会更加衰弱，家长不得不“用脚投票”，看似公平的政策反倒加剧了区域之间的不平衡，考虑到“就近入学”原则，全市摇号又不现实。

然而，这条政策“刚性”推进的难度很大，以北京为例，现在依然采取单校划片和多校划片相结合的入学方式，中国人的“下一代”信仰坚不可摧，在教育方面做“加法”无可厚非，若是搞“存量”再分配，难上加难。

以南京为例，目前正在积极推进集团化办学，在教育薄弱的区域开办优质中小学的分校。例如，南外集团已经开办七所分校，正由七个“葫芦娃”向“八仙过海”迈进。教育成果暂时还未体现，附近楼盘率先“雄起”涨了一把。相比“多校划片”，开办分校的方式显然更容易被各方接受，也让家长多了选择。

学区房不仅是准备钱

目前南京的学区房价格高企，优质双学区大多在450万以上，若想住得稍微舒适点，600万+是门槛，经济压力的确不小。然而，如果认为准备好了资金就万事大吉，那就想得太简单了。

考验学生更考验家长

现在的子女教育，与其说是考学生，不如说是考家长，准备好银子供娃读书只是第一步。在80后的记忆里，父母把自己往学校一丢便万事大吉，那时家长在客厅看电视，80后们回屋写作业，看着都委屈。80后们暗暗下定决心，等自己当了父母，也要享受同等待遇。可惜天意弄人，等真熬成了家长，才发现自己还是得关在屋子里陪娃写作业。

南京小学的顶级学区“拉力琅”，拉小和力小的鸡血程度都很高，琅小也只是相对“佛系”，买了优质学区，还要有家长专门负责盯娃，不然孩子的学习跟不上，自己只能干着急。学习暂时落后并不要紧，如果孩子因此丧失了学习的兴趣，或者有了很强的挫败感，那才是更麻烦的，毕竟信心比黄金更珍贵，心理健康比学习成绩更重要。

谁接谁送是个问题

2019年6月底，一则消息刷爆了朋友圈，南京拉萨路小学六年级搬迁，由于学生众多，六年级被迫转移到了三公里之外的原鼓楼区少年宫。家长听闻消息“群情激奋”，纷纷和学校交涉，无奈学生实在太多了，若不分流一部分学生，又能如何呢？这是不得已的选择。

新老校区的三公里距离穿过了闹市区、主干道，没有地铁直达。学区房毕竟是在老校区附近，一旦搬迁，接送学生便成了问题，家长可以起得早一点送过来，但是小学下午放学早，家长大多在上班，甚至还要加班。如果是双职工家庭，就必须牺牲一人的时间，如果办不到，就需要请父母过来帮忙接送小孩。拉小学区房的小户型普遍只有四十多平方，和父母一起居住并不现实，再租一套房子就成了必然，碰上学校搬迁，只好在新校区附近重新租一套房子，又要折腾一番。

家庭生活中，子女教育很重要，但是，也只是一方面。考虑到工作、社交等活动半径，不可能抛开“饭碗”去拥抱学区，特别是夫妻双方习惯了偏安一隅，工作单位是一头，学区房很难接受在城市的另一头，毕竟，天天穿城而过的日子并不好受。

居住环境很难挑

南京的优质学区中，考虑到居住环境几乎惨不忍睹，这也是全国学区房的通病。不少学区房比学生家长的年龄都大，老式格局也不太适应现代生活，对于习惯了新式小区的家长们而言，心理落差不小。

曾经陪同不少朋友看过学区房，考虑到老人帮忙接送，有时家里老人也会跟着看。我们踩着楼梯一步步爬，甚至能够感觉到整栋楼在晃，老人焦虑的眼神已经说明一切：辛苦了大半辈子以为享清福了，结果还要回到这种地方来住，这不是“西天取经”跑两趟嘛？即使准备好了银子也没用，家里无法达成统一意见，还是不会买。

在南京的众多学区中，龙江片区的房龄相对新一些。当然，拉小学区也有新盘，譬如金鼎湾今朝天下，只是一千万起的“爱马仕”价格实在不易高攀。

做好两点心理准备

如今，南京优质学区都面临着学生爆满的压力，新修校舍赶不上新生入学的速度。听到不少朋友抱怨，优质公办学校就应该小班化教学，那么多班，每个班还有那么多人，那还能叫优质公办么？先别激动。

一方面，优质公办学校既要考虑学校师资、硬件配套等因素，还要考虑生源。买了学区房依然吊儿郎当的家人毕竟不多，还是愿意花心思带娃学习的，要有一群对孩子学习上心的家长，其实聚到哪里都是学区房，只不过现实中的学区房多了一道资金门槛作为筛选条件；

另一方面，优质公办的学生只会越来越多，不可能减少。南京这么多年来，始终没有采用摇号等方式筛选学生，而是通过新建校舍、借他校校舍等方式尽力满足辖区内上学需求，在力所能及的情况下，这样的做法还是会继续。

考虑到未来几年的入学生源数量，只能用“恐怖”来形容，南京在2016年迎来了十万新生儿，他们会在2022年踏入校门，这是什么概念呢？以2019年的入学新生为例，他们出生在2013年，有六万多新生儿，现在入学都已经“鸡飞狗跳”了。国家“二胎政策”放开后，这些年便成了人口爆发年，入学压力陡增。再加上南京城市首位度的提升，会有越来越多城市“新移民”加入混战，外来人口也会生儿育女，同样会有学区房的需求。

如果选择学区房，就必须要丢掉幻想，承受生源爆满的现实。由此看来，南外集团的七个“葫芦娃”还是不够，至少要办十所分校才能“十全十美”。

表5.3 南京出生人口与入学情况

出生年份	出生人数	上学年份
2017	92929	2023
2016	102521	2022
2015	77000	2021
2014	79692	2020
2013	63900	2019
2012	65575	2018
2011	58300	2017
2010	57400	2016
2009	49300	2015
2008	50335	2014
2007	51420	2013

“公民同招”来势汹汹，政策文件亮明态度：不允许通过提前面试、设立各类筛选标准等方式给学生“贴标签”，意图扭转“学习前置”、补习班遍地开花等畸形发展的现实。

然而，对“差别”的“视而不见”并不能实现绝对公平，学习成绩高低、天资优劣的确是现实存在的，也能够通过多种手段筛选出来，提前面试只是一种方式而已。在政策高压之下，这些看得到的标准很可能会转入“地下”，继续顽强生存。

以上海为例，各类英文缩写、汉语简称已经取代了明面上的筛选标准，不少朋友看了一脸蒙圈。当我第一次看到“澳牛”“英牛”时，以为是英国产牛肉和澳洲产牛肉，想不到原来是“奥数牛娃”和“英语牛娃”。

表5.4 部分教育培训类简称示意

简称	含义
蝌蚪	没奥数能力，没参加过辅导班，只掌握教学大纲要求
普蛙、青蛙	蝌蚪以上，牛蛙以下，参加辅导班，有过奖项和证书，在数量上占大多数
牛蛙（NW）	谐音“牛娃”，指某项或多项成绩极为优秀的学生，如拿下各大奥数杯赛的第一名，被各大牛校觊觎争抢的孩子。
澳牛	奥数牛娃
英牛	英语牛孩
澳英混血牛	澳牛+英牛
五好学生	三好学生+奥数好+英语好
黑马	逢大考经常超常发挥，具有牛蛙潜质的普娃或蝌蚪
特长生（TCS）	具有艺术、体育、科技等特长的小学毕业生，可以通过参加有特长生招生计划的学校考试后升学
条子生（TZS、TZ）	指家里有关系，进名校有优先权的孩子
大条	指家里背景特别硬
裸条	指进入名校仅仅依靠关系，孩子只是普娃或蝌蚪
鸡娃	词语来自“打鸡血”，言下之意就是给孩子打鸡血，不停地让孩子去学习，去拼搏

诸如此类“暗语”还有很多。未来，对娃的筛选依然存在，毕竟这是自然规律，但是形式会更加隐蔽，圈子会更加封闭，圈子外的人更难得知消息，这对家长的要求又上了一层楼：不仅手里握着满袋的银子，眼睛盯着政策的本子，还要心里惦记着入学的圈子。

曾有网友说“学区房”不如家里的“书房”。其实两者并非对立，学区房不仅意味着能够上心仪的学校，还说明房子离学校距离更近，小朋友上下学的距离更短、用时更少，能够有更多时间休息，家长也不必大老远接送。一家人早点回家吃饭，有更多时间陪伴。当然，我们还可以创造学习氛围，比如在学区房里布置一间书房。

这些因素林林总总，若能方方面面都照顾到，自然是合理的选择；若是有一两项太过勉强，也大可不必孤注一掷。

毕竟人生有很多种选择，适合自己的才是最好的。

中国大妈的无敌与落寞

关键词：华尔街 大妈 保健品 偏门理财

隔壁老王的公司最近融资受阻，资金链断了，全员会议上他只能无奈宣布破产，请大家各奔东西。公司新产品研发成功在即，此刻关掉公司无异于功败垂成，每一个人都心有不甘，大家想凑钱共渡难关，但是，凑了半天也就四十来万，距离六百万融资缺口相距甚远。

保洁阿姨刚倒完垃圾回来，看着大家一脸沮丧，对隔壁老王说："王总，我听说公司有困难，要不这窟窿我来补，就当是借给公司的，后面赚钱了再还给我，很喜欢这里的氛围，年轻人在一起打拼不容易。"

隔壁老王苦笑半天："阿姨，您别添乱了，我给您再介绍份工作，您年龄大了，就安心养老吧。"

阿姨连忙摆摆手："你别担心我，我家里还有十几套房子，每个月去收房租，养老钱就有了，这是银行卡，里面有八百多万，你看还需要多少尽管说，快让大伙儿干活去吧。"

隔壁老王愣了半天："我不是在做梦吧。"

这是发生在上海张江的真实案例，最神秘的风投就此诞生，中国大妈正是这颗星球上低调与无敌的存在。

对决华尔街不落下风

提起中国大妈，不少朋友的第一印象就是广场舞，晚饭之后，神州大地各个广场、小区空地，甚至是篮球场、足球场上，都能够看到中国大妈的矫健身姿。即使在同一片广场，不同的广场舞天团也能和平共处，大喇叭放着风格各异的音乐，讲究点的大妈身着统一服装、手拿配发道具，只要响起广场舞旋律，处处都是大舞台。

当然，中国大妈并不只会跳广场舞，在各个市场上都活跃着中国大妈的身影，成名作当属与华尔街之狼“决战”黄金市场。

时间回到2013年4月15日，当天金价暴跌9.03%，前一天国际金价已经跌了4.77%，黄金市场一片风声鹤唳，华尔街之狼们早已准备好刀叉，等待着猎物入场。

华尔街之狼的如意算盘并不复杂，和股票融券道理差不多：首先，借入黄金，囤积筹码；然后，多方面制造舆论，通过媒体、分析师报告等手段营造黄金负面情绪，挑动大众神经；接下来，精心挑选一个时间点，大肆抛售黄金，加速市场恐慌氛围，与此同时，悲观舆论反复渲染；最后，等待前期做多黄金的机构割肉离场、不明真相的群众跟风抛售，黄金价格到一个相对低的位置，再把黄金买回来，还回去。

整个计划天衣无缝，可以说屡试不爽，无奈的是，华尔街的金融大咖们没有等到黄金抛售，却等来了进场扫货的中国大妈，300吨黄金抢购一空，从图中可以看到，黄金价格在急速下跌之后很快有了强劲反弹。

图5.7 2013年国际金价走势

自此之后，英文单词“dama”成为专属称谓。从交易的数量级来看，中国大妈购买的黄金很难与华尔街交易相提并论，两个市场也完全不同。但是，强悍的中国大妈成了华尔街计划之外的未知因素，谁都不知道这个未知因素究竟有多大能耐，中国大妈的出击太过凌厉，形势逆转，华尔街瞬间傻眼。

此后，还有研究员分析，大妈如果没有趁机卖出，后面很大概率会被套牢，一定会亏钱的。其实，这位研究员还是不谙世事，中国大妈买黄金是为了赚钱么？人家只是图个开心罢了，未来等到孙子娶媳妇，把当年买的金条、黄金首饰拿出来交给孙媳妇，自豪地说：“这是当年你奶奶买的，还顺便薅了资本主义的羊毛。”这是大妈买金的内心独白之一，压根就不是传统经济学概念里的“理性人”。

中国大妈养成记

罗马不是一天建成的，中国大妈也有极其深厚的底蕴与内涵。自古以来，中国女性英雄形象不胜枚举，替父从军的花木兰，杨家将里的穆桂英，击鼓迎战的梁红玉，还有近代革命志士秋瑾，再到郎平率领下取得十一连胜的女排干将。难怪毛主席忍不住赋诗：中华儿女多奇志，不爱红装爱武装。

放眼全球，能够孕育伟大女性的国度屈指可数，中华文明绝对名列前茅。一到大妈这个年龄，更是无敌的存在。再彪悍的猛将，面对家中老母都得服服帖帖，地位之高是数千年来的传统。大妈想买几根金条开心一下，家里谁敢多啰嗦，谁啰嗦，谁没饭吃。

“老娘不做饭了，你能咋地？”

大爷还不得赶紧哄着，难道想吵一架，然后去跪键盘么？

相较于中国大妈，中国大爷的形象就略显单薄了，被广为人知的是2015年股灾前，醉心于股市一把梭、满仓干的白发大爷，估计老爷子现在降压药是离不开了，股市从5200点一路下跌到2500点，亏损百分之七八十的股票更是不胜枚举。

倚天在手，无惧苍龙

中国大妈的特点是家中绝对的话语权，孩子都培养出来了，完全没有后顾之忧，也没有大额消费。换句话说，握在手里的钱是可以长期持有的，真没了其实也无所谓，何况还有退休工资，实在不济还有身边的子女。

从理论上来看，这类可持续投资的低成本资金是“非常可怕”的，巴菲特为什么能够封神，很重要的原因在于他所使用的资金以保险资金为主，成本低，而且能够投资很长时间。简而言之，中国大妈在黄金市场PK华尔街的决胜因素在于资金属性。与此相对，华尔街PK大妈的钱还有不少是借来的，未来是要连本带息还回去的，不具备打持久战的能力，看到形势逆转，只能切换节奏，跟着中国大妈混。

这一切就像新龙门客栈里，各大江湖高手云集，群侠功力如何自然不会轻易展示。华尔街大佬正如西域高手，虎背熊腰、气势汹汹。中国大妈正如“扫地僧”一般其貌不扬，推杯换盏之际，无意间露出了倚天剑，四座皆惊，华尔街大佬屁颠屁颠跑过来说：“阿姨，您有什么吩咐？”

大妈手里可持续投资的低成本资金便是倚天剑，华尔街大佬虽然壮硕，但是杠杆“垒砌”的资金正如鸡毛掸子一样脆弱不堪，强如雷曼照样瞬间崩塌。回顾历次金融战，东南亚之类小国往往在第一轮交锋中便溃败下来，反而中国能硬扛到底，“香港保卫战”即是明证，大妈们省吃俭用存入银行的钱，成为金融战中支援香港的弹药。因此，“香港保卫战”总指挥曾荫权，不仅要感谢央妈（中国人民银行），还要感谢大妈。

无敌与落寞的平行线

两军交战，武器装备只是一方面，另一方面源于指挥艺术。中国大妈的知识水平有限，很多人对金融理财可以说一窍不通，与长袖善舞的华尔街精英不同，中国大妈的投资成败基本取决于“赛道”的选择。

保洁阿姨之所以能轻松“救活”一家公司，很大程度上源于她享受了中国房地产的红利，由于当年购买成本很低，未来房价即使跌去一半，同样毫无惧色，这批大妈的抗风险能力是国内各阶层中最强的，其中，不少大妈还是农村出来的，种地种菜的手艺还在，大不了自给自足。

但是，与无敌大妈相对应的，是另一批大妈的落寞，她们正如两条平行线，甚至在同一座城市过着冰火两重天的生活，落寞大妈最难躲过的是两把“镰刀”，需要格外警惕。

保健品是挥向落寞大妈的第一把镰刀，各类养生讲座中，充斥着探寻灵丹妙药的大妈们，包装出众的骗子已经将全套诈骗流程标准化，令人防不胜防。新闻报道中，曾提到某款产品成本11块，竟然卖出3万元的天价，利润已经不是翻几倍那么简单，马克思说过：“为了100%的利润，就敢践踏一切人间法律；有300%的利润，就敢犯任何罪行，甚至绞首的危险。”

曾有朋友信誓旦旦地说，只要不参加这些讲座就行了，骗子只是利用氛围来行骗的。这句话大大低估了骗子们的精湛演技，我有一位忘年交，短短一个月被诈骗了二十多万，令人震惊的是，她至今不认为自己被骗，毕竟她享受到了“国际最前沿”的保健药，更令人拍案叫绝的是，诈骗全程通过电话，双方根本没有见过面！

“偏门”理财是落寞大妈面临的另一把镰刀，所谓“偏门”是非正规金融机构兜售的各类理财产品。譬如，近些年来崩盘跑路的P2P公司，以嘘寒问暖的姿态、高高在上的收益迅速俘获了各位大妈的“芳心”，最终令大妈们损失惨重；又如，各类原始股骗局中，经常有免费的游玩，带大妈们走访“企业”、开设项目宣讲会，在未来美好的蓝图规划中，大妈的腰包被掏空；再如，名目繁多的交易所骗局，引诱大妈参与到精心设计的交易陷阱之中，成为文交所、原油电子盘、币圈等骗局里的常客。

也许，中国大妈很难华丽蜕变为西方世界眼中的贵妇，但是，要论中国大妈的勤劳和坚韧，全球女性无出其右，拿得起、放得下是其巾帼本色。即使隐退江湖多年，仍然能让华尔街心存忌惮。

家庭主妇如何理财？

关键词： 血型性格 家庭收入结构 家族信托

男耕女织，一直是中国传统社会的标签之一，步入现代社会，又被赋予了新的含义：男人挣钱养家，女人在家带娃。家庭主妇成为越来越庞大的群体，相比其他人群，家庭主妇有着自己的特点：她们并不直接创造收入，却大多掌控着家中财权；她们的时间呈现两极分化，有的生活惬意轻松，有的忙起来团团转；她们的社交圈有着高度同质化，获取信息类似，然而，理财投资却要求信息来源的多元化。种种矛盾与冲击共同交织成了家庭主妇的理财难题。

性格决定理财成败

理财投资牵涉的因素有不少，金融知识、市场变化、政策调整等，针对家庭主妇来说，很少关注这些相对复杂的内容，因而，性格便成了决定投资成败的关键因素之一。

分析性格的思路有很多，“血型说”被普遍接纳，在一些朋友看来，不同血型对应的性格特点容易记混，然而，当我们熟悉了不同性格的“起源”，便会有更加深刻的印象。例如，O型血在人类学上是一种非常古老的血型，也被称为狩猎血型；A型血比较常见，因其祖先最早从事农耕活动，又叫做农耕血型；B型血是人类学上较晚出现的血型，他们是更早习惯于气候变迁的游牧民族，也被称作游牧血型；AB型出现最晚，人群占比不高，同时拥有了部分A型血和B型血的特质。中国人的血型占比约为：A型血28%， B型血24%， O型血41%， AB型血7%。

O型血：

作为狩猎血型的性格，O型血的人比较固执，很难听进别人的劝告，也容易把别人的话当作耳旁风。生活中，O型血给人的感觉是不太好相处，朋友不多。由于家庭主妇本来就与社会脱节，日常生活中接触的人也少，加之O型血特立独行的个性，在理财投资中更应注意别去钻牛角尖。

忠告之一是获取理财投资的信息渠道尽可能广泛，比如，在选择某类固定收益理财产品时，可以找几位不同金融机构的理财经理问询，要求他们同时拿出产品方案并出具原因，再花些时间一一详聊，这样会有更加全面的认识。针对股票基金类投资，O型血家庭主妇需要慎重对待，特别是国内资本市场，大起大落的特征比较明显，80%的交易时间索然无味，真正决定盈亏的就是剩下的20%，或是大涨，或是大跌，是选择逐步离场还是选择毅然加仓，身处关键的十字路口，如果依然把别人的话当成耳旁风，那么结果必然是投资失败。

A型血：

A型血相对而言更加理性，他们思维严谨，喜欢摆事实，讲道理，甚至会给人一种相对古板的感觉。当然，A型血的优点是有着强烈的目标感，做事麻利，属于很干练的类型。

A型血的家庭主妇在理财投资中不太容易被忽悠，不会因为一两句话就上当受骗。但是，考虑到隔行如隔山，金融投资越来越细分，她们在这方面的知识面又显得更加欠缺。如果简单套用原先对于某项理财投资的理解，而忽视它的本来面目和发展变化，很容易掉入别人精心编织的陷阱。回顾那些爆雷崩盘的金融骗局，灌输给人太多似是而非的投资逻辑，毒害了投资人的大脑。加之A型血更加看重事实，尤其是结果，并不关注业绩归因，赚了开心，亏了沮丧。曾经的P2P公司正是利用了这一点，设计了很多短期理财产品，投资人一看到期之后本金收益顺利到账，更愿意追加投资，可惜最终血本无归。

B型血：

鉴于B型血有很强的游牧特质，生活中更加散漫，做事情不慌不忙，对未来没有太多的想法和规划，更愿意及时行乐，想到什么就去做什么，并不顾及后果，有时捅了大娄子，还需要别人帮忙善后。

在理财投资中，B型血的性格有着天然劣势：一方面犹犹豫豫，缺乏把握投资机会的能力，另一方面理财想法比较多，又都缺乏长期的规划。最有可能的结果是辛辛苦苦忙活了半天，最后发现整体效果不太好，比如买股票买在了最高点，买保险没有买够保额之类。很多家庭主妇平时忙于照顾家人，特别是孩子，花在理财投资上的精力更加有限。对她们来说，与其耗费心思研究，不如请一位经验丰富，资历更久的财富顾问把关，针对家庭资产配置方案做出全盘规划，按部就班进行投资，最终结果会更好。

AB型血：

AB型血的朋友人缘好，待人真诚，很受大家欢迎，她们喜欢尝试新事物，对任何事情都充满了好奇心。如果是闲暇时间比较多的家庭主妇，恰巧又是AB型血，那么很容易因没“管住”手而投资失败。

国内金融市场仍在高速增长，孕育了不少新的理财品种，其中鱼龙混杂。如果什么都想尝试，结局必然是一地鸡毛。遥想当年，火热的新三板基金、遍地开花的P2P公司，日渐崛起的各类代币平台，颇有底蕴的文交所等等，“你方唱罢我登场”，好不热闹，事后被证明这些不过是一把把锃光瓦亮的镰刀。令人心痛的是，身边竟然真的有一些朋友挨个去尝试，结果损失惨重。因此，对于AB型血的家庭主妇而言，最好的投资理念是“因循守旧”，选择那些运作成熟、已经被反复验证的理财产品会更加稳妥。

畸形的家庭收入结构

通常一个家庭的收入包括两部分：工作收入和投资收入。工作收入的意义在于提供稳定的现金流，理财投资的意义在于家庭财富的保值增值。鉴于家庭主妇并不外出工作，缺乏稳定的收入来源，全部有赖于丈夫打拼，因而这样的家庭收入结构是相对畸形的。如果还有需要赡养的父母、孩子，六七口人指望一人，其中蕴含的风险隐患值得高度警惕。

从长远来看，家庭主妇投资理财的关键并非某一款产品的选择、某一次投资的成败，而是要为家人“建造”起一道防火墙，尽可能保证家族财富不因意外、疾病、婚变、外债等因素的影响而遭受打击。

首先，家庭主妇要思考的是如果丈夫的收入来源没有了，生活开支能否正常维系。为了避免丈夫因生病或意外导致家庭现金流中断，建议尽早给丈夫买好医疗险、重疾险和意外险，若是背负了很高的房贷，还需要一份定期寿险，万一丈夫过世，理赔的保险金至少能覆盖房贷的差额，不然人没了，房子也没了更加悲凉。如果丈夫是频繁出差的“空中飞人”，也可以考虑购买交通意外险。上述保单建议由家庭主妇做投保人和受益人，丈夫做被保险人。对于年龄偏大的家庭主妇而言，还需要考虑未来的养老问题，建议选择年金险或是分红险，规划好领取年龄，到期之后，每年都能够拿到稳定的养老金。相比重疾险、健康险等品种，分红险缴纳的保费更多，是一笔可观的财富，为了保持对它的掌控力，依然建议家庭主妇作为投保人，未来她有权变更这份保单的受益人，甚至选择退保，拿走保单的全部现金价值。这类指定财富受益人的功能，只有人寿保险和家族信托可以实现，常见的银行理财、股票基金、投资房产之类都做不到，因此，后者带来的家庭财产纠纷格外难缠。

其次，梳理家庭财产和外部财产有没有做好隔离，如果丈夫做企业、开公司更要格外留心。一方面是公财私用，不少企业主已经形成了习惯，然而，随着监管体系的不断完善，信息化程度的逐步提高，其中牵涉的法律风险越来越大，需要及时纠正，提早解决；另一方面是外部担保，这不仅包括企业层面的担保，还包括个人承担无限连带责任的承诺，这些年因为担保的事，搞得家破人亡不胜枚举，身份证、营业执照、房产证等单证家庭主妇务必保管好。

最后，在长期规划中，选择家族信托作为家族财富传承的载体。无数事实表明设立家族信托是家庭主妇保护家族财富的最佳选择。在不少实际案例中，家庭主妇经常碰到信息不对称的情况，丈夫在外举债毫无察觉，原《婚姻法》第24条就注明：债权人就婚姻关系存续期间夫妻一方以个人名义所负债务主张权利的，应当按夫妻共同债务处理。当时便引发了不少“冤假错案”，家庭主妇明明一无所知也被迫成了欠债人，甚至被纳入失信被执行人名单。虽然在2019年发布的《婚姻法》补充通知中，明确提出未经审判程序，不得要求未举债的夫妻一方承担民事责任，纠正了之前的错误规定，但是，其中的风险依然存在。

为什么要采用家族信托呢？主要是基于两点：一，借助家族信托设立前的尽调工作，清晰了解家庭财务状况。家族信托并非有钱就可以设立，如果让丈夫作为委托人，信托公司既会查看丈夫的征信记录，还会调查丈夫的资金来源是否合法合规、债务情况是否严重，最终装入家族信托的财产清单确定之后，还会请家庭主妇签署配偶同意函，这样掌握的信息更为全面准确；二，家族信托本身的资产隔离和分配功能：经过信托公司认可装入家族信托的财产，与个人财产是彼此独立的，如果丈夫作为委托人设立家族信托，家庭主妇和孩子可以作为受益人，未来即使丈夫欠债，这部分财产也很难被拿去还债，在2019年11月14日，《全国法院民商事审判工作会议纪要》中也明确了信托财产的独立性原则，更加强化了家族信托的资产隔离功能；鉴于家庭主妇没有额外收入来源，可以与丈夫沟通，在家族信托合同中事先约定每年支付的生活费标准，在子女教育、家人生病等情况发生时，约定对应的分配金额，比如孩子上大学一次性给付200万，这样四年的部分学费和生活费便有了着落，家庭主妇就不必为此发愁了。

当中国经济告别高速增长，通过努力工作、事业打拼积累财富的速度会变慢，正如老百姓说的“现在赚钱更难了”，理财投资成为实现家庭财富增长的重要一环。当家庭主妇看到丈夫日益疲惫的样子，应该能够体会到自己身上肩负的重任，不只是相夫教子那么简单，注意回避自身性格弱点，努力构筑一道防火墙，相信会有更好的效果。

附 录

常见信托名词释义

信托：按照《中华人民共和国信托法》，委托人基于对受托人的信任，将其财产权委托给受托人，由受托人按委托人的意愿以自己的名义，为受益人的利益或特定目的，进行管理和处分的行为，核心是受人之托，代人理财。信托既是一种理财方式，又是一种特殊的财产管理制度和法律行为，同时又是一种金融制度，与银行、保险、证券等一起构成了现代金融体系。

委托人：有货币资金和实物财产的自然人或法人，即投资人，它对开设信托拥有资产的所有权，但是经营权却随着信托关系的成立转予受托人。

受托人：信托关系中遵照信托意图管理被授予的信托财产并承担受托义务的当事人，通常是指信托公司。

受益人：享有信托受益权的当事人，若买信托理财便是投资人自己，在家族信托业务中，受益人还包括家人、社会特定对象等。

信托公司：在国内是指依照《中华人民共和国公司法》和根据《信托投资公司管理办法》规定设立的主要经营信托业务的金融机构，作为最值钱的金融牌照，目前全国仅有68家信托公司。

信托财产：是指受托人依据信托意图而管理和支配的财产，是信托的构成要素之一，信托财产具有法律独立性，即从委托人、受托人和受益人的自有财产中分离出来而成为一项独立的财产。

家族信托：是指信托公司接受单一个人或者家庭的委托，以家庭财富的保护、传承和管理为主要信托目的，提供财产规划、风险隔离、资产配置、子女教育、家族治理、公益（慈善）事业等定制化事务管理和金融服务的信托业务。家族信托财产金额或价值不低于1000万元，受益人应包括委托人在内的家庭成员，但委托人不得为唯一受益人，单纯以追求信托财产保值增值为主要信托目的，具有专户理财性质和资产管理属性的信托业务不属于家族信托。

自益信托：是指委托人要求设定的信托，其目的是为了本身的收益，投资人购买的信托理财产品可以视为自益信托，并不具备资产隔离的功能。

他益信托：委托人为第三人的利益而设立的信托，这里的“第三人”就是指委托人(投资人)和受托人(信托公司)之外的其他人，他益信托具备一定的资产隔离功能。

信托受益权：是指信托受益人在具体信托关系中就信托财产收益或利益享有的权利。在家族信托业务中，通过信托受益权的转让，可以将信托财产从自己名下转移到自己设立的信托账户名下。在信托理财投资中，若中途投资人急用钱，也可以通过信托受益权转让的方式，将持有的信托理财产品转让给其他投资人。

优先受益人：在结构化信托业务中，信托公司根据投资人不同的风险偏好对信托收益权进行分层配置，其中，优先受益人具有优先获得信托收益及信托财产分配的权利，这类信托理财产品往往会在名称中注明“优先级”字样。

次级受益人：在结构化信托业务中，信托收益分配顺序劣后于优先级受益人，并自愿承担较大风险以谋求更多收益的角色，通常由信托公司或者特定对象担任，公开募集的信托计划中，很少有投资人担任次级受益人。

主动管理类信托：是指信托公司作为受托人，在信托管理过程中发挥主导性作用，在尽职调查、产品设计、项目决策和后期管理等方面发挥决定性作用并承担主要管理责任的营业性信托业务。信托公司将上述管理工作中的一部分外包给其他机构，但是，不至于影响受托人主导地位的信托项目，也可视为主动管理类信托。如果信托公司发行的主动管理类信托理财产品出现违约，面临的压力会很大，信托公司有足够动力尽快解决。

被动管理类信托：是指信托公司不具有信托财产的运用裁量权，而是根据委托人或是由委托人委托的具有指令权限的人的指令，对信托财产进行管理和处分的信托。一般被视为信托公司的通道业务，若信托公司的被动管理类信托出现违约，只要尽到对应的管理责任即可，不必承担兑付压力。

集合资金信托计划：简称信托计划，即投资人购买的信托理财产品，是由信托公司担任受托人，按照委托人意愿，为受益人的利益，将两个以上（含两个）委托人交付的资金进行集中管理、运用或处分的资金信托业务活动。若委托人只有一个便称为单一信托。

信托合同：广义上是受托人接受委托人的委托，以自己的名义，用委托人的费用，为委托人办理购销、寄售等事务，并收取相应酬金的协议。狭义来看，是投资人购买信托理财，或办理家族信托业务时，与信托公司签订的合约。信托合同上通常会注明中国信托登记有限责任公司编制的产品编码，登录其官网，可以查询到2017年之后备案发行的信托产品。

信托财产专户：是信托公司在银行开设的用来接受和保管“信托财产”（即募集资金）的账户，通常户名就是信托公司的名字。投资人认购信托理财产品，就是将资金汇款到信托财产专户，部分信托公司在产品募集阶段，还会开设信托募集账户，投资人先打钱到募集账户，再由信托公司统一划款到信托财产专户。

信托报酬专户：信托公司用于收取管理费的账户，经常有投资人混淆概念，将信托理财产品的认购资金汇入信托报酬专户之中。

推介期：是指信托产品从向特定客户推介到成立的期限，不同信托公司对投资人购买产品的起息设置不一样，有全部投资人的统一起息日，也有特定时间完成签约打款即起息的做法，需要注意的是，信托理财产品的额度是有限的，当一款信托理财产品售罄，即使还在推介期内，投资人也买不到了。

起息日：投资人购买的信托理财产品开始计算收益的时间，实际操作中，当天打款当天起息的情况比较少，一方面是产品认购流程的设置问题，另一方面为避免投资人汇款账号填错导致的认购不成功，也会建议投资人提前打款。

分配日：信托公司按照信托合同的规定，向受益人分配信托收益的时间。投资人不一定会在分配日当天收到利息，一方面牵涉资金的结算和划款流程，另一方面若分配日恰好是节假日，银行系统不开放，只能等到工作日再操作。

信托期限：指信托的存续期，由信托当事人决定或者协商约定，可长可短，甚至可以是无限期，即为永久信托。

财产信托：是以特定财产或财产权作为信托财产所设立的信托关系，是指非资金形态的财产委托给信托公司，信托公司帮助管理，帮助运营甚至处分，以实现保值增值。这类信托财产的含义非常广泛，可以是住宅、土地等不动产，也可以是知识产权、字画艺术品等。

TOT信托：信托中的信托，英文Trust of Trust直译而来，TOT只是一种产品结构，主要是通过一个信托计划投入到另一个或多个信托计划之中。

刚性兑付：是信托产品到期后，信托公司必须分配给投资人本金以及收益，当信托计划出现不能如期兑付或兑付困难时，信托公司需要兜底处理，刚性兑付并非法律条文，只是信托业一个不成文的规定。目前，俗称的“打破刚兑”意思就是信托公司不再兜底处理违约项目。

抵押率：是融资额占抵押物或者质押物总值的比例，特别是在房地产类信托计划中，信托公司会根据地产公司提供的抵押物来评估发放的信托贷款规模，不同类型的抵押物，其抵押率也不一样，例如，刚需楼盘的抵押率可以在60%，但是，写字楼的抵押率通常会低一点，这也体现了不同抵押物的处置难度。

合格投资者：是指具备相应风险识别能力和风险承担能力，投资于单只资产管理产品不低于一定金额且符合下列条件的自然人和法人或者其他组织。

（一）具有2年以上投资经历，且满足以下条件之一：家庭金融净资产不低于300万元，家庭金融资产不低于500万元，或者近3年本人年均收入不低于40万元。

（二）最近1年末净资产不低于1000万元的法人单位。

（三）金融管理部门视为合格投资者的其他情形。

连带责任担保：是当事人在保证合同中约定保证人与债务人对债务承担连带责任的一种担保方式。在政信类信托、房地产信托和工商企业类信托中经常会看到这个风控条款。

中国信托登记有限责任公司：简称中信登，是经国务院同意、由原中国银监会批准设立，现由中国银保监会实施监督管理、为国内信托业提供基础服务的非银行金融机构，于2016年12月26日在上海宣告成立。

中国信托业保障基金：2014年12月12日，中国信托业保障基金和中国信托业保障基金有限责任公司获国务院同意设立，并明确由银监会负责监管。银监会12月10日向各地银监局、银监会直接监管的信托公司和中国信托业协会印发与财政部共同起草的《信托业保障基金管理办法》，并于12月12日正式公布实施。《信托业保障基金管理办法》明确，信托业风险处置应按照卖者尽责、买者自负的原则，发挥市场机制的决定性作用，防范道德风险。保障基金是主要由信托业市场参与者共同筹集，用于化解和处置信托业风险的非政府性行业互助资金。

中国信托业协会：是中国信托业行业自律组织，接受中国银行业监督管理委员会的业务指导和监督管理。凡经中国银监会批准成立的、具有独立法人资格的信托业金融机构，承认《中国信托业协会章程》，均可申请加入中国信托业协会成为会员。

房地产类信托：信托公司以房地产项目或其经营企业为主要投向，对信托财产进行管理、运用和处分的经营行为，简单来看，投资人购买房地产类信托就是将钱借给开发商，用于楼盘开发等。

工商企业类信托：信托公司募集资金用于向生产和服务类企业提供流动资金、项目建设资金、并购资金等，投资人需要重点关注此类信托的融资人、担保人和抵押物。

基础设施类信托：信托公司募集资金投向交通、通讯、能源、市政、环境保护等基础设施项目，例如道路桥梁、污水处理、物流基地等，由于牵涉地方政府信用，俗称政信类信托。

消费金融类信托：信托公司为满足不同群体的消费需求而提供的，以消费信贷为主的金融产品和服务，是近些年来的后起之秀。

证券投资类信托：信托公司募集客户资金，投资于多种有价证券的信托服务业务，可细分为股票投资信托、债券投资信托和证券组合投资信托等。

资金信托：委托人基于对受托人的信任，将自己的货币资金委托给受托人，由受托人根据委托人的意愿以自己的名义，为受益人的利益或特定目的管理、运用资金的行为。

信托业务分类：由于信托业务的覆盖面较广、所涉及的业务多种多样，因此，信托业务按照不同依据可以有多种分类：第一，基于信托财产的形态，可以将信托分为资金信托与财产信托，资金信托中委托的都是货币资金，而财产信托委托的则包括动产、不动产、股权、知识产权等非货币资产；第二，依据委托人数量不同，可以将信托分为单一信托与集合信托，单一信托只有一个委托人，集合信托有两个或两个以上委托人；第三，依据受托人职责的不同，可以分为主动管理信托和被动管理信托；第四，依据信托财产运用方式不同，可以分为融资信托、投资信托和事务管理信托；第五，依据信托财产运用领域不同，可以分为工商企业信托、基础设施信托、房地产信托、证券投资信托等。

尽职调查：又称谨慎性调查，是信托产品设立过程中的重要环节，指信托产品各方达成初步合作意向后，经协商一致，信托公司作为受托人，就本次信托相关的各类事项开展的现场调查、信息收集、资料分析等一系列活动。

信托赔偿准备金：信托公司按规定从净利润中提取，用于赔偿信托业务损失的风险准备金。我国《信托公司管理办法》规定：信托公司每年应当从税后利润中提取5%作为信托赔偿准备金，信托赔偿准备金累计总额达到公司注册资本的20%时，可不再提取。信托公司的赔偿准备金应存放于经营稳健、具有一定实力的境内商业银行，或者用于购买国债等低风险高流动性证券品种。

慈善信托：委托人基于慈善目的，依法将其财产委托给受托人，由受托人按照委托人意愿以受托人名义进行管理和处分、开展慈善活动的行为。它的受益人往往是社会公众中符合特定条件的人，而不是委托人特别指定的人。

艺术品信托：以艺术品为抵押物或投资标的的信托产品，是通过信托制度把艺术品资产转化为金融资产的一种机制与过程。从操作方法来看，目前国内的艺术品信托大致可以分为融资类、投资类和管理类三种模式。

信托合伙制：即“有限合伙+信托”，指的是信托公司发行信托产品计划向出资人募集资金，并以信托产品作为有限合伙人（LP）参与合伙制企业，而专业投资者或私募基金团队则作为普通合伙人（GP）或者投资顾问提供投资决策，并按条款约定收取相应管理费和利润分红的私募组织形式。在“有限合伙制信托投资基金”中，私募投资机构是主要的操作者，投资顾问提供投资经验作为智囊，而信托可以保障投资者集合资金的独立性，可以保证被用于合同约定的投资项目，这样就规避了私募机构拿客户的资金违规操作的风险。另外，在家族信托业务中，家族办公室的模式多采用信托合伙制来管理、运作信托财产。

伞形信托：指同一个信托产品之中包含两种或两种以上不同类别

的子信托，投资者可根据投资偏好自由选择其中一种或几种进行组合投资，满足不同的投资需要。根据具体情况，伞形信托下的子信托主要有：第一，各个子信托的资金运用于同一个企业，运用方式相同，但是信托期限与预计收益率不同；第二，各个子信托的资金运用于不同的多个企业，每个企业的资金信托期限与预计收益率不同；第三，每个子信托的资金运用方式不同，运用对象、期限可以相同，也可以不同。

链式信托：是由多个单一或者集合资金信托组成的信托，链式信托虽然由不同的多个信托组合而成，但是在法律性质上乃至实际管理运作上都是一个整体，所有子信托都由同一受托人对链式信托进行统一运作和管理。

投资类信托业务：是指以信托资产提供方的资产管理需求为驱动因素和业务起点，以实现信托财产的保值增值为主要目的，信托公司作为受托人主要发挥投资管理人功能，对信托财产进行投资运用的信托业务，如私募股权投资信托（PE）、证券投资信托（含私募证券投资信托）等。此类信托包含受托人自主决定将投资管理职责外包的形式，但不包含法律规定、受益人（大会）决定将投资管理职责安排给其他当事人的情形。

融资类信托业务：是指以资金需求方的融资需求为驱动因素和业务起点，信托目的以寻求信托资产的固定回报为主，信托资产主要运用于信托设立前已事先指定的特定项目。信托公司在此类业务中主要承担向委托人、受益人推荐特定项目，向特定项目索取融资本金和利息的职责。包括信托贷款，带有回购、回购选择权或担保安排的股权融资型信托，信贷资产受让信托等。

银信合作：是指商业银行将客户理财资金委托给信托公司，由信托公司担任受托人并按照信托文件的约定进行管理、运用和处分的行为。银信合作不是一种具体的产品概念，而是在我国特有的分业监管、分业经营体制下，商业银行和信托公司两类金融机构共同为客户提供的一种综合性金融产品模式和金融服务平台。

“四三二”项目：在房地产开发项目中，满足四证齐全（国有土地使用证、建设用地规划许可证、建设工程规划许可证、建筑工程施工许可证）、该地产项目的总资金中必须至少有30%的资金来自于融资方，还有该地产项目的融资方至少拥有二级以上（包括二级）的开发资质。

SPV：Special Purpose Vehicle的缩写，即特殊目的实体，通过SPV持有一定资产，不仅可以实现资产隔离，还能降低运营成本。在房地产信托项目中，经常可以看到SPV的身影。

《中华人民共和国信托法》

（2001年4月28日第九届全国人民代表大会常务委员会第二十一次会议通过2001年 4 月28日中华人民共和国主席令第五十号公布自2001年10月 1 日起施行）

目　录

第一章　总则

第一条　为了调整信托关系，规范信托行为，保护信托当事人的合法权益，促进信托事业的健康发展，制定本法。

第二条 本法所称信托，是指委托人基于对受托人的信任，将其财产权委托给受托人，由受托人按委托人的意愿以自己的名义，为受益人的利益或者特定目的，进行管理或者处分的行为。

第三条 委托人、受托人、受益人（以下统称信托当事人）在中华人民共和国境内进行民事、营业、公益信托活动，适用本法。

第四条 受托人采取信托机构形式从事信托活动，其组织和管理由国务院制定具体办法。

第五条 信托当事人进行信托活动，必须遵守法律、行政法规，遵循自愿、公平和诚实信用原则，不得损害国家利益和社会公共利益。

第二章　信托的设立

第六条 设立信托，必须有合法的信托目的。

第七条 设立信托，必须有确定的信托财产，并且该信托财产必须是委托人合法所有的财产。

本法所称财产包括合法的财产权利。

第八条 设立信托，应当采取书面形式。

书面形式包括信托合同、遗嘱或者法律、行政法规规定的其他书面文件等。

采取信托合同形式设立信托的，信托合同签订时，信托成立。采取其他书面形式设立信托的，受托人承诺信托时，信托成立。

第九条 设立信托，其书面文件应当载明下列事项：

（一）信托目的；

（二）委托人、受托人的姓名或者名称、住所；

（三）受益人或者受益人范围；

（四）信托财产的范围、种类及状况；

（五）受益人取得信托利益的形式、方法。

除前款所列事项外，可以载明信托期限、信托财产的管理方法、受托人的报酬、新受托人的选任方式、信托终止事由等事项。

第十条 设立信托，对于信托财产，有关法律、行政法规规定应当办理登记手续的，应当依法办理信托登记。

未依照前款规定办理信托登记的，应当补办登记手续；不补办的，该信托不产生效力。

第十一条 有下列情形之一的，信托无效：

（一）信托目的违反法律、行政法规或者损害社会公共利益；

（二）信托财产不能确定；

（三）委托人以非法财产或者本法规定不得设立信托的财产设立信托；

（四）专以诉讼或者讨债为目的设立信托；

（五）受益人或者受益人范围不能确定；

（六）法律、行政法规规定的其他情形。

第十二条 委托人设立信托损害其债权人利益的，债权人有权申请人民法院撤销该信托。

人民法院依照前款规定撤销信托的，不影响善意受益人已经取得的信托利益。

本条第一款规定的申请权，自债权人知道或者应当知道撤销原因之日起一年内不行使的，归于消灭。

第十三条 设立遗嘱信托，应当遵守继承法关于遗嘱的规定。

遗嘱指定的人拒绝或者无能力担任受托人的，由受益人另行选任受托人；受益人为无民事行为能力人或者限制民事行为能力人的，依法由其监护人代行选任。遗嘱对选任受托人另有规定的，从其规定。

第三章 信托财产

第十四条 受托人因承诺信托而取得的财产是信托财产。

受托人因信托财产的管理运用、处分或者其他情形而取得的财产，也归入信托财产。

法律、行政法规禁止流通的财产，不得作为信托财产。

法律、行政法规限制流通的财产，依法经有关主管部门批准后，可以作为信托财产。

第十五条 信托财产与委托人未设立信托的其他财产相区别。设立信托后，委托人死亡或者依法解散、被依法撤销、被宣告破产时，委托人是唯一受益人的，信托终止，信托财产作为其遗产或者清算财产；委托人不是唯一受益人的，信托存续，信托财产不作为其遗产或者清算财产；但作为共同受益人的委托人死亡或者依法解散、被依法撤销、被宣告破产时，其信托受益权作为其遗产或者清算财产。

第十六条 信托财产与属于受托人所有的财产（以下简称固有财产）相区别，不得归入受托人的固有财产或者成为固有财产的一部分。

受托人死亡或者依法解散、被依法撤销、被宣告破产而终止，信托财产不属于其遗产或者清算财产。

第十七条 除因下列情形之一外，对信托财产不得强制执行：

（一）设立信托前债权人已对该信托财产享有优先受偿的权利，并依法行使该权利的；

（二）受托人处理信托事务所产生债务，债权人要求清偿该债务的；

（三）信托财产本身应担负的税款；

（四）法律规定的其他情形。

对于违反前款规定而强制执行信托财产，委托人、受托人或者受益人有权向人民法院提出异议。

第十八条 受托人管理运用、处分信托财产所产生的债权，不得与其固有财产产生的债务相抵销。

受托人管理运用、处分不同委托人的信托财产所产生的债权债务，不得相互抵销。

第四章　信托当事人

第一节 委托人

第十九条 委托人应当是具有完全民事行为能力的自然人、法人或者依法成立的其他组织。

第二十条 委托人有权了解其信托财产的管理运用、处分及收支情况，并有权要求受托人作出说明。

委托人有权查阅、抄录或者复制与其信托财产有关的信托账目以及处理信托事务的其他文件。

第二十一条 因设立信托时未能预见的特别事由，致使信托财产的管理方法不利于实现信托目的或者不符合受益人的利益时，委托人有权要求受托人调整该信托财产的管理方法。

第二十二条 受托人违反信托目的处分信托财产或者因违背管理职责、处理信托事务不当致使信托财产受到损失的，委托人有权申请人民法院撤销该处分行为，并有权要求受托人恢复信托财产的原状或者予以赔偿；该信托财产的受让人明知是违反信托目的而接受该财产的，应当予以返还或者予以赔偿。

前款规定的申请权，自委托人知道或者应当知道撤销原因之日起一年内不行使的，归于消灭。

第二十三条 受托人违反信托目的处分信托财产或者管理运用、处分信托财产有重大过失的，委托人有权依照信托文件的规定解任受托人，或者申请人民法院解任受托人。

第二节 受托人

第二十四条 受托人应当是具有完全民事行为能力的自然人、法人。

法律、行政法规对受托人的条件另有规定的，从其规定。

第二十五条 受托人应当遵守信托文件的规定，为受益人的最大利益处理信托事务。

受托人管理信托财产，必须恪尽职守，履行诚实、信用、谨慎、有效管理的义务。

第二十六条　受托人除依照本法规定取得报酬外，不得利用信托财产为自己谋取利益。

受托人违反前款规定，利用信托财产为自己谋取利益的，所得利益归入信托财产。

第二十七条　受托人不得将信托财产转为其固有财产。受托人将信托财产转为其固有财产的，必须恢复该信托财产的原状；造成信托财产损失的，应当承担赔偿责任。

第二十八条　受托人不得将其固有财产与信托财产进行交易或者将不同委托人的信托财产进行相互交易，但信托文件另有规定或者经委托人或者受益人同意，并以公平的市场价格进行交易的除外。

受托人违反前款规定，造成信托财产损失的，应当承担赔偿责任。

第二十九条　受托人必须将信托财产与其固有财产分别管理、分别账帐，并将不同委托人的信托财产分别管理、分别记账。

第三十条　受托人应当自己处理信托事务，但信托文件另有规定或者有不得已事由的，可以委托他人代为处理。

受托人依法将信托事务委托他人代理的，应当对他人处理信托事务的行为承担责任。

第三十一条　同一信托的受托人有两个以上的，为共同受托人。

共同受托人应当共同处理信托事务，但信托文件规定对某些具体事务由受托人分别处理的，从其规定。

共同受托人共同处理信托事务，意见不一致时，按信托文件规定处理；信托文件未规定的，由委托人、受益人或者其利害关系人决定。

第三十二条　共同受托人处理信托事务对第三人所负债务，应当承担连带清偿责任。第三人对共同受托人之一所作的意思表示，对其他受托人同样有效。

共同受托人之一违反信托目的处分信托财产或者因违背管理职责、处理信托事务不当致使信托财产受到损失的，其他受托人应当承担连带赔偿责任。

第三十三条 受托人必须保存处理信托事务的完整记录。

受托人应当每年定期将信托财产的管理运用、处分及收支情况，报告委托人和受益人。

受托人对委托人、受益人以及处理信托事务的情况和资料负有依法保密的义务。

第三十四条 受托人以信托财产为限向受益人承担支付信托利益的义务。

第三十五条 受托人有权依照信托文件的约定取得报酬。信托文件未作事先约定的，经信托当事人协商同意，可以作出补充约定；未作事先约定和补充约定的，不得收取报酬。

约定的报酬经信托当事人协商同意，可以增减其数额。

第三十六条 受托人违反信托目的处分信托财产或者因违背管理职责、处理信托事务不当致使信托财产受到损失的，在未恢复信托财产的原状或者未予赔偿前，不得请求给付报酬。

第三十七条 受托人因处理信托事务所支出的费用、对第三人所负债务，以信托财产承担。受托人以其固有财产先行支付的，对信托财产享有优先受偿的权利。

受托人违背管理职责或者处理信托事务不当对第三人所负债务或者自己所受到的损失，以其固有财产承担。

第三十八条 设立信托后，经委托人和受益人同意，受托人可以辞任。本法对公益信托的受托人辞任另有规定的，从其规定。

受托人辞任的，在新受托人选出前仍应履行管理信托事务的职责。

第三十九 条受托人有下列情形之一的，其职责终止：

（一）死亡或者被依法宣告死亡；

（二）被依法宣告为无民事行为能力人或者限制民事行为能力人；

（三）被依法撤销或者被宣告破产；

（四）依法解散或者法定资格丧失；

（五）辞任或者被解任；

（六）法律、行政法规规定的其他情形。

受托人职责终止时，其继承人或者遗产管理人、监护人、清算人应当妥善保管信托财产，协助新受托人接管信托事务。

第四十条　受托人职责终止的，依照信托文件规定选任新受托人；信托文件未规定的，由委托人选任；委托人不指定或者无能力指定的，由受益人选任；受益人为无民事行为能力人或者限制民事行为能力人的，依法由其监护人代行选任。

原受托人处理信托事务的权利和义务，由新受托人承继。

第四十一条　受托人有本法第三十九条第一款第（三）项至第（六）项所列情形之一，职责终止的，应当作出处理信托事务的报告，并向新受托人办理信托财产和信托事务的移交手续。

前款报告经委托人或者受益人认可，原受托人就报告中所列事项解除责任。但原受托人有不正当行为的除外。

第四十二条　共同受托人之一职责终止的，信托财产由其他受托人管理和处分。

第三节　受益人

第四十三条　受益人是在信托中享有信托受益权的人。受益人可以是自然人、法人或者依法成立的其他组织。

委托人可以是受益人，也可以是同一信托的唯一受益人。

受托人可以是受益人，但不得是同一信托的唯一受益人。

第四十四条　受益人自信托生效之日起享有信托受益权。信托文件另有规定的，从其规定。

第四十五条　共同受益人按照信托文件的规定享受信托利益。信托文件对信托利益的分配比例或者分配方法未作规定的，各受益人按照均等的比例享受信托利益。

第四十六条　受益人可以放弃信托受益权。

全体受益人放弃信托受益权的，信托终止。

部分受益人放弃信托受益权的，被放弃的信托受益权按下列顺序确定归属：

（一）信托文件规定的人；

（二）其他受益人；

（三）委托人或者其继承人。

第四十七条　受益人不能清偿到期债务的，其信托受益权可以用于清偿债务，但法律、行政法规以及信托文件有限制性规定的除外。

第四十八条　受益人的信托受益权可以依法转让和继承，但信托文件有限制性规定的除外。

第四十九条　受益人可以行使本法第二十条至第二十三条规定的委托人享有的权利。受益人行使上述权利，与委托人意见不一致时，可以申请人民法院作出裁定。

受托人有本法第二十二条第一款所列行为，共同受益人之一申请人民法院撤销该处分行为的，人民法院所作出的撤销裁定，对全体共同受益人有效。

第五章　信托的变更与终止

第五十条　委托人是唯一受益人的，委托人或者其继承人可以解除信托。信托文件另有规定的，从其规定。

第五十一条　设立信托后，有下列情形之一的，委托人可以变更受益人或者处分受益人的信托受益权：

（一）受益人对委托人有重大侵权行为；

（二）受益人对其他共同受益人有重大侵权行为；

（三）经受益人同意；

（四）信托文件规定的其他情形。

有前款第（一）项、第（三）项、第（四）项所列情形之一的，委托人可以解除信托。

第五十二条 信托不因委托人或者受托人的死亡、丧失民事行为能力、依法解散、被依法撤销或者被宣告破产而终止，也不因受托人的辞任而终止。但本法或者信托文件另有规定的除外。

第五十三条 有下列情形之一的，信托终止：

（一）信托文件规定的终止事由发生；

（二）信托的存续违反信托目的；

（三）信托目的已经实现或者不能实现；

（四）信托当事人协商同意；

（五）信托被撤销；

（六）信托被解除。

第五十四条 信托终止的，信托财产归属于信托文件规定的人；信托文件未规定的，按下列顺序确定归属：

（一）受益人或者其继承人；

（二）委托人或者其继承人。

第五十五条 依照前条规定，信托财产的归属确定后，在该信托财产转移给权利归属人的过程中，信托视为存续，权利归属人视为受益人。

第五十六条 信托终止后，人民法院依据本法第十七条的规定对原信托财产进行强制执行的，以权利归属人为被执行人。

第五十七条 信托终止后，受托人依照本法规定行使请求给付报酬、从信托财产中获得补偿的权利时，可以留置信托财产或者对信托财产的权利归属人提出请求。

第五十八条 信托终止的，受托人应当作出处理信托事务的清算报告。受益人或者信托财产的权利归属人对清算报告无异议的，受托人就清算报告所列事项解除责任。但受托人有不正当行为的除外。

第六章 公益信托

第五十九条 公益信托适用本章规定。本章未规定的，适用本法及其他相关法律的规定。

第六十条 为了下列公共利益目的之一而设立的信托，属于公益信托：

（一）救济贫困；

（二）救助灾民；

（三）扶助残疾人；

（四）发展教育、科技、文化、艺术、体育事业；

（五）发展医疗卫生事业；

（六）发展环境保护事业，维护生态环境；

（七）发展其他社会公益事业。

第六十一条 国家鼓励发展公益信托。

第六十二条 公益信托的设立和确定其受托人，应当经有关公益事业的管理机构（以下简称公益事业管理机构）批准。

未经公益事业管理机构的批准，不得以公益信托的名义进行活动。

公益事业管理机构对于公益信托活动应当给予支持。

第六十三条 公益信托的信托财产及其收益，不得用于非公益目的。

第六十四条 公益信托应当设置信托监察人。

信托监察人由信托文件规定。信托文件未规定的，由公益事业管理机构指定。

第六十五条 信托监察人有权以自己的名义，为维护受益人的利益，提起诉讼或者实施其他法律行为。

第六十六条 公益信托的受托人未经公益事业管理机构批准，不得辞任。

第六十七条 公益事业管理机构应当检查受托人处理公益信托事务的情况及财产状况。

受托人应当至少每年一次作出信托事务处理情况及财产状况报告，经信托监察人认可后，报公益事业管理机构核准，并由受托人予以公告。

第六十八条 公益信托的受托人违反信托义务或者无能力履行其职责

的，由公益事业管理机构变更受托人。

第六十九条　公益信托成立后，发生设立信托时不能预见的情形，公益事业管理机构可以根据信托目的，变更信托文件中的有关条款。

第七十条　公益信托终止的，受托人应当于终止事由发生之日起十五日内，将终止事由和终止日期报告公益事业管理机构。

第七十一条　公益信托终止的，受托人作出的处理信托事务的清算报告，应当经信托监察人认可后，报公益事业管理机构核准，并由受托人予以公告。

第七十二条　公益信托终止，没有信托财产权利归属人或者信托财产权利归属人是不特定的社会公众的，经公益事业管理机构批准，受托人应当将信托财产用于与原公益目的相近似的目的，或者将信托财产转移给具有近似目的的公益组织或者其他公益信托。

第七十三条　公益事业管理机构违反本法规定的，委托人、受托人或者受益人有权向人民法院起诉。

第七章　附则

第七十四条　本法自２００１年１０月１日起施行。